미술심리치료
이론과 실제

박성혜 · 길은영 · 곽진영

Art Psychotherapy

박영story

추천사

인간은 누구나 자신을 표현하고자 하는 욕구가 강하다. 고대의 동굴 벽화를 보더라도 그들의 삶의 흔적을 새겨 놓는 흔적이 있다. 어린 아이들도 끊임없이 무엇인가 공간만 보이면 그림을 그리거나 긁적거리고 흙을 보면 뭉치고 누르고 촉감을 즐기며 몰입하는 모습을 보인다. 이 모두 창작 욕구를 미술매체를 통해 표현하려는 본능이다. 이 본능을 잘 표현하면 예술작품이 되고 완성한 예술작품을 통해 보는 이들은 치유가 되고 교육이 되고 성장을 한다. 또한 작업하는 과정 자체도 인간을 성장 발달 하도록 기여한다.

이런 자연발생적인 욕구 표현의 하나의 방법이 미술이며 이를 심리치료에 접목한 방법이 미술치료이다. 즉, 미술을 통해 심리적 치유와 성장을 도와주는 심리치료 기법이다. 이러한 이유로 미술치료는 갈수록 요구가 많아지고 활용의 범위가 넓어지고 있으며 대학원에서 미술치료전문가를 길러내는 일로 확장되고 있다.

박성혜, 길은영, 곽진영, 세 분의 저자는 미술치료전문가로 관련분야의 박사이며 대학원에서 학생들을 직접 지도하는 임상 전문 교육자이다. 이분들이 학생들을 보다 잘 가르칠 수 있는 교재개발을 위해 여러 해 동안 고생한 끝에 〈미술심리치료 이론과 실제〉를 드디어 세상에 내놓는다하니 기쁜 마음에 추천사를 자처하였다.

내용을 보니 미술치료의 이론과 실제를 규모있게 구성하였으며 특히 윤리적으로 고려할 점까지 꼼꼼하게 안내하고 있어 학자와 전문가로서의 작업이었음을 실감 나게 보여주고 있다. 또한 실제 사례 연구들을 함께 실은 것은 이론 공부는 물론 임상가들이 현장에서의 적용하는 데 크게 도움이 되리라 기대된다.

이 책을 통해 많은 임상가, 학생, 내담자들이 행복의 길로 성큼 다가가길 기원한다.

2021년 여름
한국미술심리치료연구학회장 유미숙

머리말

    사람들의 정신건강에 대한 이슈가 증가하면서 심리치료와 상담에 많은 사람들이 관심을 보이고 있다. 그 중에서도 미술이라는 매체를 통해 소통할 수 있는 미술심리치료는 다양한 연령을 대상으로 실시할 수 있는 치료방법이라는 이점으로 상담현장에서 자주 사용되고 있다. 이러한 현실 속에서 〈미술심리치료 이론과 실제〉라는 또 다른 책을 내보이면서 저자들이 전반적인 집필과정에서 특별히 염두에 두고 노력한 부분들을 독자들께 말씀드리고자 한다.

    먼저, 미술심리치료의 전반적인 개관을 다룰 수 있는 각 장의 주제 선택에 심혈을 기울였다. 미술심리치료의 역사, 이론적 접근, 매체, 그림진단검사, 윤리뿐만 아니라 사례연구와 최근 실시되고 있는 비대면 미술심리치료의 실제를 함께 구성하였다.

    둘째, 미술심리치료를 공부하는 학생들이 실제 사례를 접하고 실시해볼 수 있는 내용으로 구성하였다. 미술심리치료의 이론적 접근에서 각 이론별 미술치료 기법에서 구체적인 사례 예시를 제시하였고, 그림진단검사에서는 각 진단 검사별 사례에 대해 채점을 해볼 수 있게 함으로써 이론과 연결될 수 있도록 그 기회를 제공하고자 하였다.

    셋째, 교재에 실린 각 사례들은 현장에서 내담자의 동의를 얻어 실린 사례들로서, 내담자 보호를 위해 이미지나 내용을 일부 각색하여 제시하였다. 내담자가 드러날 수 있는 작은 정보라도 삭제하여 내담자 보호에 가장 많은 신경을 썼으며, 이 지면을 빌어 사례들을 제공해주신 분들에게 진심으로 감사의 말씀을 전한다.

    미술심리치료 슈퍼바이저로서 함께 가르치는 교수님들과 힘을 모아 귀중한 원고를 구성하였다. 학생들에게 필요한 내용을 전달하고자 열정을 담아 집필하였으나 막상 내놓으려고 하니 걱정스러운 마음이 앞선다. 여러 명의 저자가 함께 만든 책이라 전체적으로 통일성이 부족할 수도 있겠고 용어나 내용 전개에 있어서도 일관성이 부족할 수도 있다. 나름 이 점을 염두에 두고 통일성을 기하려고 노력하였

으나 미처 검토하지 못한 부분이 있다면 독자들의 반응과 충고를 통해 개선해 나
가고자 한다.

아무쪼록 이 책이 미술심리치료에 관심을 가지고 있거나 전공하는 학생들, 또
는 현재 미술심리상담사로서 활동하고 있는 종사자들에게 좋은 미술심리상담사가
되는데 미약하게나마 도움이 될 수 있기를 바란다. 끝으로 좋은 책이 나올 수 있도
록 여러모로 애써주신 박영스토리 노현 대표님과 편집부 선생님들께 감사의 말씀
을 전한다.

2021.8
저자일동

차례

Ⅲ 그림을 활용한 미술심리 진단 / 189

미술치료 매체 / 261

Ⅴ 미술치료 윤리와 실제 / 275

미술심리치료의
이론

I

미술치료의 이해

'미술치료란 무엇인가'라는 질문에 답하기 위해서는 '미술'과 '치료'라는 용어에 대한 개념이 먼저 정립될 필요가 있다. 미술치료에서 미술은, 우리가 흔히 말하는 미술과는 다른 접근이기 때문이다. 미술치료를 공부하기 시작하는 학생과 수련생은 대부분 자신이 경험한 미술에 대해 다시 검토하면서 출발한다. 미술에 대한 경험이 미술교육과정에서 경험한 것이기 때문에 미술과 심리학이 접목된 미술치료 경험이 쌓이고 나면 비로소 미술치료에 대한 이해가 깊어진다. 미술치료에서 '치료'라는 용어도 마찬가지이다. 치료라는 말을 이해하기 위해 심리치료에 대한 이해와 심리학을 공부해야 한다. 인간의 행동과 심리과정을 과학적으로 연구하는 경험과학의 한 분야로서 심리학은 인간의 심리적 원리를 밝히고 우리 내면의 과정에 대한 질문과 답을 구하는 분야이다. 미술치료란 미술과 심리학이 만나 내면의 과정에 풍부한 답을 얻어 변화와 치료를 목적으로 하는 사람들에게 도움을 주는 분야이다.

1 미술치료의 개념

미술치료를 개념적으로 정의하자면, 미술활동을 통해서 심리적인 어려움과 내면의 문제를 표현하고 완화시킬 수 있도록 하는 치료법이다. 미술치료에서 미술활동은 미술재료, 창작과정, 결과인 작품이 포함된다. 미술재료는 기본적인 미술재료와 다양한 조형재료, 생활재료를 포함해서 창의적인 활동을 할 수 있는 매체를 사용할 수 있다. 내담자가 선택하거나 제시된 재료를 가지고 자유롭게 창작하는 과정에서 내면이 표현되고 구성하면서 완성된 결과물인 작품을 가지고 미술치료사와 내담자는 심리치료의 틀 안에서 자신의 경험을 나누면서 알게 되는 것을 성찰한 내용으로 회기를 마감한다. 즉, 미술치료에서 미술재료는 창작활동을 위한 출발이자 내담자의 마음을 표현하기 위한 매개체이므로 중요한 첫 단추가 된다. 창작과정은 미술활동을 하는 주체인 내담자가 스스로 작업에서 경험하는 것을 인식하고 발견하는 과정이다. 내담자에 따라 몰입과 집중을 경험하거나, 생각한 것을 구체적으로 구성하는 인지 과정, 이미지화한 것들을 의미화하는 과정 등의 다른 경험을 하게 된다. 아동의 경우 활동 그 자체가 치유적일 수 있고 청소년은 자기표현을 조금 더 풍부하게 해 자신의 마음을 잘 전달할 수도 있다. 성인의 경우, 자신의 활동에서 경험한 것을 인식하고 의미화하면서 자신의 삶을 성찰하는 기회로 삼을 수 있다. 이렇듯 미술치료는 미술작업하는 과정에서 치유의 시간, 치료목표에 부합하는 과정 경험이 이루어진다.

그러므로 미술치료가 미술 활동을 통한 심리치료라는 정의에는 미술이라는 창조적인 활동이 가지는 치료 효과의 다양성, 내담자의 개별적인 창조성, 심리치료의 틀 안에서 이루어지는 치료 목표와 단계, 결과, 치료적 관계 안에서 미술의 역할에 대한 이해가 필요하다.

넓은 영역의 개념으로서 미술치료는 회화요법, 묘화요법, 그림 요법 등 다양하게 사용되며, 예술치료, 미술치료, 회화 요법 등으로 번역되고 있다. 예술치료로 번역되면 미술 외 연극, 음악, 시, 소설, 동작, 무용, 놀이 등 자기표현을 매개로 한 것을 모두 포함하게 된다. 좁은 의미로서의 미술치료는 그림, 조소, 디자인, 서예, 공예 등 미술의 전 영역을 치료로 활동하는 것을 일컫는다.

미술치료라는 용어는 1961년 'Bulletin of Art therapy'의 창간호에서 편집자인 Ulman의 논문에서 표현되었다. 미술치료는 교육, 재활, 정신치료 등 다양한 분야에서 널리 사용될 수 있으며, 어떤 영역에서 활용되고 있던 간에 시각예술인 미술을 이용하여 인격의 통합 혹은 재통합을 돕기 위한 심리치료이다. Ulman은 미술치료라는 용어를 분석하여, '미술'과 '치료'라는 두 단어의 의미로 해석하고 있다. 한 의미는 치료에 중점을 두는 것으로써, 미술은 치료사와 환자 사이에서 전달된 상징적 대화이며, 여기에 대표되는 학자는 Naumburg이다. 또 다른 의미는 미술을 중시하는 입장으로 예술을 창조하는 행위야말로 치료적이라는 것이다. 이는 현실과 공상, 의식과 무의식을 융합하는 예술이 병든 마음을 재통합하는 데 매우 적합하다고 보는 관점으로 여기에 주안점을 둔 학자는 Kramer이다.

미술치료를 시작한 선구자들이 정립한 개념에서도 볼 수 있듯이, 미술치료는 미술과 상호작용으로 심신의 어려움을 겪고 있는 사람들을 대상으로 그들의 미술작품

(작업)을 통해 그들의 심리를 진단하고 치료하는 것이다. 미술치료에서 주된 치료적 요인인 미술활동은 자신의 갈등을 조정하고 자기표현과 승화작용을 통하여 자아 성장을 촉진할 수 있다. 또한, 자발적인 미술활동과 결과물인 미술작품은 통찰의 기초를 형성하고 세계관을 재발견하여 자기 동일화, 자기실현을 하게 하는데(Wadeson, 1990), 이것이 미술치료가 다른 심리치료와 분명하게 독립된 개념이 된다.

2 미술치료의 역사

1) 미술치료와 미술의 역사

미술치료는 미술의 역사와 맥락을 같이한다. 미술이 인간에게 어떻게 치유적 관계를 가져왔는지 원시시대의 미술표현을 보면 알 수 있다. 원시시대 동굴벽화(〈그림 1.1〉)에 그려진 그림은 물감과 도구가 없었던 시기에도 인간의 창조적 활동으로 삶과 의미를 드러냈다. 그 결과물이 인류의 역사와 함께 해왔음을 알 수 있다. 창작 미술을 통하여 개인과 집단의 안녕을 도모하는 활동은 고대 인류의 동굴벽화로부터 현대에 이르기까지 일부 예술인들과 정신건강 전문가들의 관심사가 되어왔다. 동굴벽화를 그리던 고대 인류의 행위 속에서 종교적 정신적 의식이 담겨 있었을 것이며 샤먼의 주술적인 목적의 암각화, 부적 등의 미술작업이 가지는 상징적인 행위와 비슷했을 것으로 추정할 수 있다. 이들 작품에서는 치료하기 위한 상징적 표현들이 의례(ritual)를 위해 신체를 장식하고 제단을 만드는 등의 시각예술, 주물, 부적 등의 마술적인 상징물들에서 살펴볼 수 있으며, 주술사와 샤먼은 현대의 정신과 의사의 선조인 창작예술치료사에 비유될 수 있다. 그 예로는 동굴벽화의 동물그림, 다산의 상징을 새긴 선사시대 그림들, 미이라의 관 위에 보호의 상징 그림, 티벳 승려들의 만다라, 의식용 가면을 만든 아프리카 조각가들, 성상을 만든 비잔틴 화가들, 양피지에 치료적인 문양을 그린 이디오피아 화가들에서 볼 수 있다.

그림 1.1 알타미라 동굴벽화: 원시인에게 미술의 제작목적은 자신들의 보호와 풍요로운 먹이, 노동력의 확보를 위한 다산의 염원이었다.

그림 1.2 아프리카 조각은 주술 혹은 영적 세계와 관련된 의미를 가진다. 제의에 사용된 조각품과 가면은 그 대상의 속성과 연결되는 역할을 하였다.

이러한 인간 내면의 치유적인 행위로서의 미술작업은 미술의 역사에서 18세기 이후 미술 분야라고 볼 수 있고, 미술치료에 직접적으로 영향을 준 미술사조는 낭만주의, 표현주의, 초현실주의 및 아웃사이더 아트라 할 수 있다. 예술가 개인 작업들에서 보여지는 치유적인 활동과 상징은 미술이 어떻게 개인의 내면을 드러내고 형성하며 타인과 소통하며 대중과 연결되는지 알 수 있다.

(1) 낭만주의

18세기에서 19세기에 걸쳐 유럽을 중심으로 발달한 예술사조로, 낭만주의 이전의 미술은 보이는 그대로 그리는 것에 치중했지만, 낭만주의는 '보이는 것'보다 '느껴지는 것'을 중요하게 여겼으며 '객관적인 묘사'보다 '주관적인 표현'을 중시했다. 이성보다 감성을 더 우위에 둔다든가 자기표현을 증대시킨 점은 분명히 미술치료의 정신과도 일맥상통하는 부분이다. 대표적인 작가로는 Delacroix, Théodore Géricault(프랑스, 1791~1824), Caspar David Friedrich(독일, 1774~1840), William Blake(영국, 1757~1827), Francisco José de Goya(스페인, 1746~1828), Joseph Mallord William Turner(영국, 1775~1851)가 있다.

그림 1.3 Delacroix, 1830, 민중을 이끄는 자유의 여신. 낭만주의 화풍은 우의(寓意)를 사용하여 의미를 표현함과 동시에 감정을 표현하고자 하였다.

그림 1.4 Goya, 1789, 마녀의 집회, 현실적인 인간상과 동물의 환상적 표현이 어우러진 표현은 내면의 심리와 감정을 반영하고 있다.

(2) 표현주의

표현주의는 20세기 초 독일권에서 일어났던 예술운동이다. 사실주의, 자연주의, 인상주의와는 근본적으로 다른 표현 기법이라 할 수 있다. 이전의 화풍들이 같은 외부 대상이라도 어떻게 화면으로 옮기는가 하는 문제를 중심으로 접근했다면, 표현주의는 주제와 대상이 인간의 내면으로, 사람의 내면에 존재하는 여러 감정을 어떻게 전달하고 표현하는가에 초점을 두었다. 표현주의는 20세기 초반의 시대 상황과 맞물려서 불안하고 우울한 인간 내면을 표현하고자 했다. '내면의 감정을 표현한다.'라는 표현주의의 정신은 미술치료에 영향을 주었다. 대표적인 작가로는 Paul Klee(스위스, 1879~1940), Edvard Munch(노르웨이, 1863~1944), Ernst Ludwig Kirchner(독일, 1880~1938), Василий Васильевич Кандинский(러시아, 1866~1944), Oskar Kokoschka(오스트리아, 1886~1980), Vincent Willem van Gogh(네덜란드, 1853~1890), Paul Gauguin(1848~1903), Egon Schiele(오스트리아, 1890~1918)가 있다.

(3) 초현실주의

초현실주의는 내면을 표현하고자 하는 표현주의에서 더 나아가 내면의 깊은 무의식을 드러내고자 한 것이다. 초현실주의 역시 제1차 세계대전 후의 불안한 사회적 상황에 영향을 받았고 합리성을 추구하는 실용주의적이고 실증주의적인 사고에 대한 반동으로 일어났다. 초현실주의는 정신분석가인 Freud의 학설에 영향을 받아 자유로운 상상력으로 꿈이나 무의식의 세계를 해방하는 것으로 초현실적인 미를 창조하려 하였다.

초현실주의 작가들은 '진정한 예술은 자유로운 것이어야 한다'고 믿었으며 예술에 가해진 도덕적이거나 미학적인 제약을 벗어나기 위해 노력했다. 이들은 무의식이야말로 자유롭게 하는 힘의 보고라고 여겼고 또한 이것이 예술의 원천이라고 믿었다. 보다 원시적이고 원초적이며 날것으로서의 상태에 도달하기 위해서 '오토마티즘(automatism)'이라는 기법을 창안했다. 이것은 Freud의 자유연상과 같은 상태를 만들기 위한 기법으로 미술적인 판단이나 생각, 계획으로부터 벗어나서 떠오르는 대로 즉각적으로 그리도록 하는 것이다. 그 외에 상식적이지 않은 화면에 정밀하고 사실적으로 묘사하는 기법을 사용함으로써 인간 내면의 비논리적이거나 비이성적인 면을 묘사하려고 했다. 대표작가로는 Salvador Dalí(에스파냐, 1904~ 1989), Joan Miró i Ferrá(스페인, 1893~1983), Rene Magritte(1898~1967)가 있다.

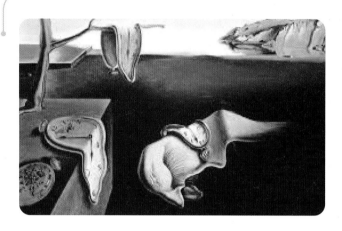

그림 1.6 Dali, 1931, 기억의 지속, 무의식의 내용인 꿈을 소재로 초현실적인 주제를 그린 달리. 부드러운 금속의 표현과 일상적이지 않고 비현실적인 공간 등은 꿈에서나 가능한 표현이다.

(4) 아웃사이더 아트

Outsider Art란 글자 그대로 주류에 들지 못하는 '아웃사이더들의 예술'이다. 처음에 아웃사이더 아트는 정신과 환자들의 작품에 대한 소개와 관심으로 시작했다. Prinzhorn이 1922년에 출간한 『정신병 환자들의 예술성(The artistry of the mentally ill)』에는 정신과 환자들의 다양한 작품이 실려 있는데, 대다수가 수년간 입원했던 정신분열증 환자들의 작품이었다. 이 책은 당시의 아방가르드 예술가들에게도 영향을 끼쳤는데, 그렇게 영향을 받은 화가 중에는 프랑스 화가인 Jean Dubuffet가 있다.

Dubuffet는 제2차 세계대전 이후 정신과 환자들 및 미술교육을 받지 않은 사람들의 미술작품을 모으기 시작했다. 이러한 사람들의 작품을 일컬어 '아르부르(Art Brut)'라는 용어를 만든 뒤뷔페는 이후 스위스 로잔에 아르부르 미술관을 건립했고 그 미술관에 이들의 작품을 전시했다. 아르부르는 문화의 영향을 받거나 길들여지지 않은 '날것으로서의 예술', '순수한 상태로의 예술'을 지칭하는 말인데, 미술치료과정에서 창조된 내담자의 작품은 내담자의 심리와 병리적인 요소를 담고 있는 창작품으로써 아웃사이더 아트(Outsider art)에 비유될 수 있다.

그림 1.7 Adolph Wölfli, 무제, 정신병동에서의 예술에 대한 관심은 1920년대부터 성장하기 시작했다. 1921년 발터 모갠 셀러 박사는 그의 환자였던 '아돌프 뵐플리'에 대해 다룬 '예술가로서의 정신병자'(Ein Geisteskranker als Künstler)라는 책을 출판하였다. 뵐플리는 자발적으로 그림을 그렸는데, 이런 활동이 그를 진정시킨다고 여겨졌다.

내면의 심리와 감정을 표현한 예술가와 마찬가지로 미술치료현장에서도 예술적인 감성과 창의성, 내면의 창조성이 발현되어 용기를 얻고 삶의 의지를 세우는 환자와 내담자를 볼 때 미술이 가진 치유적인 기능과 상징은 미술치료에서 중요하게 다루어야 할 내용이다.

따라서 미술치료에서 의미하는 미술은 인간 내면의 창조성이 어떻게 발현되고 인간을 치유하는지에 관심을 가진다. 미술을 매개로 자신을 표현한 작품은 훌륭한 작품이 목적이 아니라, 표현 그 자체가 치유적임을 알고 실행된다.

3   미술치료의 발전

미술치료의 근원은 선사시대로 거슬러 올라간다. 선조들은 자신들과 세계와의 관계를 동굴벽화에 표현했고, 그 표현에는 그들의 생활상, 구복심리, 제의행위가 담겨져 있다. 기원전 2,500년경 그리스에서는 가슴을 상징하는 석조작품이 생산의 여신으로 섬겨졌다. 미술은 오래전부터 작업자의 생각과 의지와 더불어 당대의 시대상이 반영되며 기록으로 가치를 가지고 있다. 미술표현에 개인의 주관성이 더해지면서 인간의 내면을 반영하고 있음을 밝힌 Freud와 Jung은 이미지와 예술작업의 상징화를 중요하게 여겼다. Freud는 특히 꿈 속에서 상징적 심상으로 생생하게 표현되는 무의식의 개념을 발전시켰으며, Jung은 다양한 시대를 거치는 동안 각각 상이한 문화들 속에 나타나는 공통의 상징이 지니는 보편적 무의식을 가정했다. 이미지를 인간의 내면과 무의식의 상으로 보는 심리학은 미술치료에 영향을 끼치고 있다.

1940년대부터 Naumburg는 Freud의 정신분석학 이론과 경험에 입각하여 환자들에게 자발적인 자유연상을 하여 그림을 그리도록 고무하였다. 1950년대 접어들면서 Kramer(1971)가 Naumburg의 뒤를 이어 연구를 계속하였다. Kramer의 접근법은 Naumburg와 차이를 나타내고 있는데, 두 사람의 접근방법의 차이는 미술 자체에 역점을 두느냐, 치료에 역점을 두느냐 하는 관점의 차이이다. 즉, Kramer는 미술치료에서 미술이 언어적 영향이 없는 미술의 창조적 과정, 그 자체의 통합적, 치료적 역할을 한다고 했으며, Naumburg는 심리치료적 관점에서 미술을 활용하여 상징적 대화를 중심으로 미술치료를 하였다.

이와 같이 미술치료는 초기에 정신분석학적 입장에 출발하여 이후 여러 심리학 이론을 흡수하고 적용하면서 발전하였다. 인간을 이해하고 치료하는 심리학과 그에 따른 치료방법의 발달과 맥을 같이 하면서 분석심리학, 인본주의 심리학, 인지행동주의, 현실치료, 해결중심, 가족치료이론 등 여러 심리학 이론과 다양한 기법을 통합하고 흡수하면서 통합을 지향하였다.

1960년대의 미술치료는 먼저 미국에서 중요한 변화가 일어났다. 미술치료 전문지 'American Journal of Art Therapy', 'The Bulletin of Art Therapy'가 출간되고, 미국미술치료학회(American Art Therapy Association)가 창립되었다. 미국은 이러한 학술단체와 전문 연구지를 통해서 미술치료 훈련 프로그램의 제도를 마련하고, 전문인 양성에 박차를 가하기 시작했다. 일본은 일본 묘화검사·요법학회를 창립하여 적극적인 활동을 하고 있으며, 정신병원에서나 심신장애인 치료 및 상담기관에서 미술치료를 많이 도입하고 있다.

이렇듯, 미술치료는 갑자기 형성된 학문이 아니라, 독립된 분야로 생성되고 발전하기까지 미술의 영역과 심리학, 그리고 정신의학의 영향을 받으며 발전하였다. 심리학이 인간을 이해하는 것이라면 정신의학은 인간이 가진 병을 무엇이라 보고 어떻게 접근해서 치료하느냐에 대한 답을 제시하고자 하였다. 정신의학의 역사에서는 정신병에 대해 고대 원시사회에서 중세를 거쳐 15세기경까지는 귀신에 의한 것이거나 저주받은 것으로 여겨졌다. 당시 정신병에 걸린 사람들을 비인격적으로 대우하고 사회로부터 격리시키고자 했다. 이후 정신병이 귀신에 들린 것이 아니라 질병이라는 의학적 주장이 나오기 시작했지만, 정신병 환자들을 묶고 있던 쇠사슬을 풀고 인간적인 치료를 하게 되기까지는 많은 세월이 소요되었다. 정신의학에서 정신장애를 체계적으로 분류하고 그 특성을 규명하려는 연구와 노력이 결실을 맺어 1952년 DSM-1(정신 장애 진단 통계 편람-1)이 출간되었고, 심리학의 발전으로 인간을 이해하고 전문적으로 치료할 수 있는 길이 열렸다. 그리하여 환자들을 보다 인격적으로 대우하고 환자들의 문제를 심리적인 관점에서 접근하며 변화시키고자 노력을 기울이게 되었다. 미술치료에서도 정신병리를 가진 환자에 대한 미술치료를 꾸준히 해오고 있으며, 미술작업이 혼란한 마음과 분열된 정신을 담아내며 객관화하는 과정을 통해 그 효과성을 꾸준히 검증하고 있다.

한국의 경우에는 임상심리학이나 정신의학 분야에 관심 있는 연구자와 치료에 미술치료 방법을 도입하는 것으로 미술치료가 먼저 이루어졌다. 먼저, 정신병원이나 신경정신과에서 입원 환자를 대상으로 심리극과 미술치료를 하였으며(한국임상예술학회, 1982), 1992년 한국미술치료학회의 창립과 1999년 한국표현예술심리치료협회, 그리고 한국예술치료학회(2001)의 출발로 미술치료는 실행과 연구에서 전문적인 양상을 보이기 시작하였고, 미술치료의 적용영역이 넓혀지기 시작하였다. 처음에는 정신병원 내에서 환자들의 정서적 환기를 목적으로 예술활동 중심으로 행해지다가 미술치료의 발전과 더불어 현재 병원에서는 작업요법센터, 또는 예술요법센터를 만들어 그 안에서 미술치료를 실시하고 있다. 주치의와 미술치료사 간의 유대관계, 미술치료사의 전문적인 치료활동 등이 각 기관마다 상이하나, 병원과 심리치료 및 상담센터에서 미술치료사들이 내담자를 치료하는 것이 보편화되고 있다.

미술치료는 현재, 사회복지기관, 아동상담소, 발달장애치료소 등에도 전문미술치료사를 두고 있으며, 학교 내에서도 초등학교 특수반, 중·고등학교 전문상담교사의 미술치료가 진행되고 있다. 사회서비스 영역에서 미술치료는 경제적 수준에 따라 심리지원 시스템이 갖추어져 발달재활서비스, 특수재활서비스 영역에서 시행되며, 치료영역외에도 성인학습자를 위한 자기 성장 미술치료, 예방 차원의 미술치료, 요양기관의 노인대상의 미술치료 등 대상과 영역이 광범위하게 적용되고 있어 미술치료는 특수한 대상과 심리적 문제를 가진 사람 외에도 발달의 전 단계와 건강한 일반인을 위해 치유와 치료의 역할을 담당하고 있다.

4 미술치료의 견해

여기서는 미술치료 선구자들의 미술치료의 견해를 좀 더 살펴봄으로써 미술치료의 개념과 방법을 소개하고자 한다.

1) Naumburg의 견해

Magaret Naumburg(1890~1983)는 독일계 유태인 집안에서 태어났으며 뉴욕에서 성장하였다. 초기에는 교육자로서 활동하였고 후기에 심리학, 특히 정신분석을 공부하여 미술치료사로서 널리 알려진 사람이다. 그는 교육학, 심리학을 공부하였고, Jung분석가와 Freud분석가에게 분석을 받았다. 이후, 1914년 월든학교를 창립하였는데 이 학교는 선구적인 교육으로 명망이 높았고, 언니인 Cane도 이 학교에서 미술교사로 일하였다. Naumburg는 교육자로 경험을 통해 정신분석과 절충하여 미술치료를 시작하였다. Naumburg는 뉴욕의 월든학교에서 미술교육의 한 방식으로서 자발적인 그림을 시도하면서 후에 그것을 미술치료의 한 모델로서 개발하였다. Naumburg는 자발적으로 떠오르는 이미지를 그리도록 하였고 그림을 자유연상하도록 격려했으며, 이 시도를 역동적 접근의 미술치료라고 불렀다. 후에는 성인미술치료에도 이러한 기법을 적용하여 1940년대에는 정신분석 지향적 미술치료의 모델을 정립하였다. 이후, 1950년대 뉴욕대학교와 사회연구를 위한 뉴스쿨에서 미술치료를 가르치기 시작하였다. Naumburg는 뉴욕 정신분석 학교에서 행동장애 아동의 미술치료를 시행하면서 임상경험을 넓혔고, Freud와 Jung, 그리고 Sullivan의 영향을 많이 받아 치료사와 환자 사이의 치료적 관계 형성과 전이와 역전이의 해결, 자유연상, 자발적 그림표현과 그 해석, 그림의 상징성 등을 중시하였다. 그래서 학자들은 Naumburg의 이론을 심리치료 과정에서 그림을 매체로써 이용하는 "치료에서의 미술"(Art in therapy)로 구분하기도 한다. 이 관점에서 미술치료 과정은 사람의 근본적인 생각과 감정이 언어보다는 이미지 상태로 나온다는 생각에 기반하고 있으며 미술치료는 투사를 통해 내담자와 치료사 간의 상징적인 대화를 촉진시키며 작품은 정신분석과정에서처럼 꿈, 환상, 공상, 공포, 갈등, 유년기 기억의 자료로 다루어진다.

2) Kramer의 견해

Naumburg보다 25년 후에 출생한 Edith Kramer(1916~2014)는 어린 시절을 비엔나에서 성장하였다. 비교적 자유분방한 가족 분위기에서 자랐으며, 1차 세계대전의 영향으로 1938년 미국으로 이주하였고, 미술치료를 하면서도 계속 화가로도 활동하였다. Kramer는 미국에 이주하기 전에도 프라하에서 정신분석을 받았으며 뉴욕에 와서도 계속 정신분석을 받았다. 당시 정신분석가의 소개로 윌크윅 학교에서 미술치료사로 일하게 되었다. 이 학교에서 그녀는 8-13세의 비행 남학생들을 만났고 이것이 치료로서의 미술치료가 시작된 시기였다고 한다. 미술치료 후학양성은 뉴스쿨에서 시작되었고, Naumburg와 함께 뉴욕대학교에서 대학원 과정을 설립하고 가르쳤다. 초기에는 정신분석가들과 친숙하게 지냈으며 후에 Kramer는 자아심리학의 영향을 받았음에도 불구하고 특정 학파에 대한 언급은 하지 않았다. Kramer는 아동 미술치료와 관련된 많은 연구를 했으며, 그림의 치료적 속성은 그림에 대한 환자의 연상을 통하여 자기표현과 승화작용을 함으로써 자아가 성숙하는 데 있다고 보았다. 즉, 미술작업을 통하여 환자는 자신의 파괴적, 반사회적 에너지를 분출함으로써 이것을 감소시키거나 전환시킨다고 했다. 또한, 미술작업과정에서 환자는 자신의 원시적 충동이나 환상에 접근하면서 갈등을 재경험하고 자기훈련과 인내를 배우는 과정 속에서 그 갈등을 해결하고 통합한다고 하였다. 따라서 미술치료사의 역할은 내담자가 창조적 작업을 통해서 만족감과 기쁨을 느끼도록 하는 것이며 그 경험이 의미있고 가치있는 것이 되도록 돕는 것이라고 보았다. 여기서 '승화'는 Kramer의 이론의 핵심이 된다. 즉, 미술작업이 치료적이 되도록 하는 Kramer의 견해는 미술 그자체로 심리치료(Art as Threapy)라는 관점을 가진다.

3) Ulman의 견해

Ulman은 Kramer보다 5살쯤 위이지만 거의 같은 시대에 미술치료 분야에 관심을 가졌다. 볼티모어 출신의 Ulman은 1950년대에 시작된 미국 미술치료의 선구자 중 한 명으로 '미국 미술 치료 저널(American Journal of Art Therapy)'의 설립자이자 편집자였다. 워싱턴에서 정신과 미술치료사로 일하면서 1955년부터 1965년까지 그리고 1973년까지 워싱턴 정신의학대학에서 미술치료를 가르쳤다. 미술작가로도 활동해 온 Ulman은 1950년대 초반에 정신병원에서 일을 시작했을 때, 미술치료사로서가 아니라 미술교사의 자세로 일했다고 한다. Ulman은 Kramer가 1958년에 지은 『Art therapy in a children's community』라는 저서를 읽고, 정신분석과 미술적 통찰 사이의 관계를 깨달았다. Ulman은 미술작가와 교사로서의 경험을 토대로 1961년부터 "미술심리치료"와 "치료로서의 미술"이란 용어를 다 포함하는 정의를 내리기 위해서 노력해 왔으며, 이러한 생각은 Ulman의 저서(Ulman, 1977)에서 잘 나타나 있다. Ulman은 Kramer의 견해를 가리켜 작품을 만드는 과정 자체를 치료라고 보고, '치료로서의 미술(Art as therapy)'로 표현하였다(1961). 창의적 과정에 존재하는 치료적 과정을 이해하는데는 Freud이론에 근거하고 있으나, 나아가 자아심리학의 통찰을 사용함으로써 Freud의 견해를 확장시켰다(Kramer & Ulman, 1972). Ulman은 더 나아가 삶의 과정이 미술 과정에서 나타난다고 보았고(Ulman, 1977), 미술치료 실행에 있어서 Kramer와 Naumburg의 두 측면의 적용과 타당성을 모두 인정했다. 그는 "치료에서의 미술"과 "치료로서의 미술"은 같은 시점에 같은 방에 있는 두 측면이거나 다른 시기에 같은 치료사가 일을 하는 것과 같다고 했다. 임상가로서의 Ulman은 치료로서의 미술을 사용하는 것에서는 미술심리치료를 사용했고, 미술심리치료가 통하는 곳에서는 미술을 치료적으로 사용해서 융통성을 적용하였다. 즉, Ulman은 Naumburg와 Kramer의 정신역동 지향적 미술치료를 통합하면서 융통성을 부여하고 있다고 볼 수 있다. Ulman은 환자의 작품이 예술이냐 아니냐를 논하는 것보다는 대상에 따라서 상동적인 표현이나 강박적 표현도 허용되어야 하고, 때로는 예술적 성취감을 중시해야 하며, 미술치료는 치료적 측면과 창조적 측면을 모두 내포하고 있다고 보았다. 특히 Ulman은 임상사례를 통해서 미술심리치료와 치료로서의 미술 간의 경계선은 아동미술치료보다 미술에 대한 무지 때문에 성인미술치료에서 더 분명하지 않다고 하였다.

　　Ulman은 미술치료가 미술과 치료 모두에 충실해야 한다고 결론을 내렸다(Ul-man,1971). 그녀는 치료를 '회기자체보다 오래 지속하는 성격과 생활에서 좋은 변화가 나타나도록 돕기 위하여 계획된 절차'라고 정의하였고, 미술을 '자신과 세상을 발견하고 그 둘 사이의 관계를 확립하는 수단'이라고 하였으며 '미술은 내부와 외부세계가 만나는 장소'라고 표현했다.

　　이상에서 살펴본 바, 어떤 견해를 선택해서 미술치료에 임하든 간에 치료는 하나의 과정이고, 치료 시간에 한정된 것이 아니며, 일상생활이나 환자의 인격에 지속적으로 바람직한 행동의 변화를 가져올 수 있는 미술치료프로그램이 설계되어야 한다. 따라서 미술치료사는 내담자가 발달하고 변화하도록 돕고, 내담자를 이해하기 위해 미술로 도울 수 있는 넓은 범위의 방법들에 대해 많은 것을 알아야 하며 지속적인 연구와 훈련, 끊임없는 자기탐구를 가져야 한다.

5　미술치료의 대상

　　미술치료는 다양한 상황에서 여러 가지 목적을 위해 미술표현을 활용하여 실시된다. 미술치료의 대상은 아동, 청소년, 성인, 가족 모두를 대상으로 심리적 적응과 치료, 위기개입과 같은 특정의 목적을 위해서 활용된다. 여러 기관에서는 발달장애아동와 정서장애아동들이 정서적 표현과 발달적 접근의 미술치료를 활용하고 있으며, 학교에서는 학령기아동의 미술치료를 통해 집단의 적응과 성장을 돕는 미술치료가 진행되고 있다. 뿐만 아니라, 약물과 알코올 중독환자에게 활용되고 있고, 정신장애 성인에게도 개별 및 집단미술치료가 실시되어 그들의 장애 정도에 따라 정서적 환기와 인지적 변화를 돕고 있다. 노인을 대상으로 하는 미술치료는 미술 활동을 통한 노인의 정신적, 심리적, 신체적 문제점과 병을 완화하며 치료한다. 이렇듯 상담소, 병원, 치료센터에 그치지 않고 다양한 기관과 교육기관에서 미술치료가 활용되고 있고 점점 증가하고 있다. 성인 학습자를 위한 미술치료는 교육과 치료와 크게 구분하지 않고, 자기 탐색과 창조적 인격적 성장을 목적으로 진행한다. 따라서 미술치료는 전 연령에 걸쳐 성별을 구별하지 않고, 건강한 사람에서부터 심한 장애를 가진 사람까지 치료대상과 환경에 초점을 맞추어 적용되며, 미술치료의 실행은 가장 넓은 범위에서 개인과 집단으로 구분되어 실시한다. 본 장에서 개인 미술치료와 집단미술치료의 적용과 차이를 논하고자 한다.

1) 개인미술치료와 집단미술치료

(1) 개인미술치료와 집단미술치료의 공통점

개인치료와 집단치료에는 몇 가지 유사점과 차이점이 있으며, 다음과 같은 공통점을 가진다.

첫째, 두 접근법의 궁극적인 목적은 심리치료의 목적과 동일한데 자기통제, 자기 수용 및 자기 책임을 완수함에 있어 내담자의 긍정적이고 발달적인 활동을 추구한다.

둘째, 두 접근법은 수용적 분위기와 신뢰로운 관계를 필요로 한다.

셋째, 두 접근법은 행동에 참여하고, 반응하며, 방향성을 부여한다는 측면에서 치료사의 건설적인 역할이 필요하다.

(2) 개인미술치료와 집단미술치료의 차이점

첫째, 집단 내에서 내담자는 자신에 대한 타인의 지각을 검사할 수 있는 기회가 있다.

둘째, 집단 내에서 내담자는 도움을 받기도 하지만 동시에 집단원에게 도움을 줄 수도 있다.

셋째, 치료사는 집단 내에서 상호작용의 역동성을 알아야 할 필요성이 있기 때문에 집단치료에서 치료사의 역할이 좀 더 복잡하다.

1) 미술치료와 미술교육

미술치료와 미술교육은 겉보기에는 동일한 것처럼 보일 수 있다. 두 분야 모두 사용하는 재료도 동일하며, 개방적인 접근을 할 수도 있고 지시적으로 접근할 수도 있기 때문이다. 그러나 두 분야는 본질적으로 매우 다른 분야다(Rubin, 1978). 무엇보다도 가장 큰 차이점은 '목적'에 있다. 미술교육의 목적은 '심미 교육(esthetic education)'에 있고, 미술치료의 목적은 '치료'에 있다. 예를 들어, 미술치료 시간에 콜라주 기법을 가르치는 것은 기법 그 자체를 익히도록 돕는다 하더라도 콜라주 작품을 만드는 것이 목적이 아니라 콜라주 과정을 통해 성취하고자 하는 심리적인 치료목표가 된다. 이렇듯 목적이 다르기 때문에 미술치료사와 미술교사의 주 관심사가 다르고, 이들이 한 시간의 회기(혹은 수업시간)를 사용해서 얻는 정보와 분석 방식 및 전체 과정과 성취 방식이 필연적으로 차이를 보일 수밖에 없다. 미술치료에서는 내담자와의 신뢰감 형성이 치료를 하는 데 중요한 과제가 될 수 있으며 관계형성이 주요한 핵심이라고 할 수 있지만 미술교육에서는 기술전달이 내용의 핵심이 된다.

표 1.1 • 교육과 치료의 차이점

미술교육	미술치료
기술을 가르친다.	지시하지 않는다.
사물의 고유색상을 사용하도록 한다.	사물의 심리적인 색상을 허용한다.
창조성에 있어 결과를 중시한다.	창조성에 있어 과정을 중시한다.
지적인 표현을 중시한다.	내면의 솔직한 표현을 중시한다.
타 아동과 작품이 비교되기 쉽다.	타 아동 작품과 비교할 수 없다.
융통성과 상상력이 결여될 수 있다.	융통성과 상상력이 촉진되거나 개발된다.
미술로 표현하는 것에 흥미를 떨어뜨리는 경우가 있다.	미술로 표현하려는 욕구를 불러일으킨다.

(1) 목표의 차이

미술치료는 대상자의 정서(심리), 행동, 인지 등 치료를 주된 목표로 하고 있으나 미술교육은 지식, 기술전달 등 미적인 감각 교육에 목표를 두고 있다.

(2) 전문성의 차이

미술치료와 미술교육은 전문성에서 차이를 나타내고 있다. 미술교육은 미적 감각교육을 증진시키는 교육적인 전문성을 나타내지만 미술치료는 내담자의 심리, 행동, 인지, 사회성 등 여러 발달 영역을 포함한다. 또한 미술치료는 비슷한 유형의 내담자라 할지라도 내담자의 문제, 심리적인 기제, 발달정도, 인지수준 등 대상자에 따라 치료방법이 달라진다.

(3) 매체의 영역과 다양성

미술치료의 상황과 내담자에 따라 매체의 선정이 중요하고 그것에는 전문성이 요구된다. 산만한 대상자의 경우 지점토, 철사, 색연필, 연필 등 단단하고 통제적인 매체를 사용하지만 위축되어 있는 경우 핑거 페인팅, 물총놀이, 물감놀이 등 촉진매체를 사용한다. 미술교육과 달리 미술치료에서는 매체의 영역이 구분되어 있으며 내담자에 따라 다르게 사용될 수 있다.

(4) 상황적 차이

미술치료적 상황에서는 미술교육과 달리 내담자의 정서(심리)를 주로 다루기 때문에 내담자를 보호하는 입장에서 시작하지만, 미술교육은 대상자의 창작활동을 위해 개방적인 상황에서 이루어진다.

2) 미술치료와 표현예술치료

무용/동작치료나 음악치료, 사이코드라마 등은 모두 표현예술 분야를 치료의 주된 도구이자 과정으로 사용한다. 그 기본 구조는 인간의 문제를 이해하고 심리적 기제의 변화를 꾀함으로써 궁극적인 문제해결을 지향하는 것이다. 따라서 미술치료와 다른 표현예술치료와의 관계는 서로 다른 방법을 사용할 뿐 내면에 있어서는 근본적으로 동일한 것이라 할 수 있다. 이들은 모두 비언어적 의사소통 통로를 사용하고 표현을 격려하며, 표현 과정과 내용을 통해 인간 내면을 이해하고자 애쓰고, 창조적 과정에서 변화의 에너지를 불러일으킨다. 각각의 표현예술치료 분야가 발전하면서 두 분야 이상을 결합하는 움직임도 생겨났다. 미술치료와 사이코드라마를 결합하여 '사이코드라마적인 미술치료(psycho-dramatic art therapy)'가 탄생했다. 이는 미술치료사이자 심리치료사, 사이코드라마 지도자로서 15년간 공부하고 수련했던 Peterson(1989)이 창시했다. 놀이치료와 미술치료를 결합한 Levinson(1986)의 APT (Art and Play Therapy)도 있다.

3) 미술치료와 작업치료

작업치료는 신체장애인이나 정신 장애인이 여러 가지 작업을 통하여 사회에 다시 복귀할 수 있도록 돕는 치료법이다. 작업치료는 미술치료 이상으로 다양한 측면을 가지고 여러 양상을 띠기 때문에 매우 포괄적인 개념이 될 수 있다. 그래서 둘 간의 구분이 어려울 수도 있지만, 두 분야의 목적과 치료사들의 개입, 그리고 치료시간에 만든 작품의 내용을 살펴보면 차이가 나타난다.

미술치료는 개인의 창조 과정을 돕고 이미지를 생성하여 심리 내적인 힘을 강화시키고자 한다. 그에 비해 작업치료는 참여한 사람들의 기능을 회복하고 적응력을 높이기 위해 여러 가지 작업을 한다. 작업치료사는 완성품을 만들도록 직접 도와주며 독려하는 반면, 미술치료사는 특별히 치료적 목적이 없는 한 직접적인 도움을 자제하는 편이다. 대체로 작업치료시간에 만든 것들은 '무엇인가 소용이 있는 물건들(장식품으로서의 장식 목적을 포함)'이며, 미술치료 시간에 만든 것은 '의미를 부여하지 않으면 무슨 소용이 있는지 알기 힘든 물건들'이 많다. 작업치료가 '유용하고 예쁜 것'을 만든다면, 미술치료는 '상징적인 것'을 만드는 것이라고 비교했다(Kramer, 1971).

요약

　　미술치료는 '미술'이라는 방법과 '치료'라는 목적을 가진다. 미술이라는 광범위한 이름 아래 미술매체와 창작 과정, 감상이 하나의 축으로 씨실을 형성한다면, 치료 서비스를 제공받는 대상자의 문제를 규명하고 평가하며 치료계획과 절차를 수립하고 치료적 개입을 실시하는 것이 날실처럼 또 다른 축을 형성하고 있다. 미술치료에서 미술은 '자신과 세상을 발견하고 그 둘 사이의 관계를 확립하는 수단'이다. 이때 '미술은 내부와 외부세계가 만나는 장소'가 된다. 미술치료의 핵심은 그 이름의 부분인 미술과 치료 모두에 충실해야 하는 것이며 근본적인 목적은 치료이다. 따라서 미술치료사는 사람이 발달하고 변하도록 돕고 이해하기 위해 미술이 도울 수 있는 넓은 범위의 방법들에 대해 많은 것을 알아야 하며 지속적인 연구와 훈련, 끊임없는 자기탐구를 가져야 한다. 이러한 미술치료의 장점은 말이 아닌 이미지를 사용하여 내담자들을 도우며, 비언어적이며 감각적인 자료를 사용한다. 감각을 통한 미술의 접근으로 내담자의 방어가 완화되고, 무의식적 자료를 그림으로 투사하게 되면 언어를 사용했을 때보다 더 쉽게 내적 검열을 피할 수 있으며 그 결과로 치료과정을 가속화시킬 수 있는 장점이 있다. 또한 만들어진 작품은 객체가 되어 객관화되고 대상화되어 자신을 조망할 수 있게 된다. 미술치료사와 내담자, 미술작품은 삼각구도를 이루고 있기 때문에 치료사와 내담자가 만나는 이자 관계에서 보다 더 거리를 유지하게 하여 전이의 해소가 용이하다. 미술치료에서 미술작품은 지속 가능하고, 치료와 변화의 순간을 보존해 주기 때문에 치료가 지속되는 동안 변화의 흔적을 제공하며 치료 작업의 성과를 확인하고 마음을 가다듬을 수 있도록 용기를 주는 원천이 된다.

김진숙 (2001). 예술심리치료의 이론과 실제, 서울: KEAPA Press,

주리애 (2010). 미술치료학, 서울: 학지사.

최외선, 이근매, 김갑숙, 최선남, 이미옥 (2006). 마음을 나누는 미술치료, 서울: 학지사.

한국미술치료학회 (1998). 미술치료의 이론과 실제. 서울: 동아문화사.

한국미술치료학회 (2000). 미술치료의 이론와 실제, 서울: 동아문화사.

한국미술치료학회 (2001). 미술치료의 이론과 실제, 미술치료연수회 자료집, 31.

Allen, P. (1995). *Art is a way of knowing*. Boston, MA: Shambhala Publications, art therapy (pp. 148-168). New York: Wiley.

Corn, A.L. (1983). *Visual thinking*. Berkeley: University of California Press.

Judith A. Rubin (2006). *Art Therapy: An Introduction,* (김진숙 역), 미술치료학개론. 서울: 학지사. (원서출판 1999).

Judith A. Rubin (2008). *Art of Art Therapy,* (김진숙 역), 예술로서의 미술치료. 서울: 학지사, (원서출판 1984).

Kramer, E. (1958). *Art therapy in a children's commuity*. Springfield, L., Charls C Thomas.

Kramer, E. (1971). *Art as therapy with children*. N.Y. Schocken Books.

Kramer, Edith, Gerity, Lani Alaine (EDT), Gerity, Lani Alaine, Taylor & Francis Group(2007). *Art as Therapy: Collected Papers*. (김현희, 이동영 역), 치료로서의 미술. 서울: 시그마프레스, (원서출판 2001).

Landgarten, H. (1981). *Clinical Art Therapy*. New York: Brunner/Mazel.

Liebmann, M. (1986). *Art therapy for groups*. Cambridge, MA: Brookline Books.

Lowenfeld, V., & Brittain, W. L. (1957). *Creative and mental growth*. NY: Macmillan.

Lusebrink, V. B. (1990). *Imagery and visual expression in therapy*. New York: Plenum Press.

Malchiodi, C. A. (1993). Medical art therapy: Contributions to the field of arts medicine. *International Journal of Arts Medicine, 2*(2), 28-31.

Naumburg, M. (1966). *Dynamically ordented art therapy: Its principles and practice*.

New York: Grune & Stratton.

Rubin, J. A. (1978). *Child art therapy*. New York: Van Nostrand Reinhold.

Rubin, J. (2012). *Approaches to art therapy: theory and techniquie*. (주리애 역), 이구동성미술치료. 서울: 학지사. (원서출판 1987).

Ulman, E. (1972). Art therapy: Problems of definition. *American Journal of art therapy, 30*, 70-74.

Ulman, E., Kramer, E., & Kwiatkowska, H, Y. (1977). *Art therapy in the United States*, Craftsbury Common, VT: University Park Press,

Wadeson, H. (1980). Art psychotherapy(Wiley series on Personality Processes), New York: John Wiley & Sons.

미술치료 이론 및 기법

1장

정신분석 미술치료

1 정신분석 심리치료

1) 개관

정신분석(Psychoanalsis)은 Sigmund Freud(1856~1939)에 의해서 창시된 심층심리학의 이론체계이자 심리치료 방법이다. Freud는 정신장애가 심리적 원인, 즉 무의식의 갈등에 의해 유발될 수 있음을 체계적으로 제시했을 뿐만 아니라 정신장애를 치료할 수 있는 구체적인 심리적 방법을 제시하였다.

정신분석 이론은 인간의 마음이 성적인 본능적 충동으로 이루어진 원초아(id), 본능적 충동과 환경적 요구를 중재하는 자아(ego), 그리고 사회의 도덕적 가치관을 반영하는 초자아(superego) 구성되며 이러한 심리적 세력들 간의 힘겨루기, 정신역동(psychodynamics)에 의해서 인간의 행동이 결정된다고 가정하였다.

본능적 충동만을 지닌 상태로 태어난 유아는 부모와 상호작용을 하며 구강기, 항문기, 남근기 등을 거치면서 발달한다. 어린 시절의 경험을 통해서 성격구조가 형성되며, 부모와의 갈등 경험은 무의식 속에 축적되어 성장한 후에 발생하는 심리적 문제의 근원을 이룬다. 성장하면서 자아가 발달하여 성격의 중심으로 자리 잡게 되는데, 자아는 성적 또는 공격적 충동의 지각으로 인한 불안을 완화하기 위해서 억압, 부인, 투사, 합리화와 같은 다양한 방어기제를 발달시킨다. 정신분석이론에 심리적 장애는 무의식적인 갈등, 즉 원초아, 자아, 초자아 간의 갈등과 불균형, 어린 시절에 겪은 부모와의 갈등 그리고 미숙한 방어기제에 의해서 유발될 수 있다.

정신분석의 기본 가정은 다음과 같다.

첫째, 심리적 결정론(psychic determinism)으로서 인간의 모든 행동은 원인없이 일어나지 않는다는 가정이다. 사소하고 이해하기 어려운 행동은 우연하게 일어나지 않으며 모든 심리적 현상은 그에 선행하는 어떤 것에 의해 결정된다는 것이다.

둘째, 무의식(unconsciousness)에 대한 가정으로 인간의 심리적 세계에는 개인에게 자각되지 않는 무의식적 정신현상이 존재한다. 인간의 행동은 이 무의식적 정신현상에 의해 더 많은 영향을 받으며 무의식적 요인에 의해 결정된다.

셋째, 인간의 가장 기본적 욕구는 성적 추동(sexual drive)으로, 이는 무의식의 주된 내용을 구성한다. 성적 욕구는 사회의 도덕적 기준에 위배되기 때문에 억압되어 무의식 속에 자리 잡게 되지만 인간의 행동에 지대한 영향을 미친다.

넷째, 정신분석에서는 어린 시절의 경험, 특히 부모와의 상호작용 경험이 성격형성의 기초를 이루기 때문에 어린 시절을 중요하게 여긴다. 성인의 행동은 어린 시절의 경험을 통해 형성된 무의식적인 성격구조가 발현된 것으로 개인의 행동을 이해하기 위해서는 어린 시절의 경험과 기억을 탐색해야 한다.

정신분석의 기본 가정을 통해 정신분석 치료의 목적은 무의식을 의식화하는 것이다. 자유연상, 꿈 분석, 전이분석, 저항분석 등과 같은 다양한 방법을 통해서 내담자로 하여금 자신의 무의식적 갈등과 역동을 자각하게 함으로써 무의식에 휘둘리지 않고 자아를 중심으로 자기 삶의 진정한 주인이 되게 하는 것이다. 정신분석 치료는 인간의 문제에 가장 심층적이고 총체적으로 접근하는 치료방법으로 Freud의 정신분석 치료를 깊이 이해하는 것은 치료사에게 중요한 일이다. Freud의 '고전적 정신분석 이론'은 그의 사망 이후에 여러 학자에 의해서 발전하여, 자아심리학(ego psy-chology), 대상관계 이론(object relations theory), 자기심리학(self psychology), 관계적 정신분석(relational psychoanalysis)으로 발전하여 임상현장에서 유용하게 사용되고 있다.

2) 인간관

정신분석에서 바라보는 인간에 대한 관점은 결정론(determinism)으로 인간의 모든 행동은 인생 초기의 5년간의 비합리적인 힘, 무의식적 동기, 생물적이고 본능적인 동기, 그리고 심리 성적 사건에 의해서 결정된다고 본다. 정신분석에서는 인간의 모든 행동 기저에는 의미와 목적이 있으며 자연의 모든 것들은 인과론적 법칙에 의해 결정되어 있다고 가정한다. 일상생활 속에서 우리가 행하는 일반적인 실수, 실언, 제스처 등도 무의식적인 원인이 있으며, 이 원인에 의해 일어나는 것이다. 프로이드의 인간에 대한 중심개념은 본능(instinct)이다. 그는 인간을 본능에 의해 움직이는 지극히 생물학적인 존재로 이해하였다. 원래 성적 에너지를 설명하는 리비도(libido)라는 개념을 나중에는 에로스(eros)로 알려진 삶의 본능(life instinct)을 포함하는 에너지로 그 의미를 확대하였다. 즉, 생의 목적은 기쁨을 얻고 고통을 회피하기 위한 것으로 간주하여 삶의 본능의 개념에 인간이 추구하는 모든 쾌락행위를 포함시켰다. 그는 또한 인간에게 이와 대비되는 타나토스(thanatos)로 알려진 파괴의 본능인 죽음의 본능(death instinct)을 포함시켰다. 따라서, Freud는 인간을 파악함에 있어서 결정론적이고, 생물학적이며, 본능적인 존재로 보았다.

3) 주요 개념

(1) 성격의 구조

Freud는 성격의 구조를 세 가지, 즉 원초아(id), 자아(ego), 초자아(super-ego)로 구성된 것으로 구분하였다. 중요한 것은 이 세 가지 측면이 서로 분리되어 존재하는 것이 아니라 통합된 전체로 구성되어 있음을 강조한다. 원초아는 생물학적인 구성요소, 자아는 심리적인 구성요소, 그리고 초자아는 사회적 구성요소이다.

① **원초아(id)**: 인간이 태어날 때부터 지니고 있는 배고픔이나 목마름처럼 원시적이고 동물적인 욕망을 가르쳐 본능이며 생물적인 구성요소이다. 원초아는 자기중심적이고 공격적이고 충동적이며, 비합리적인 사고와 행동을 결정짓는 쾌락의 원리(pleasure principle)를 추구하여 본능 욕구를 충족시키려고 한다. 고통을 피하고 즐거움을 추구하며, 법, 예절, 도덕, 현실적 조건에 구애받지 않고 긴장을 감소시키고 억제로부터 자유롭다.

② **자아(ego)**: 자아는 현실의 원리(reality principle)에 지배를 받아 현실적이고 논리적인 사고를 통하여 현실에 맞는 요구를 충족시키기 위해 계획을 세우고, 환경적인 조건이나 적절한 대상물이 나타날 때까지는 욕구를 지연시키는 것이 자아의 목적이다. 자신과 타인의 안전을 위협하지 않고서도 본능적 욕구를 충족시키기 위한 적절

한 행동을 하고, 보다 높은 수준에서 욕구를 충족시킬 수 있도록 한다.

③ **초자아(super-ego)**: 주로 사회적 행동 규제와 관련되어 있는 것으로 가치, 규범, 윤리, 도덕 등과 같은 것이다. 초자아는 자아와 달리 개인의 사회화 과정을 통하여 발전되는 것으로 어린 시절에 부모, 교사 등의 교육적이고 훈육적인 인물들의 상호작용 과정에서 형성되는 것이다. 부모가 제시한 사회적 기준을 내면화하여 심리적 보상과 처벌을 하도록 돕는데 보상은 자존심과 자기애의 느낌이고 처벌은 죄의식과 열등감의 느낌이다.

(2) 의식의 구조

Freud는 1900년에 발표한 [꿈의 해석]에서 인간의 정신세계를 의식, 전의식, 무의식으로 구분하는 지형학적 모델을 제시하였다.

① **의식(consciousness)**: 어떤 주어진 순간에 바로 알아차리는 것을 말하는 것으로, 한 개인이 각성하고 있는 모든 행위와 감정들을 신체적 모든 감각을 동원하여 순간의 기억, 감정, 공상, 관념, 경험, 연상 등을 아는 것을 말한다. 의식은 일반적으로 생각하는 것보다 훨씬 작으며 의식되는 경험도 짧은 시간 동안에 지속된다. 실제로 우리가 의식하는 것 자체도 선택적인 선별의 과정을 거친 결과로 나타나는 것이다.

② **전의식(preconsciousness)**: 조금만 주의를 집중하면 이용 가능한 기억으로 비교적 적은 노력을 통하여 지나간 순간의 기억, 감정, 공상, 관념, 경험, 연상 등을 의식 속으로 끌어올릴 수 있는 것이다. 주의 집중하면 기억해 낼 수 있기 때문에 의식과 무의식의 중간 사이에서의 교량 역할을 담당한다.

③ **무의식(unconsciousness)**: 스스로의 힘으로는 의식상에 떠올릴 수 없는 생각이나 감정을 말하는 것으로 무의식 속에는 지나간 일들이나 감정들이 억압되어 저장되어 있다. 억압되어 있는 내용들은 사람들의 직접적인 행동의 동기로 작용한다. 무의식은 표면에 나타내지 않는 부분과 같이 가장 큰 비중을 차지하면서도 그 모습을 드러내지 않는 특징이 있다. Freud는 무의식을 인간 정신의 가장 심층적이고 주요한 위치에 있는 것으로 보았으며, 무의식이 차지하는 범위는 가장 넓으면서 인간의 의식은 곧잘 빙산에 비유된다.

인간의 정신세계를 이루는 요소에서 억압된 무의식적 요인과 갈등이 상호 존재하게 되는데 무의식적 요인과 갈등은 직접적으로 표현되거나, 간접적이라도 표출되어지지 않는다면, 여러 가지의 신경질적이고 부적응적인 반응을 보이게 된다. 정신분석에서 치료는 무의식적인 동기를 의식하는 것으로 건강한 기능을 방해하는 증상의 의미, 행동의 원인, 억압 등을 '밝혀 내어' 무의식의 역할을 올바로 이해하는 것이다.

(3) 심리성적 발달단계

정신분석에서는 인생 초기의 중요한 5년간의 생활 경험 속에 이러한 문제의 근원이 있다고 본다. 출생시부터 성인기에 이르는 심리성적 발달단계를 리비도가 집중적으로 모이는 성감대의 변화에 따라 구분하여 제시한다. Corey(2001)는 인간의 발달에 관한 정신분석학적 관점을 이해하는 것은 치료사와 내담자의 깊이 있는 작업에 필수적인 요인이라고 한다.

① **구강기**(oral stage, 0~1세): 입의 활동에서 쾌락을 추구하는 시기로 생후 1년간 정도를 말하고, 심리성적 에너지를 입, 입술, 혀 등에 투입되는 시기이다. 이 시기에 만족을 얻지 못하면 자신과 타인에 대한 불신과, 타인과의 접촉을 두려워하고 인간관계를 형성할 수 있는 기본적인 의존, 독립, 신뢰와 같은 태도를 형성하는 데 부정적인 영향을 미칠 수 있다.

② **항문기**(anal stage, 2~3세): 2~3세가 되면 심리성적 에너지가 집중되는 곳이 입에서 항문으로 옮겨가는데 대변을 배설하는 행위를 통해 쾌락을 충족시킨다. 대소변 훈련을 시키는 부모의 태도, 반응, 감정에 따라 성격 형성에 지대한 영향을 미친다. 훈련과정에서 자신에 대한 독립적이고 부정적 감정을 수용하는 것을 배우기도 하는 반면, 엄격한 대소변 훈련은 강박적인 관념이나 의존적인 성격을 만들 수도 있다.

③ **남근기**(Phallic stage, 3~5세): 기본적인 갈등은 아이들이 무의식적인 근친상간의 갈등을 이성의 부모들에 대해 발달시킨다는 것인데, 이러한 갈등은 억압된다. 리비도는 항문에서 성기로 자리를 옮기므로 성기는 사춘기에 나타나는 호르몬의 변화 없이 고조된 성적 민감성을 나타낸다. 아동은 반대 성의 부모에게 강한 매력을 느끼게 되어, 남아는 어머니를 애정대상으로 여기는 오이디푸스 콤플렉스(Oedipus complex)를 그리고 여아는 아버지를 애정대상으로 여겨 사랑을 얻으려는 엘렉트라 콤플렉스(Electra complex)를 경험한다.

④ **잠복기**(Latent Stage): 상대적으로 조용한 시기로 성적이나 공격적인 환상들이

대부분 드러나지 않는다. 이 시기의 억압은 매우 전반적이어서 남근기뿐 아니라 구강기나 항문기의 요소까지도 모두 억압되어 위험스런 충동에 방황하지 않고 비교적 평온하게 자신이 원하는 스포츠 활동이나 지적 활동 등 사회적으로 용인되는 일에 에너지를 쏟는다. 학교생활의 재미나 놀이친구 등 다양한 새로운 활동들로 대치된다. 이것은 아동들이 다른 사람들과의 관계성을 형성하고 외부로 관심을 옮기므로 사회화가 이루어지는 시기다.

⑤ **생식기**(Genital Stage): 잠복기의 안정성은 오래가지 못하고 사춘기에 들어서면서 성적 에너지가 다시 분출하는데, 남근기와 다른 점은 그러한 감정들을 현실에서 수행해 볼 만큼 성장했다는 점이다. 이들은 부모로부터 독립하여 성적 파트너를 발견하려 하며, 아버지와의 경쟁심 역시 버리고 아버지의 지배로부터 자유로워지고 싶어한다. 비록 사회적 금기와 제지가 있을지라도 청소년들은 친구 만들기, 예술과 스포츠 활동, 장래 준비 등과 같은 사회적으로 수용될 수 있는 다양한 활동들로 그들의 성적인 에너지를 다룰 수 있다. 이러한 남근기의 부활은 이 시기에 시작해서 생식기의 연속으로 노령기까지 계속되며, 사랑과 일에 대한 자유는 성인의 핵심적 특질이다.

④ 치료목표 및 치료원리

정신분석이론에서는 무의식적인 잠재된 갈등이 해소되지 않으면, 심리적 긴장 상태로 남아 있거나 여러 가지 증상으로 나타난다고 본다. 따라서 정신분석에서 치료의 목표는 무의식적 동기를 의식하는 것이며, 건강한 기능을 방해하는 증상의 의미, 행동의 원인, 억압 등을 밝혀내고 무의식의 역할을 올바로 이해하는 것이다.

인간의 의식 속에는 억압된 무의식적 요인과 갈등이 상호 존재하고 이러한 요인과 갈등을 직접 또는 간접적으로 표출하지 않으면 여러 가지 부정적이고 신경증적인 반응을 보이므로 치료는 이와 같은 모습들을 이해하고 수용하기 위해서 기본적인 원인을 분석하고 의식할 수 있는 수준으로 의식화시키는 것이다. 이를 통해 개인의 성격구조를 재구성하고 의식적 기능인 자아의 힘을 강화시키는 것이 정신분석에서의 치료의 목표이다.

개인의 성격은 원초아, 자아, 초자아의 조화로 이루어지는데 이 요인들 간의 갈등이 발생할 때 불안이 생기게 된다. 예를 들어, 성격 요인들 간의 갈등으로 한 욕구가 좌절되면 분노의 감정이 생기는데 이것을 잘 통제할 수 없을 때 위험을 느끼게 되어 1차 방어기제인 억압이 일어나게 된다. 분노나 적개심이 나오지 못하게 하느라 심리적 에너지의 대부분이 집중되고 이로 인해 신경증적 불안이 생기고 현실 문제에 대처할 힘은 줄어들게 된다. 이런 불안을 통제하기 위해 2차 방어기제를 사용하는데, 실패하면 불안장애가 오고 방어기제가 너무 강화되면 강박증이나 공포증으로 이것이 신경증이 되고 치료의 목표가 된다.

(1) 저항과 방어

저항과 방어는 치료의 목적에 반대하는 내담자의 내부의 힘을 말하며, 치료관계가 계속되는 동안에도 내담자는 신경증 증상에서 오는 고통과 무능력에서 벗어나고 싶어하면서도 한편에서는 계속 신경증에 의존해서 자신의 본심을 숨기기 위해 저항한다. 신경증은 내담자가 어린 시절 정서적 갈등을 해결하기 위해 획득한 방법이며 살아남기 위해 최선의 방법이었기에 이것을 포기하면 내면의 무의식적인 갈등에 직면하게 되고 거기에 수반된 고통과 불안을 회피하기가 힘이 들기 때문에 저항을 하는 것이다. 내담자의 저항하는 마음은 치료사의 수용과 이해, 그리고 치료 동맹에 의해 극복할 수가 있다. Freud(1940)와 Sail(1972) 등은 정신분석적 치료는 처음부터 전이와 저항을 다루는 치료이며, 저항을 극복하면 한단계 진전하지만, 치료과정에서 내담자는 고통스러운 감정과 기억들을 의식밖에 두기 위해 방어기제를 사용한다. 이러한 방어기제들은 고통스러운 정서적 내용물을 피하기 위해 사람들의 마음이 사용하는 특별하고 각기 구별되는 책략이나 사고방식이다. 내담자의 방어기제는 치료에 있어서 주요한 원천이 된다.

정신분석적 미술치료에서도 내담자가 치료사에게 충분한 신뢰감이 형성되었을 때에도 내담자가 자신의 자아와 감추어진 소망과 공포를 언어적/비언어적으로 다른 사람에게 드러낼 때 다시 위험을 느끼기 시작한다. 의사소통 과정이 진행되면서 내담자는 대화뿐만 아니라 새로운 창조방법에 어려움을 느낄 수가 있는데 바로 그때 문제에 직면할 가능성이 많다. 직면을 한다는 것은 그것을 인정하기까지 상당한 불안 및 공포를 초래한다. 이러한 공포는 자극과 비례해서 대개는 자연적으로 여러 방어적 반응을 불러일으킨다. 이러한 방어와 저항은 첫 단계에서는 감소하는 것처럼 보이다가 다시 충분한 힘을 가지면서 반복한다(Rubin, 1986).

미술치료과정에서 저항은 다음과 같은 행동으로 특징지어진다. 미술작업에 참여하지 않거나, 개인과 관계가 없는 비인격적인 심상을 사용하거나, 또는 관심을 돌리기 위해 유머를 사용한다든지 그리고 만화를 그린다든지 초기 미술형태로 퇴행을 한다. 그리고, 상세하게 묘사한 세부 사항을 뭉개 버리거나, 충동적으로 소란스러운 행동을 한다든지, 아니면 어떤 주제에 대해 논할 때 피상적으로 응수만 한다든지 여러 가지 행동이 포함된다. 또한, 미술치료에서 어떤 행동을 하거나, 또는 사적이거나 사소한 것들을 개방하는 척하면서도 내적인 거부는 완강하게 숨기려고 할 수 있다. 이러한 마음은 치료과정과 작품에 모두 반영된다.

환영받지 못하는 충동이 치료사에게(전이 저항) 또는 어떤 다른 사람에게(자녀, 배우자, 또는 부모를 향한 적대감) 투사될 때, 저항은 방어에 대한 자연스러운 반응으로 또한 내담자 스스로가 바로 자신을 보호하려는 방법으로 이해되어져야 한다.

(2) 전이와 역전이

전이(transference)는 내담자의 인생초기(유·아동기)에 중요한 인물과 관련해서 나온 반응, 즉 감정, 충동, 태도, 환상, 방어를 현재의 대상(치료사)에게 맞지 않는데도 불구하고 무의식적으로 반복, 환치하고 표현하는 것이다. 누구에게나 힘들고 정신적으로 고통스러웠던 상황을 극복하려고 노력했던, 과거를 반복하고 싶은 심리적 욕구가 있기 때문에, 이러한 강박적인 반복과 그 결과로 나타나는 전이는 누구에게나 있는 경험이라고 볼 수 있다.

전이는 모든 사람들의 기본 역동(basic dynamic)의 특수한 방향이며, 이 기본 역동들은 어린 시절 중요 인물들과의 관계에서 작용했고, 이 관계에서 형성된 것이다. 이들 기본 역동들은 내담자의 현실 관계에서도 작용하고 치료사에게도 전이된다. 그러므로 치료 관계에서 이러한 비현실적인 전이 관계가 있으므로 통찰 치료에서는 이것을 주로 해석을 통해서 자각시킨다. 전이가 내담자 마음속의 무의식적 수준에서 일어나는 내담자 치료사 관계 부분이라면, 역전이(counter-transference)는 치료사 내의 무의식적인 힘에 기초를 두고 있다. 치료사는 치료관계의 현실과는 어느 정도 부적절하여 자신의 초기 인생 경험 및 인간관계에서 경험한 것을 내담자에게 환치해서 반응한다. 개인적인 특수한 발달을 겪어 오는 동안 치료사는 유·아동기에 근거하는 무의식적·정신적 갈등이 남아 있을 수 있으며, 이러한 갈등을 치료시간에 내담자에게 보일 수 있다. 따라서 역전이는 치료사가 내담자를 전이 대상으로 사용하는 것을 뜻한다. 치료사는 자기 탐색을 통해 내부의 갈등을 깨닫고 이것들이 가져올 역작용을 제기하도록 노력해야 한다. 치료사의 마음을 하나의 도구로 간주하고 그 도구가 효율적으로 기능하려면 역전이때문에 방해를 받지 말아야 한다. 한편, 창조적 작업을 이용하고 있는 미술치료사에게 가장 중요한 것은 강력한 비언어적 상호작용에 대한 전이와 역전이를 이해하는 것이다. 시각적 표현의 상징성에 관해 전이를 함께 병행하여 생각하기 때문에 전이의 개념은 미술치료에서 흔히 같은 성질의 개념으로 취급한다. 예를 들어, 색 또는 심상은 개인의 과거의 경험을 대변해서 나타날 수가 있으며 사람들은 생각과 감정을 다른 사람들에게 투사할 수가 있다(Rubin, 1987).

　　이와 같이 정신분석적인 미술치료에서 내담자의 전이는 언어적으로 표현될 뿐만 아니라 시각적으로 여러 그림들을 통해 투사가 되기도 한다. 미술치료에서 전이 관계는 자발적인 이미지의 소개로 상당히 변화될 수 있다. 미술치료에서 전이는 리비도가 어느 정도 미술작품에 투자되기 때문에 강도가 덜해진다(Naumburg, 1966). 그러나, 작품의 존재는 미술치료에서 전이의 표현형태를 여러 가지로 변화시킬 수가 있으며, 미술의 존재는 가능한 구체적 범위 내에서 만들어져야 하지만 때로는 그것이 창조적일지라도 치료사에 대한 전이를 표현하는 방법이 되며, 위장된 방법으로 나타날 수가 있다. 그러므로, 미술치료사는 미술 재료를 다루는 행동이나 작업 스타일과 쉽게 대충 단순하게 표현하는 것들이 때로는 환영받지 못하는 전이에 대한 방어가 될 수 있음을 깨달아야 한다.

　　미술치료에서는 전이와 역전이 둘 다 이미지 자체에 대한 반응을 통해서 발전한다. 역전이란 치료 상황 시 내담자와 그림 이미지에 대한 치료사 자신의 느낌이다. 즉, 치료사의 미해결된 갈등으로부터 유발된 내담자와 그의 미술에 대한 왜곡된 반응이다. 미술치료사도 역시 예술가이기 때문에 그의 열정이 내담자 작품의 질과 양에 과도하게 영향을 미칠 수가 있다. 따라서, 미술치료사는 내담자 입장에서 그의 창조적인 자아를 생각하면서 일할 필요가 있으며, 또한, 내담자의 작품을 과장하거나 무시해서도 안 될 것이다. 내담자 작품에 대한 심미적 특성을 판단하지 않고서 작품의 실제적인 평가만을 지지하고 표현하는 것은 정신분석적 미술치료사에게 하나의 도전이 될 것이다(Rubin, 1986).

(3) 통찰

정신분석적 치료의 목적은 내담자가 보다 큰 자기 이해를 통해 자기 통제를 달성하도록 돕는 데 있다. 통찰은 내담자가 자신의 정신 내적 갈등과 증상의 전 의식적이거나 무의식적인 의미를 더 깊고 넓게 의식해 가는 것이며, 표면적인 사고, 행동, 감정 이면에 있는 덜 명확한 의미를 깨닫는 것이고, 과거의 사실을 새로운 관계에서 봄으로써 자기 이해와 자기 수용을 증가해 가는 것을 뜻한다.

통찰은 지적인 것에서부터 완전히 정서적인 자각에 이르기까지 여러 가지 수준과 깊이가 있는데, 통찰의 연속선상에서 볼 때, 지적 통찰은 내담자가 그전에 막연하게 알았던 자신의 생각을 수용하는 단계이며, 지적인 이해가 점차 깊어지면서 개인적 경험에서 일어나는 새로운 생각이나 개념을 정서적으로 확고하게 이해하는 단계로 발전한다. 지적인 통찰만으로는 내담자의 깊은 치료적 변화를 기대할 수 없으며, 지적 통찰에 적합한 정서반응과 정서경험이 수반되어야 비로소 행동상의 변화, 즉 훈습(working through)이 일어난다고 간주할 수 있다. 미술치료 회기에서 치료사와 내담자의 작업에 대한 나눔과 피드백은 공감과 이해, 그리고 설명으로 통찰을 이끌어 갈 수 있다.

5) 치료과정

정신분석 치료의 과정은 크게 네 단계로 나누어 볼 수 있다(정방자, 1979). 즉, 치료사와 내담자가 치료관계를 형성하는 초기 단계, 내담자가 상담자에 대한 전이 감정을 느끼고 표현하는 전이 단계, 전이에 대한 분석이 이루어지는 통찰 단계, 그리고 통찰을 현실 생활 속에서 계속 유지하기 위해 노력하는 훈습 단계다.

① 초기 단계

치료사와 내담자가 신뢰관계를 형성하고, 이를 바탕으로 자유연상, 꿈의 분석을 통해서 내담자의 심리적 문제에 대한 윤곽이 드러나면 치료사는 내담자와 치료동맹을 맺는다. 이러한 치료동맹은 내담자의 어떠한 감정, 동기, 사고에 대해서도 치료사가 비판하지 않고 수용하고 이해할 때 더욱 깊어진다. 이 과정에서 내담자는 진정한 한 인간으로서 이해받는 체험을 하고 점점 더 치료사에게 의존하게 된다. 즉, 내담자는 전이 욕구를 상담자를 통하여 충족하려고 한다. 치료동맹은 내담자의 전이 감정을 촉진하는 데 큰 역할을 한다.

② 전이 단계

내담자는 과거 어릴 때 중요한 사람과의 관계에서 가졌던 유아기적 욕구와 감정을 치료사와의 관계에서 반복하려고 한다. 이때부터 치료사와 내담자는 비현실적인 관계가 되며, 내담자는 전이 욕구를 치료사로부터 충족시키려고 한다. 이러한 요구에 대해서 치료사는 끈기 있는 태도, 포용성, 존중하는 마음으로 참고 견딜 수 있어야 한다. 이때 치료는 내담자의 욕구에 대해 중립적 태도를 취하고 해석 및 참여적 관찰자(participant observer)의 역할을 함으로써 그 욕구를 좌절시킨다.

③ 통찰 단계

신뢰할 수 있는 분위기 속에서 내담자는 자신의 의존 욕구나 사랑 욕구의 좌절 때문에 생기는 적개심을 치료사에게 표현하는 모험을 하게 된다. 이러한 감정 표현은 불안과 죄의식에서 벗어날 수 있게 하지만, 한편으로는 의존 욕구와 사랑 욕구 등 숨은 동기를 파악하게 한다. 그리고 자신의 여러 부정적 감정이 의존과 사랑 욕구가 좌절된 것에서 비롯되었다는 것을 통찰하게 된다. 치료사가 이런 의존 욕구를 다루게 되면 그로 인해 야기된 감정을 다루기 쉽다.

④ 훈습 단계

심리적 문제의 원인을 통찰하였다고 해서 바로 내담자의 문제가 해결되는 것은 아니다. 내담자가 통찰한 것을 실제 생활로 옮겨 가는 과정이 바로 훈습 단계다. 치료사는 내담자가 상담을 통하여 획득한 통찰을 현실에 적용하려는 노력에 대해 적절한 강화를 해 주고, 훈습 단계를 통해 내담자의 행동 변화가 어느 정도 안정되게 일어나면 종결을 준비한다.

정신분석적 치료과정은 내담자가 회피하고자 하는 고통스러운 생각이나 감정에 초점을 맞추어 정서를 표현하며 인식하게 하고 설명(해석)한다. 여기서 해석이란, 내담자가 자신이 인식하지 못했던, 또는 모순된 감정들을 설명하고 언어로 표현하도록 도우며, 내담자가 인지적인 통찰(intellectual insight)이 아닌 정서적인 통찰(emotional insight)을 하도록 도와 깊은 수준에서의 변화가 일어나도록 돕는 것이다. 즉, 내담자가 의식적으로 또는 무의식적으로 문제가 되는 경험을 회피하거나, 어떤 생각이 나도록 하는 특정 주제가 나오면 대화의 화제를 바꾼다든지, 심리적으로 의미 있는 측면이 아닌 경험의 사소한 측면에 관심을 둔다든지, 감정을 제외한 사실과 사건에 주의를 둔다든지, 사건에 대한 자신의 역할보다는 외부환경에 초점을 두는 등의 행동을 살펴보는 것이다. 내담자는 치료사의 안내와 설명으로 반복되는 주제와 양식을 확인하고 사고와 감정, 자기 개념, 대인관계, 삶의 경험 등에 대해 확인하고 탐색하게 된다. 동시에 내담자의 과거 경험에 연결지어 논의하게 되는데, 내담자의 반복되는 주제와 양식들은 과거 경험, 특히 애착 대상과의 초기 경험과 관련된 것으로서 치료사는 내담자가 이를 인식하도록 돕는다. 여기서 중요한 것은 과거 사건 그 자체가 아니라 과거가 어떻게 현재의 심리적 문제에 영향을 주는지에 초점을 맞춘다. 그렇게 함으로써 내담자가 현재에 충실하게 살아갈 수 있도록, 과거 경험으로부터 자유롭도록 돕는다. 이 과정은 내담자의 대인관계에 초점을 맞추게 되고, 자신의 정서적 욕구를 충족하는 데 방해되는 문제의 대인관계 방식을 확인하게 한다. 치료사와 내담자는 그 자체로 중요한 대인관계로 현장에서 다룰 수 있는 기회가 된다. 정신분석 치료 과정에는 대체로 내담자의 공상 세계를 탐색하여 자신의 욕구, 두려움, 공상, 꿈, 백일몽 등에 대해 자유연상을 하도록 함으로써 자신을 더 깊이 이해하도록 돕는다.

따라서 정신분석 치료는 내담자의 증상 완화뿐만 아니라, 내담자의 긍정적인 심리적 능력과 자원을 발달시켜 충만한 관계를 형성하고 현실에 기초한 자존감을 유지할 수 있도록 돕는다. 이를 통해 삶의 도전들에 더 자유롭고 유연하게 대처할 수 있도록 하는 것이다

2 정신분석 미술치료

1) 개관

여러 심리치료 접근들 중에서 미술치료가 독립된 분야로 탄생하기까지 가장 영향을 많이 끼친 것은 정신분석 이론이다. 정신분석의 가장 큰 공헌은 의식 세계 외에 무의식 세계가 있다는 것을 주장한 것이며, 무의식을 이해하고 의식화하는 것을 중요하게 다루었다는 점이다. 무의식적인 정신 과정에서 상이한 원리에 따라 움직

이는 힘들 간에 갈등이 있는데, 이러한 정신 과정을 이해하기 위해서 무의식적으로 저지르는 실수라든가 신경증적인 증상을 면밀히 살피면서 꿈에 나타난 상징을 이해하고자 했다. 그러한 맥락에서 미술작품도 특별히 관심을 끌었는데, 꿈과 마찬가지로 창조성이 깃든 예술작품은 억압된 것들이 상징적으로 드러나는 것으로 볼 수 있다. 예술이란 그것을 만드는 사람이 '승화'라는 정신기제를 통해서 자신의 내면 갈등과 성적인 충동 혹은 소망을 변형시켜 다른 이들과 나눌 수 있는 새로운 종류의 대상으로 만든 것이다. 따라서 미술작품이란 만든 사람의 내면이 반영된 것이며, 상징적 표현이라 볼 수 있다.

Freud가 가장 초기에 발표한 지형학적 이론(Topographical theory, 1900)에서 알 수 있듯이 사람의 마음은 지도와 같은 시각적인 체계로서 이루어져 있다. Freud는 사람의 정신세계에 여러 가지 다른 층이 있으며, 가장 저변의 층은 무의식층인데 이해 불가해한 정신 저변이고, 그 다음이 전의식층으로 해석이 가능하지만, 의식적인 상태로 끌어 올리지는 못한 상태라고 했다. 이러한 본능적 욕동이 항상 그 만족을 위한 돌파구를 찾게 될 때 나타나는 현상은 있는 그대로가 아닌 과장된 모습으로 나타나고, 따라서 Freud 학파에서는 말의 단순한 실수란 있을 수 없고 꿈이 우연이 아니라고 주장한다. 정신분석적 미술치료 임상 장면에서도 이러한 무의식의 내용을 역동적으로 진단하고, 자유연상하며, 전이 감정을 분석하는 등 정신분석 치료이론을 적용한다.

② 정신분석 미술치료 원리

미술치료사 Rubin(1987)은 무의식 세계를 발굴하기 위하여 꿈, 백일몽과 그림 등을 사용하였고, 작품에는 억압되어 있던 마음의 상처나 무의식의 내용이 담기며 이를 의식화하는 것이 내담자를 증상으로부터 회복될 수 있는 길이라 보았다. 나아가 내담자의 문제는 그들의 무의식의 산물인 꿈의 분석보다는 실제화, 즉 창작을 하는 것이 더 중요한 과제이며, 창작행위를 통하여 실제화함으로써 치료효과를 얻을 수 있다고 하였다. 반면, Rubin은 Naumburg가 환자의 예술을 상징적 언어의 형태로 본다는 것에서 아직도 언어적 모델의 정신분석학적인 관점에 머물고 있다고 지적하면서 정신분석 또는 정신분석적 치료에서 환자는 가능한 자유롭게 자신을 표현하고 치료사와 환자는 더 효율적으로 기능하는 것을 방해하는 내재화된 갈등을 이해하기 위한 작업도 병행되어야 함을 강조하였다.

　　루빈이 주장하는 정신분석학적 미술치료의 지침은 첫째, 억압된 심리적 자료들을 개방하는 것, 둘째, 내담자로 하여금 그의 문제 행동이 어떤 심리 문제적인 요소로부터 기인하게 되었는지에 대한 성찰을 할 수 있도록 도와주는 것이라고 하였다. 이 과정에서 정서 및 지각적인 전이 형상의 분석까지 포함되는 경우, 신경성 노이로제에 좋은 결과를 기대할 수 있다고 보았다. 정신분석적 미술치료는 미술 매체가 가지는 비언어적인 측면, 언어 이전의 속성으로 이러한 정서 및 지각적 차원의 전이 형상까지 효율적으로 다룰 수 있으므로 미술매체가 가지는 치료성을 자유연상의 효율적인 기법, 효율적인 저항극복, 전이와 역전이의 창조적인 대면의 세 가지로 집약한다. 따라서 정신분석적 미술치료는 내담자는 증상의 의미를 이해하기 위해 치료 과정에서 자신의 과거 경험에 관해 많은 이야기를 하게 하고, 이 과정을 통해 내담자는 무의식적 갈등을 찾고, 치료사는 카타르시스와 통찰을 끌어내기 위해 작업하고 계획한다.

3) 자유연상과 자발적 표현

　　자유연상(free association)이란 정신분석적 방법의 본질과 핵심 그 자체이다. Freud는 새로운 조작적 개념인 역동적 무의식과 엄격한 정신적 결정 원리를 이용하여 그의 환자들에게 그들의 마음속에 떠오르는 것은 무엇이든지 비난하지 않고 자유스럽게 보고하도록 요구하는 새로운 기법적 절차를 도입하여 암시의 요소를 최소한으로 감소시켰다. 자유연상 방법의 핵심은 연상들 사이의 내적 연결을 경청하는 데 있다. 즉, 개인역동, 내용, 그리고 동기가 되는 정서적 힘과 내담자의 무의식적 동기를 표현하는데 사용한 아이디어 등을 명백하게 구분하면서 그들을 연결시키는 데 관심을 가져야 한다. 이때, 미술치료사가 자신이 선호하는 소수의 연상에 초점을 맞추거나 친숙한 재료와 기법을 사용하기보다 내담자의 저항을 낮추고 안전하게 연상을 할 수 있도록 내담자를 위한 심리적 물리적 환경을 조성하는 것이 필요하다.

　　Naumburg(1966)는 자신의 임상경험에서 일부의 내담자들이 미술치료를 시작할 때에 언어적 제한과 어려움이 있었는데 미술치료를 하는 동안에 꿈이나 환상을 이미지로 그린 후 그림에 대해 자유연상을 하고 더욱더 언어적으로 유창하게 되었다고 한다. 따라서 내담자가 창조한 자발적인 표현(spontaneous expression)과 자유연상을 통해 언어로 자유롭게 연상하는 과정은 치료적인 과정을 촉진한다고 볼 수 있다.

④ 기법

정신분석 미술치료는 Freud를 중심으로 한 정신분석가들이 사용하는 자유연상법이나 꿈의 해석, 저항과 전이의 분석과 해석 등을 기법으로 사용하는 것이다. 특히, 자유연상의 경우나 꿈의 내용을 전달하는 데 있어서 그림이나 창조적 매체를 통해서 표현케 한다. 아동의 경우는 성인에 비해 자유연상의 준비성이 결여되어 있어서 그림의 사용이 언어의 사용보다는 의사소통을 용이하게 해준다(Freud, 1927). 또한, 어떤 내담자의 경우는 무의식적 동기를 각성시켜 의식 수준으로 전환시키는 방법에서 꿈보다는 미술작품의 분석이 더 효율적일 수 있다. 아동에게만 적절하고 여겨지는 난화나 핑거페인팅이 자유연상을 하게 하거나 연상되는 것을 그리게 하는 방법을 적용하여 방어와 저항을 허물고 치료를 촉진할 수도 있다. Naumburg가 오래전에 발견했듯이, 자발적인 미술표현을 통하여 이미지를 표출(무의식을 의식화하기)하는 것은 정신분석 미술치료기법으로 치료나 정화, 원활한 의사소통의 효과를 가진다.

정신분석 미술치료는 내담자가 표현한 작품의 소재를 분석하여 미술을 상징적 언어의 형태로 보고 자유롭게 자신을 표현케 한다. 정신분석학적 미술치료는 치료대상자의 작품을 상징적 언어로 보고 있으며 작품과정에서 승화를 치료의 중요개념으로 본다. 자유연상법이나 꿈의 해석, 저항과 전이의 분석과 해석 등의 기법이 사용되면 다음의 기법들이 임상에서 응용가능하다.

(1) 데칼코마니를 통한 연상그림

① 목표

쉬운 방법으로 내담자의 저항을 감소하고 방어를 낮추며 드러난 형상에 대한 연상을 통해 내담자에게 잠재된 무의식(욕구, 억압된 감정)을 파악하여 의식화한다.

② 준비물
채색도구, 튜브물감, 도화지(8절 도화지, 4절 도화지 등 다양한 크기의 종이)

③ 방법
① 치료실에서 최대한 편안한 자세로 있도록 배려한다. 내담자의 상황에 따라 심
   호흡을 할 수 도 있다.
② 주어진 물감에 맘에 드는 색을 고르게 한다.
③ 종이의 한 면에 자유롭게 짠 후 데칼코마니 한다.
④ 물감이 찍힌 종이를 펼쳐서 바라본다(내담자의 상황에 따라 빠르게, 또는 천천히 펼
   칠 수 있다).
⑤ 찍힌 이미지를 다양한 각도에서 바라보며 연상한다.
⑥ 연상한 것들 중 마음에 드는 것을 정하고 채색 도구로 완성한다.
⑦ 완성한 그림에 대해 치료사와 나누되, 치료사는 내담자의 수준에 맞게 그림에
   나타난 상징에 대해 해석한다.

④ 임상적용 시 주의사항
   데칼코마니는 어릴 적 한 번쯤은 해볼았을 법한 친숙한 기법이며 누구나 모든
연령대에 가능한 활동으로 저항과 방어를 낮출 수 있다. 선택하는 색도 의미를 가
지겠지만, 의도하든 의도하지 않든 물감이 섞이면서 우연적인 효과를 통해 내담자
의 무의식과 감각이 자극을 받을 수 있다. 펼쳐진 그림에 대한 연상의 내용이 중요
하며 치료사는 이 내용과 떠올리는 단어, 형태를 보고 떠오르는 생각, 이미지를 기
억 또는 기록해두어 내담자를 이해하는 데 도움을 줄 수 있다. 자유연상이 되었다
면, 이제 연상 중에서 내담자가 선택한 주제를 완성하는 과정이 주어지며, 이 활동
자체가 분명한 의도가 개입되므로 의식화의 과정이 시작된다. 자유롭게 물감을 짜
고 겹쳐서 나온 우연의 이미지로부터 연상되는 그림을 그리면서 무의식적인 욕구,
의식화의 과정, 의미를 발견할 수 있다. 완성한 후, 치료사는 내담자와 완성된 주제
를 나누는 과정에서 상징의 의미를 나눌 수도 있고, 내담자가 의식화한 내용을 지
지할 수도 있다.

통제력이 약하고 충동적인 내담자가 물감의 양을 조절하지 못해 도화지 밖으로 물감이 튀어나올수 있다. 명확하지 않은 형태가 응집력이 약한 자아수준의 내담자에게는 퇴행을 조장할 수 있으므로 주의한다. 이 경우, 다른 도화지에 다시 전사하여 안전감을 줄 수 있다.

40대 중년 여성, 위쪽과 아래쪽에 각각 두 마리의 뱀을 연상하였다. 흰색 반점을 열매로, 나무 위의 뱀과 물속에 또아리를 튼뱀으로 완성되었다. 내담자는 4마리의 '뱀'과 두 그루의 나무에 대해, 쌍을 이루는 것이 마음이 편안하고 중요하며, 치료사와 연상의 내용을 대화하면서 자신의 '애착욕구'와 '통제'에 대한 인식을 하였고 균형적인 삶을 원하고 있음을 인식하였다.

그림 2.1　40대 중년 여성의 이미지화

(2) 난화 이야기 그림

난화기법은 미술치료에서 많이 사용되며 여러 가지 응용 방법이 더해져서 사용되고 있다. 난화는 어릴 적 낙서를 하듯이 자유로운 선의 비구조화된 자극에 상상을 투사하는 여지를 제공한다. 낙서하듯이 선을 그린 후 모양과 형태를 발견(연상)하고 그것을 정교화하는 과정을 통해 의식화한다.

① 목표
내담자가 자신의 억압된 욕구를 표출하며, 저항감을 줄이고 이야기를 만들면서 스스로 의식화를 돕는다.

② 준비물

사인펜, 매직펜, 크레파스 등의 그리기 도구, 도화지(8절 도화지, 4절 도화지 등 다양한 크기의 종이 여러 장), 가위, 풀

③ 방법

① 난화를 그리기 전에 가볍게 기지개를 펴거나 전신을 사용해서 큰 동작으로 몸을 푸는 시간을 가진다. 내담자가 자신도 모르게 경직되거나 억제된 경향을 풀어 주는 시간이다.

② 종이에 자유롭게 직선 곡선 등을 그린다. 이때 무엇을 그리겠다는 의도없이 움직임을 담는다.

③ 그려진 선을 이리저리 돌려보면서 이미지를 떠올린다.

④ 떠오르는 이미지를 찾아서 채색하고 구체화시킨다.

⑤ 구체화하여 이미지를 오리고 그것을 소재로 다른 종이에 이야기 그림을 만든다.

⑥ 이야기를 치료사와 나누며 공통된 주제를 인식하고 통찰한다.

④ 임상적용 시 주의사항

난화는 그림을 그리는 사람의 무의식 속에 억압된 감정이나 욕구 등을 표출하는 데 도움을 줄 수 있는 미술치료의 수단으로 사용되고 있다. 마구 끄적거리는 낙서는 유아기 공격성을 안전하게 표출하도록 돕거나, 그림을 그리는 것에 저항감이 있는 내담자에게 안전하게 자기표현을 할 수 있도록 한다. 대근육과 소근육의 움직임과 그 결과로서 난화는 어떤 평가에 대한 두려움없이 자연스럽게 퇴행을 하게 하고 미술에 대한 두려움이 있는 내담자와 미술치료 초기에 탐색의 과정에서 사용될 수 있다. 억제되고 경직된 내담자는 4번까지 하고 나눔을 해도 무방하다. 난화 속에서 발견한 소재를 가지고 이야기 그림을 만드는 과정은 내담자로 하여금 의식화의 과정이 될 수 있고, 회기 안에 두 장의 그림이 완성된다면, 공통 주제를 통해 내담자의 자아 수준에 따라 스스로 통찰의 기회를 제공한다. 이야기를 만들 수 있는 내담자는 통찰에 이르게 할 수 있으나, 사고와 인지력이 낮은 내담자는 이야기를 구성하고 화면을 조직화하는 것이 어려운 과제로 여겨질 수 있다.

그림 2.2 난화 1. 물고기를 보고 있는 토끼들

30대 여성은 성장하는 자녀를 심적으로 분리해야 할 필요를 느끼면서도 실제 잘되지 않는 상황이었다. 난화에서 발견한 이미지는 '토끼 두 마리', '물고기 두 마리'였고, 나머지는 '파도와 물결'이다. 내담자는 물결과 파도를 사용하여 두 마리의 토끼가 바닷가에서 두 마리의 물고기를 바라보고 있는 그림으로 완성하였다. 첫 번째 난화작업은 내담자의 긴장을 이완하고 흥미를 유발하는 자연스러운 시간을 경험하였다.

그림 2.3 난화 2. 아이와 엄마의 바닷가 나들이

두 번째 난화에서는 '두 사람의 인물, 앞치마, 초록색 하트, 물고기 두 마리, 물결, 그리고 연두색 들판과 능선'이었다. 내담자는 아이와 엄마가 바닷가에서 물고기 두 마리를 바라보고 있는 것이라고 하였으며, '앞치마와 하트'는 망설이다가 엄마곁에 붙었다. 이야기를 만드는 과정에서 내담자는 앞치마와 하트에 대한 연상을 통해, 자신의 과거 분리불안에 대한 이슈가 현재 자녀양육에 전이되고 있음을 인식하고, 필요이상으로 자녀를 통제하고 있음을 통찰하였다.

요약

　정신분석학은 심리학의 역사에 가장 많은 영향을 미친 이론이며, 미술치료에도 많은 영향을 주었다. 먼저, 미술치료의 구조와 조직에 영향을 주었는데 치료관계에서의 적절한 경계를 만들고 유지하는 것과 치료과정을 이해하는 방식에 도움을 주었다. 특히, 방어기제와 놀이, 전이, 역전이 등의 개념은 미술치료 과정에서 내담자의 내면과 감정, 치료사와의 관계를 살펴보고 미술치료사 자신도 이해하도록 해준다. 또한 내담자들이 만든 이미지를 해석하는 방식에서 미술작품과 이미지를 무의식에 이르는 왕도로서 꿈과 비슷한 위치에 올려놓았다. 이를 통해 무의식의 의식화라는 정신분석적 치료목표는 미술치료에서 내담자가 작품에 무엇을 투사하고 투사적 동일시를 하는지를 통찰할 수 있게 한다. 또한 내담자가 억압되었거나 억제된 공격적 에너지를 미술작업을 통해 중성화시키고 변화시키는 과정으로서의 승화, 창조과정에서 보이는 3차 과정 등은 정신분석 이론에서 파생되어 미술치료 이론으로 자리매김하게 되었다.

　정신분석 미술치료는 무의식을 의식화할 때 말로써 다 표현하지 못하는 미묘한 감정, 복잡한 속마음들을 미술로 표현할 때 보다 섬세하게 표현할 수 있기 때문에 전이의 해소가 용이하여 치료를 가속화한다. 또한, 작업하는 사람은 작품을 통하여 자신이 모르고 있던 무의식을 눈으로 직접 확인할 수 있어서 자신의 생각과 감정이 어디서 비롯되었는지, 그동안 했던 행동들이 어떤 이유 때문인지 알 수 있고, 이로 인해 통찰을 얻어 차츰 현실을 받아들이고 적응할 수 있게 된다.

　정신분석 미술치료사가 주의할 점은 단순히 미술 기법이나 재능을 보는 것이 아니라 개인의 창작의 욕구, 동기, 과정을 중요하게 여기고 완성된 작품의 상징을 해석하여 내담자를 도와야 한다. 미술과정이 가장 광범위한 인간능력을 필요로 한다는 것을 이해하고 일반적인 성숙 과정에서처럼 충동과 통제, 공격과 사랑, 환상과 실제, 무의식과 의식 사이에서 필연적으로 갈등하는 요소들의 통합을 지향하고 있음을 숙지해야 한다.

이무석 (2003). 정신분석에로의 초대. 서울: 도서출판 이유.

정방자 (1979). 대상관계와 심리치료. 인간이해 I. 48~62.

Hall, C. S. (1953). *The meaning of dreas*. New York: Harper and Brothers.

Hall, C. S. (1954). *A primer of Freudian psychology*. New York: Mentor.

Hanes, M. (2006). 정신분석학적 미술치료. 한국미술치료학회 제65회 미술치료연수회 외국인전문가 초청 자료집.

Kahn M. (2002). *Basic Freud: Psychounalytic Thoughts for the 21st Century*. (안창일 역) 21세기에 다시 읽는 프로이드 심리학. 서울: 학지사. (원서출판 2008).

MCWilliams, N. (1999), *Psychoanallic case formulation*. (권석만, 김윤희, 한수정, 김향숙, 김지영 역). 정신분석적 사례이해. 서울: 학지사. (원서출판 2005).

McWilliams, N. (2004). *Psychoanalytic psychotherapy: A practitioner's guide*. (권석만, 이한주, 이순희 역). 정신분석적 심리치료. 서울: 학지사. (원서출판 2007).

Michael, J. (2003), *Sigmund Freud (2nd ed.)*, (이용승 역). 지그문트 프로이트, 서울: 학지사. (원서출판 2007).

Moore, B. E., & Fine, Bernard, D. (2006). *Psychoanalysis: the major concepts*. (이재훈 역). 정신분석학 주요 개념: 기법. 서울: 한국심리치료연구소. (원서출판 1999).

Naumburg, M. (1966). *Dynamically oriented Art Therapy: Its principles and practices*. New York: Grune and Stratton.

Naumburg, M. (1973). *An Introduction to Art Therapy: studies of the "free" art expression of behavior problem children and adolescents as a means of diagnosis and therapy*. New York: Teachers College Press.

Rubin, J. (1986). From Psychopathology to Psychotherapy thruogh. Art Expression: A focus on Hans Primzhorm and others, *Journal of the American Art therapy Association, 3*. 27-33.

Rubin, J. (1987). *Approaches to art therapy: theory and techniquie*. (주리애 역). 이구동성미술치료. 서울: 학지사. (원서출판 2001).

Rubin, J. (1999). *Art therapy an introduction*. (김진숙 역). 미술치료학 개론. 서울: 학지사.

(원서출판 2006).

Rubin, J. (2003). Psychodynamic Child Art Therapy. 한국미술치료학회 제10회 한·미·일 국제학술대회 자료집.

Corey, G. (2001). *Theory and Practice of Counseling and Psychotherapy*. (조현재 외 역). 심리상담과 치료의 이론과 실제, 서울: 박영사. (원서출판 2001).

2장

분석심리학 미술치료

1 분석심리학 심리치료

1) 개관

분석심리학은 Carl Gustav Jung(1875~1961)에 의해 창시된 인간의 심층적인 무의식 세계를 설명하는 심리학이다. Jung은 Freud와 함께 정신분석으로 출발했으나 그와 결별하고 독자적인 이론체계와 치료방법을 발전시켰다. Jung은 1913년 Freud의 리비도의 정의를 확대시킨 자신의 심리학을 분석심리학으로서 공표함과 동시에, Freud 및 그 학파와 결별했다. Jung의 분석심리학은 성격에 대한 정신분석 이론보다 훨씬 덜 결정적인 입장을 취하며, 성이나 공격성을 덜 강조하는 반면에 신비하고 종교적인 역사나 문화적 배경을 강조하고 있다. Jung은 개인적 무의식 외에도 집단적 무의식의 개념을 정립하고 신화나 상징적인 것들 속에 집단적 무의식이 표현되어 있다고 했다. 따라서 Jung의 분석심리학에 있어서는 개인의 경험이 무의식에 억압되어 있는 것을 의식화하는 것만이 아니라 집단적 무의식을 의식화하는 것을 중시하고 있다. 분석심리학에서는, 무의식에는 파괴적이고 공격적인 특징만이 아니라 건설적이고 창조적 측면도 있다고 주장하고 있다.

Jung의 분석심리학은 인간의 마음을 의식, 개인적 무의식, 집단적 무의식으로 구분하고, 자아, 콤플렉스, 원형, 페르소나, 아니마, 아니무스, 그림자, 자기와 같은 독특한 개념을 통해서 인간의 정신세계를 정교하게 다룬다.

2) 인간관

Jung에 의하면 인간은 '나'라는 자아에 의해 지배되는 것이 아니라 자아를 통해 움직이는 거대한 힘에 의해 지배된다. 거대한 힘으로써 무의식은 다양한 상징적 표현을 통해 발현되며, 자아는 무의식의 대변인으로서 자아가 무의식의 내면적 소리를 인식하지 못하거나 외면할 때 정신적 고통과 장애가 발생한다.

Jung의 분석심리학은 체험에 근거한 심리학 이론으로, Jung 스스로 많은 사람들의 마음을 관찰하고 자신의 마음을 깊이 살펴본 경험을 토대로 발전시킨 이론이다. 분석심리학은 개인의 주관적 경험에 근거하여 그들의 마음을 이해하기 위해 적용할 수 있는 개념과 가설을 제시하고 있다.

Jung은 다음과 같은 언급을 통해서 자신의 학문적 입장과 삶에 대한 태도를 표현한 바 있다. "나의 생애는 무의식이 그 자신을 실현한 역사다. 무의식에 있는 모든 것은 사건이 되고 밖의 현상으로 나타나며, 인격 또한 그 무의식적인 여러 조건에 근거하여 발전하고 스스로를 전체로서 체험하게 된다. 이러한 과정을 묘사함에 있어 나는 과학적인 언어를 사용할 수가 없다. 왜냐하면, 나는 나 자신을 과학의 문제로 경험할 수 없기 때문이다. 내면적인 관점에서 본 우리의 존재, 즉 인간이 우리에게 보여주는 영원한 본질적인 속성은 오직 신화로서만 묘사될 수 있다. 신화는 보다 개성적이며, 과학보다 더욱 정확하게 삶을 묘사한다."(Jung & Jaffé, 1965)

분석심리학은 정신분석학과 같이 무의식의 존재와 영향력이 중요하며, 무의식을 의식화하는 과정이 인간의 성숙에 중요하다고 한다. 그러나, 무의식의 기능과 내용에 대해서는 다른 견해를 제시한다. Jung은 무의식을 개인의 삶에 방향을 제시하는 지혜로운 것으로 여기고 환자가 나타내는 증상의 의미가 과거에 경험한 상처의 결과라기보다 미래에 나아갈 방향을 보여주는 신호라고 보았다. 따라서 Jung의 분석심리학은 목적론적인 관점에 근거하고 있으며, 인간의 마음은 무의식을 좀 더 충만하게 발현하도록 기능하는 자기 조절적인 체계로 보았다. 즉, 인간은 과거의 원인으로 행동하는 것이 아니라 미래의 목적을 위해서 행동하는 존재로 본 것이다.

Jung은 인간의 마음을 환원론적으로 설명하는 것에 반대하면서 인간의 삶과 마음을 이해하기 위해 인간을 이끌어 나가는 어떤 정신적 존재를 가정한다. 그에 따르면, 우리의 마음은 우리가 움직이는 것이 아니라 우리의 마음속에 존재하는 자아의식을 넘어선 광대한 정신세계에 의해서 움직인다.

3) 주요개념

Jung은 인간의 성격 전체를 '영혼(psyche)'이라고 불렀으며 이는 모든 사고, 감정, 행동, 의식과 무의식을 포함한다(이부영, 2011). Jung은 자기(self)를 성격의 중심이자 전체로 보았다. 인간은 전체성을 지니고 태어나 분화와 통합을 반복하며 전체성을 발현해나간다. 인간이 일생을 통해서 추구해야 할 것은 타고난 전체성이 실현되도록 최대한으로 분화된 것을 일관성 있고 조화롭게 발전시키는 것이다.

(1) 의식(Conscious)

Jung에 의하면, 인간의 마음을 세 가지 수준의 마음, 즉 의식, 개인 무의식, 집단 무의식으로 구분했다. 의식(Conscious)은 개인이 유일하게 직접적으로 알 수 있는 부분이며 태어날 때부터 죽을 때까지 지속적으로 성장해 나간다. 의식의 중심에는 자아(ego)가 존재한다. 자아는 개인의 정체성과 자기 가치감을 추구하며 자신과 타인과의 경계를 수립하여 구분하는 기능을 한다. 또한, 자아는 의식에 대한 문지기 역할을 하며 지각, 사고, 기억, 감정이 의식될지 여부를 판단한다. 개인은 타인과 구별되는 자신만의 고유한 존재로 성장하는데, Jung은 이러한 과정을 개성화(individuation)라고 하였다. 인간은 의식의 중심에 있는 자아가 다양한 경험의 의식화를 허용하는 한계 내에서 개성화를 이룰 수 있으며, 개성화의 목표는 개인이 가능한 한 완전하게 자신의 전체성을 인식하는 것, 즉 '자기의식의 확대'에 있다고 하였다.

(2) 개인 무의식(Personal Unconscious)

자아에 의해서 인정받지 못한 경험, 사고, 감정, 지각, 기억은 개인 무의식에 저장된다. 이 내용들은 중요하지 않거나 현재의 삶과 무관하다고 여겨지는 것일 수 있다. 또는 개인 무의식은 개인적인 심리적 갈등, 미해결된 도덕적 문제, 정서적 불쾌감을 주는 생각들과 같이 여러 가지 이유로 억압된 것일 수 있다. 이는 Freud의 전의식과 유사하며 꿈을 만들어내는 데 중요한 역할을 한다. 개인 무의식의 자료들은 자아와 지속적으로 상호작용하고 공통된 주제에 관한 사고, 기억, 감정, 지각 등의 조직된 무리를 콤플렉스(complex)라고 한다. 예를 들어, 모성컴플렉스(mother complex)는 어머니에 관한 생각, 감정, 기억 등이 핵심으로 모여 복합을 형성한 것이다. 부정적인 모성 콤플렉스를 가진 남자는 모든 여성을 과도하게 부정적으로 보는 경향을 가지게 된다. 복합은 전적으로 무의식이므로 자아는 복합의 지배를 받는다는 사실을 깨닫지 못한다.

(3) 집단무의식(Collective Unconscious)

Jung의 이론이 다른 이론과 가장 차별화되는 개념으로 집단무의식은 개인의 무의식과 달리 특정한 개인의 경험과 인식내용이 아니다. '집단'이라는 것은 모든 인간에게 공통된 것을 의미한다. 집단무의식은 인간에게 전해내려오는 보편적인 경향성으로서 신화적 모티브의 표상을 형성하는 것을 말한다. 모든 인간은 유사한 생리구조를 가지고 있고 비슷한 환경적 요소를 공유하고 있기 때문에 개인은 세상에 대해 보편적인 방식으로 생각하고 느끼고 반응할 수 있는 소질을 가지게 된다. 이처럼 개인의 마음속에 존재하는 인류보편적인 심리적 성향과 구조가 집단무의식이다. 이 집단무의식의 내용이 원형(archetype)이며 원형은 경험을 지각하고 구성하는 방식을 뜻한다.

(4) 콤플렉스(Complex)

콤플렉스는 Jung이 단어 연상검사를 통해 발견한 심리적 구조를 지칭하기 위해 처음 사용하였다. 그는 단어연상검사에서 자극어에 대한 피검자의 반응시간의 지연, 연상불능, 부자연스런 연상내용이 그가 말하는 '감정이 담긴 복합체'에 유래한다는 것을 알게 되었다. 예컨대 '죽음'이라는 자극어에 이상한 반응내용과 반응시간의 지연을 나타낸 인물이 부친에 대하여 마음 속에서 격렬한 공격감정을 품고 있어, 그것은 부친의 죽음을 바랄 정도였다는 것을 알게 되었을 경우에 마음 속의 부친에 대한 격렬한 공격감정이 '감정이 담긴 복합체(콤플렉스)'이다. 즉, 어떤 감정에 의해 통합된 심적 내용의 집합이다. Jung의 콤플렉스가 다른 이론가의 콤플렉스와 구분되는 것은 원형적 핵(archetypal core)을 강조한다는 점이다. 콤플렉스는 개인 무의식뿐만 아니라 집단무의식의 요소를 지니고 있으며 아버지 콤플렉스, 어머니 콤플렉스, 구세

주 콤플렉스, 순교자 콤플렉스와 같이 원형과 관련된 핵심적 주제를 중심으로 구성되어 있다. 이러한 콤플렉스는 개인에게 의식되지 않은 채로 긍정적이거나 부정적인 영향을 미치게 되는데 콤플렉스는 무의식화되면 될수록 강력한 것이 되어 병리성을 지니게 된다. Jung에 의하면, 병자든 건강인이든 누구나 콤플렉스를 품고 있으며, 의식적인 경우와 무의식적인 경우가 있고 모두 습관적인 의식 상태 혹은 의식적인 태도와는 일치하지 않는다.

(5) 그림자(shadow)

그림자는 개인이 자신의 성격이라고 의식적으로 인식하는 것과 반대되는 특성을 뜻한다. '등잔불 밑이 어둡다'는 말이 있듯이, 그림자는 자아의 어두운 부분, 즉 의식되지 않는 자아의 어두운 측면이다. 그림자는 개인이 의식적으로 받아들이기 힘든 성적이고, 동물적이며, 공격적인 충동을 포함하고 있다. Jung에 의하면 그림자는 잠재적으로 가장 위험하고 강력한 콤플렉스로서 자아가 이를 받아들여 화목하게 영혼 속에 편입시킬 수 있느냐의 여부가 심리적 건강에 매우 중요하다고 보았다. 그림자를 과도하게 억압하면, 개인은 자유로운 표현이 억제되어 진정한 자신으로부터 괴리될 뿐만 아니라 불안과 긴장 상태에 빠져들 수 있으며, 그러한 개인에게 치료목표는 그림자를 의식으로 가져와 인식하고 표현하도록 돕는 것이다. 그림자를 적절히 표현하는 것은 창조력, 활력, 영감의 원천이 될 수 있다.

(6) 페르소나(Persona)

페르소나는 집단정신과 개인의 자아를 연결하고 보호하면서 집단에 적응하게 하는 개인의 외적인격이다. '가면'이라는 뜻의 페르소나는 개인으로 살면서 사회적인 역할을 수행하는 집단정신을 수행하기 때문에 한 개인이 페르소나와 동일시한다는 것은 사회적 역할과 동일시한다는 것을 의미한다. 한 개인이 개인적인 것을 억압하고 페르소나와 동일시하는 경우, 인격의 일부만 발달시키기 때문에 인격성숙의 기회를 가지지 못한다. 따라서 페르소나는 생의 전반부와 성장기 동안 배우고 발달해야 할 인격이나, 이를 상대적으로 구별하고 무의식의 내적 인격을 의식화하는 것이 후반부 인생에서 중요하다.

(7) 아니마, 아니무스(Anima, Animus)

Jung에 의하면 인간의 내면에는 외적 인격과 대조되는 내적 인격이 있는데 의식적인 태도 및 성향과 더불어 무의식 안에서도 내적 인격이 있다는 것이다. 내적 인격의 표현은 남성에게는 주로 '기분'인 아니마, 여성에게는 '의견'으로 나타나는 아니무스가 있다. 내적 인격은 자아가 내면세계와 관계를 맺는 다리와 같은 것으로, 남성은 그의 무의식에 있는 아니마인 여성적 인격과 여성은 그녀의 무의식에 있는 아니무스라 부르는 남성적 인격의 도움으로 전체 정신의 중심인 자기에게로 다가가게 된다. 이러한 인격의 존재를 무시하고 배제하게 되면 내적 인격이 발전할 기회를 가지지 못하기 때문에 미숙하고 미분화된 상태로 남아서 부정적인 작용을 하게 된다. 따라서 Jung은 조화로운 성격을 지닐 수 있도록 남성은 아니마를, 여성은 아니무스를 무의식 속에서 이끌어 내어 표현해야 한다고 하였다.

(8) 자기(Self)

자기는 의식과 무의식을 포함한 성격 전체의 중심이다. 자아가 의식의 중심이라면, 자기는 성격을 구성하고 통합하는 에너지를 제공하는 일을 한다. 자기는 성격 전체의 중심이면서 동시에 역설적으로 성격 전체를 포함하고 있다. 개성화가 일어나지 않은 미숙한 사람들의 경우에는 자기가 무의식의 중심에 묻혀 있어서 다른 원형과 콤플렉스를 잘 인식하지 못한다. 그러나 개인이 성숙해지고 개성화됨에 따라 자아와 자기의 관계가 밀착되어 모든 성격 구조에 대한 의식이 확대된다. Jung은 인간 삶에 있어서의 자기의 실현을 궁극적 목표라고 보았고, 자기 원형에 접촉하여 무의식의 내용들을 의식화하고 무의식적 과정을 이해할 수 있는 꿈의 의미를 중요하게 여겼다.

(9) 심리학적 유형설

분석심리학에서는 인간이 서로 다른 시각으로 외부세계를 지각하고 있다고 보고 이를 관찰하고 차이를 구분하여 유형으로 나누었다. 먼저, 외향형과 내향형으로 구분하여 사람의 행동과 판단이 객체에 있느냐 주체에 있느냐에 따라 외부세계를 지각하는 방식의 차이를 설명한다. 또한, 정신의 기능은 판단과 인식으로 나뉠 수 있는데 판단은 합리적 기능인 사고와 감정, 인식은 비합리적 기능인 감각과 직관으로 각기 대극을 이루고 있다. 이 유형론은 개인 간의 갈등을 설명하고 대립을 해소하는 데 유용하며 인간의 유형을 심층 심리학적으로 접근하였다는 점에 의의를 가진다. 심리학적 유형론은 개인이 무엇을 더 중요하게 여기고 가치를 두는지의 입장차이를 설명하고, 의사소통을 가로막는 개인 간의 오해와 논쟁, 편견 등을 중재하는 데 기여한다.

4) 치료목표

분석심리학 심리치료의 궁극적 목표는 개성화(individuation)와 성격의 통합이다. 그러나 구체적인 치료목표는 개인의 발달단계와 특수한 상황에 따라 달라질 수 있다. 치료의 목표를 미리 정해 놓는 것이 아니라, 내담자의 경험, 그리고 그의 성격과 삶의 의지에 따라 달라진다. 일반적으로 인생의 전반기를 살아가는 내담자의 치료는 현실 적응을 위한 구체적 목표를 성취하는 데 초점이 모아지는 반면, 인생의 후반기를 살아가는 내담자의 치료목표는 자기실현에 있다.

인생의 전반기 내담자의 경우에는 직업에 적응하고 가정을 돌보는 정상적인 적응적 삶을 위해서 자아를 강화하는 일에 주력하는 반면, 중년기 이후의 내담자에게는 개인적인 삶의 의미를 발견할 수 있도록 자신의 내면적인 존재를 경험하도록 하는 데 주력한다.

Jung에 따르면, 삶의 궁극적 목표는 개성화이다. 개성화는 무의식과 의식의 통합을 통해서 자기를 충분히 실현시키는 것이며, 삶의 과정에서 분화되고 분열된 마음을 일관성 있고 조화롭게 발전시키는 것이다. 따라서 심리치료의 목적은 분화과정에서 분열되거나 상실한 전체성을 회복하는 것이다.

치료사는 꿈을 통해 표현하는 내담자의 언어를 이해하며 꿈의 맥락을 파악하여 꿈을 해석한다. 내담자는 치료에서 해석된 꿈의 의미를 이해함으로써 인생의 크고 작은 선택에 반영하면서 개성화 과정으로 나아가게 된다. 융심리학에서 전이분석은 개인 무의식으로부터의 투사를 다루고 그 후에 집단 무의식의 투사를 다룬다. 아울러 치료사는 내담자가 적극적 상상을 통해 심상활동을 활성화시킴으로써 무의식을 탐색하고 이해할 수 있도록 돕는다.

(5) 치료과정

　분석심리학 심리치료는 내담자로 하여금 무의식을 의식화함으로써 분열된 마음을 통합하고 전체성을 회복하여 자기를 실현하도록 돕는다. 이 때, 치료사와 내담자의 관계는 인간적인 대화로 이루어지며 내담자는 개별적으로 이해된다. 치료사와 내담자는 의식적 또는 무의식적 수준에서 서로 연결되며 내담자의 무의식을 탐색하고 이해하기 위해서 치료사는 꿈 분석, 전이 및 역전이 분석, 적극적 상상(active imagination)을 비롯한 다양한 기법을 사용할 수 있다.

　내담자는 "특수한 부분을 가져오는 것이 아니라 영혼 전체와 세계 전체를 가져오는 것이다"라는 Jung의 언급에서처럼 치료사는 내담자를 전체적으로 보아야 한다. 즉, 내담자의 병든 부분뿐 아니라 건강한 부분, 그리고 그의 의식뿐 아니라 무의식까지도 고려해야 한다.

　Jung은 정신치료의 발전과정을 네 가지 단계로 구분하여 설명한 바 있다. 첫 번째 단계는 고백(confession)의 단계로, 이 단계에서는 억압에 의해 숨겨진 비밀이나 억제된 감정과 정동들을 치료사 앞에서 토로하여 다른 사람과 그것을 공유(communion)함으로써 치료가 이루어진다. 두 번째 단계는 설명 혹은 명료화(elucidation) 단계로, 꿈이나 환상, 억압된 소망자료들을 인과론적이고 환원적인 해석을 함으로써 전이와 무의식의 원인을 해석하여 치료에 이르게 한다. 세 번째 단계는 교육(education)의 단계로, 내담자의 신경증 등으로 만들어진 완고한 습관은 통찰로만 고쳐지지 않고, 연습을 통한 적절한 교육이 필요하다고 보는 것이다. 네 번째 단계는, 치료사와 환자 두 인격이 마치 두 화학물질을 섞는 것처럼 변환의 과정을 거쳐서 새로운 것을 만들어가면서 치료하는 단계이다. 네 번째 단계는 변환(transformation)의 단계로 치료는 의사와 환자와의 상호영향의 산물이다. 그렇기 때문에 의사도 동등하게 치료과정의 한 부분이고 변환의 과정에 노출되어 있으므로, 의사의 교육 분석의 필요성과 윤리적 태도의 중요성을 강조하고 있다.

　Jung은 이후, 정신치료의 방법을 암시요법과 변증법적 방법으로 구분하였는데 암시요법은, 위의 세 단계에 해당하는 치료법으로, 인생의 전반기 환자에게 주로 적응될 수 있는 치료법이며 분석적이고 환원적인 해석을 주로 한다. 변증법적 방법은, 변환의 단계의 치료법으로, 이전의 이론과 실제를 모두 포기하고 환자와 진지한 대화를 하면서 서로의 소견을 비교함으로써 치료하는 것이다. 여기서 치료사는 더 이상 행동의 주체가 아니고 환자의 발달과정을 함께 체험하는 사람이다. Jung의 치료방법은 개인적 무의식의 자료 외에 신화와 민담 등의 집단 무의식의 자료를 가져와서 '확충'이라는 방법으로 해석을 한다. 이 치료의 궁극적인 목표는 원형적인 체험을 통해 자신의 고유한 개성이 자기를 체험하는 것이다.

따라서 정신치료의 주된 목적은 인생의 전반기 환자의 경우에는 사회적응과 정상화를 위해 자아를 강화하는 것이 되고, 후반기 환자의 경우에는 개인적인 삶의 의미를 이해하기 위해 그 자신의 내면적인 존재를 경험토록 하는 데 있다. 그렇지만 어느 환자라 하더라도 치료의 목표가 미리 이론적으로 정해지는 것은 아니며, 환자와의 경험, 그리고 환자의 본성과 삶의 의지에 따라 달라진다. 정신치료의 목적은 내담자를 행복하게 하는 완전함이 아닌, 고통을 참는 철학적 인내와 단단함을 갖고 사는 온전함에 이르도록 도와주는 것이다.

2 분석심리학 미술치료

1) 개관

Jung의 분석심리학에서 예술은 무의식의 산물로써, 무의식을 의식화하는 상징으로 나타나게 된다. 이 점에서 시각예술에 나타난 상징에 대한 이해는 곧 한 인간의 무의식의 원형을 이해하는 데 기초가 될 수 있다. 분석심리학을 통해 미술치료의 토대를 제공한 Jung은 이미지를 중요하게 생각했는데 무엇보다도 이미지가 가진 개인적, 집단적 메시지를 의미 있게 바라보았다. Jung은 '적극적 상상(active imagination)'을 통해서 자신이 만든 이미지와 만나도록 도왔다. Jung의 관점에서 그림에 나타나는 이미지는 단순히 그것을 그린 개인의 억압된 소망이 변형된 형태로 나타나는 것이 아니고 인간 정신의 풍부하고 깊은 세계와 연결되는 것이다. 또한 이를 단순히 사고나 느낌으로 해석하는 것이 아니라, 직관적인 방식으로 다가설 때 진정한 상징의 의미가 느껴지고 이해될 수 있다고 하였다.

　미술치료에 대한 분석심리학적 접근은 원형이 만들어 내는 심상의 시각적 표현을 통하여 증상이 가진 정동성과 심인성 증상을 해결하려는 것이다. 무의식적 심상을 시각언어로 포착하는 것은 무의식의 창조적 기능을 촉진하여 의식을 보다 높은 차원으로 이끌어 준다. 무의식은 의식과 관계없이 고유한 활동을 전개하는 영역이며, 이 무의식의 고유한 활동을 치료에 반영하는 것이 바로 분석심리학적 미술치료의 핵심 내용이다.

　분석심리학적 미술치료에서의 치유는 개인의 내부에 자리하고 있는 무의식의 조절력을 경험하는 순간에 이루어진다. 먼저 내담자는 내면의 심상을 그림 그리는 행위를 통해 형상화한다. 이때 형상화된 이미지에는 개인이 일상 속에서 경험하지 않은 무의식적으로 반복하여 나타나는 표현이 있을 수 있는데 이는 선험적으로 주어진 자기(self)의 가능성으로서 이미지는 개인의 무의식적 내용이 투사된 것뿐만 아니라 인류의 경험이 내재된 집단무의식의 원형이 그림에 상징적으로 표현된 것이다. 내면 경험을 그림으로 그리거나 조작하는 창작은 자신의 상황을 꿰뚫는 통찰의 원천이 된다. 따라서 미술작업을 통해 표현된 이미지는 그림을 그리는 이와 관계를 형성하게 하고, 내담자는 이미지를 시각화하려는 노력과 더불어 이미지의 각 부분에 대해 심사숙고하게 만들어 그 효과를 완전히 경험하게 된다. Jung은 내담자의 내부로부터 오는 능동적 심상을 끌어내어 형상으로 만드는 것은 무의식에 대한 객관화라고 보았다.

　그러므로 분석심리학적 미술치료를 실행하고자 할 때, 미술치료사는 내담자가 이미지를 시각화하여 무의식적 요소를 표현하는 '의식적인 방법으로서 미술을 격려해야' 한다. 미술표현을 하면서 무의식과 능동적인 대화를 돕는 일이 미술치료사의 역할이다. 내담자가 미술을 통해 심상과 느낌 상태를 표현하는 것은 원형적 힘을 해방시키고, 내담자의 꿈과 공상 속에 잠재되어 있는 심상들을 마주하는 것만으로도 정신으로부터 나온 의사소통으로 본다.

　분석심리학적 미술치료는 개인의 심인성 문제를 해결하기 위해서 무의식의 고유한 활동이 개인에게 메시지를 전달하고 그것을 인식하고 이해하고 삶에서 살아내도록 하는 것이다. 즉, 무의식의 내용을 이미지화하는 과정 자체가 치유적인 활동이 될 수 있으며 치유는 개인의 내부에 자리잡은 무의식의 조절력을 경험하는 것이다.

분석심리학적 미술치료에서는 적극적 상상과 집단무의식 요소들인 그림자, 아니마·아니무스, 페르소나를 깊게 이해하기 위해 미술작업을 하며, 집단무의식 이미지의 표현을 해석하고 이를 통찰하도록 돕는다. 분석심리학적 미술치료의 핵심은 자신의 무의식을 통찰하여 내면적 에너지인 원형들을 통해 진정한 자아를 만나도록 돕는 것이고 인간의 심리해석의 논리나 타당의 여부보다 내담자가 얼마나 효과적이고 균형 있게 자기에 대해 알아가는 것이 된다.

② 기법

(1) 만다라(mandala)

Jung은 심리학적 입장에서 만다라를 개성화 과정의 그림(Figure of individuation process)이라고 정의하였다(Riedel, 2000). 그는 20세기 초 만다라가 지니는 영적 우주적 의미를 발견하고 만다라를 심리치료에 처음으로 적용하였으며 만다라가 인간정신에 미치는 의미를 탐구한 결과 인간의 근원적인 사고 세계를 열어 준다고 하였다(정여주, 2003). Jung은 만다라를 직접 그리는 생생한 자기 체험을 통해 만다라의 치료적 의미를 정착시켰으며 만다라의 도움으로 내적인 조화를 얻게 되었고 자신과 일체가 될 수 있었다고 하였다. 그는 1927년 어느 날 꾸었던 꿈을 계기로 만다라의 도움으로 내면의 조화를 직접 경험하였다. Jung은 만다라가 개성화 과정에서 이루어지는 그림이라는 것을 확신하였고, 노이로제 환자와 분열병 환자에게 만다라를 그리도록 하여 치료적 효과를 입증하였다.

만다라는 안정과 요양이 필요한 사람을 대상으로 예방적 차원과 정신질환자와 신체적 병을 가진 사람을 대상으로 치료적 차원으로 실시할 수 있어 환자뿐만 아니라, 모든 계층의 사람들에게 적용할 수 있다. 따라서 만다라 작업은 내면의 통합과 조화를 목적으로 미술치료에서 중요한 위치를 차지하고 있고, 만다라의 목적은 내담자에게 만다라를 제작하게 함으로써 내담자가 분열된 자신을 통합하여 삶의 본질에 이르도록 하는 것이다.

만다라에 나타난 색, 형태, 숫자의 기본적 상징도 중요한 치료적 의미가 있으며, 색은 그림을 그린 사람의 개성과 심리상태를 나타낸다. 빨강, 노랑, 파랑 등의 일차색과 주황, 녹색, 보라 등의 이차색은 특정 정신적·심리적 의미를 지니고 있다. 이러한 색들은 그림을 그리는 사람의 당시 기분상태와 정신상태를 밝혀 주고, 현재나 과거의 문제 및 그와 연관된 감정을 나타낸다. 만다라를 그리는 사람은 당시의 기분을 무의식적으로 형태와 색으로 드러냄으로써 바로 자신이 겪고 있는 문제와 대면할 수 있다. 그러한 대면의 과정을 거쳐서 삶의 균형을 찾아 나가고, 스스로 창의적이며 자율적으로 성장하는 것이다.

① 목표

내담자는 만다라 제작의 준비과정인 명상과 제작에서의 몰입을 통하여, 자신과 작품이 하나가 되는 일체감을 경험할 수 있다. 만다라 그리기에는 일반적으로 문양이 있는 만다라를 선택하여 채색을 하는 방법과 스스로 만다라를 그리는 방법이 있다. 처음에는 문양이 있는 만다라를 선택하여 그리고, 점차 만다라 형태에 친숙해지면 자신이 스스로 만다라를 제작하여 그리는 것이 좋다.

② 준비물

종이, 채색재료, 필기구

③ 방법

① 원을 주고 자유롭게 떠오른 것을 채색하도록 한다.
② 다 채색한 후 그려진 것을 가지고 치료사와 나눈다.
③ 이때, 자신의 만다라에서 보여진 색, 숫자, 형태를 기록하며 그에 대한 연상을 통해 관련된 글쓰기를 한다.

④ 임상적용 시 주의사항

만다라는 사용하는 재료에 따라 평면 만다라, 콜라주 만다라 및 점토 만다라로 구분하며, 평면 만다라는 크레파스나 물감, 유화 등을 사용하며, 선과 면과 색을 연결함으로써 감성 능력과 상상 능력의 조화가 이루어지도록 한다. 젖은 종이에 물감을 사용하면 이완에 효과가 있고, 마른 종이에 물감을 사용하면 인내심을 키우는 데 효과가 있다.

콜라주 만다라는 다양한 재료를 사용하여 채색이나 형태 그리기를 싫어하는 사람들에게 작업을 쉽게 할 수 있도록 해 주고, 이완과 즐거움을 주면서 집중력을 향상시키는 데 효과가 있다. 점토 만다라는 찰흙이나 도자기 흙 등을 이용하여 만드는 것으로, 이완 작용 및 소근육과 대근육 운동에 도움을 주고 집중력을 향상시키며, 스트레스 해소와 신진대사 작용에 효과가 있다.

만다라 작업에서 내향적인 사람은 무의식적으로 원의 중심에서 원주를 향해 색을 칠하는 경향이 있고, 자신에게서 나오려는 내향적 환자는 만다라를 안에서부터 밖으로 그림으로써 자기 성장과 성숙으로의 시간을 가지려고 한다. 반면에, 외향적인 사람은 원주에서 중심을 향하여 만다라를 그리려고 한다. 산만하고 집중력이 없거나 근본적으로 외향적인 내담자는 만다라를 밖에서 안으로 그림으로써 중심으로 집중하는 경향이 있다. 만다라를 미술치료에서 적용할 때 치료사는 근육운동장애, 자폐성, 간질병, 경련성 마비를 겪는 사람들은 원 중심에서 원주로 향하는 만다라를, 외향성이고 운동형 사람, 몽상가, 노이로제, 정신질환, 뇌막염, 집중력 결여, 허풍 성향이 있는 사람들은 원주에서 중심으로 향하는 만다라를 그리도록 유도할 수 있다.

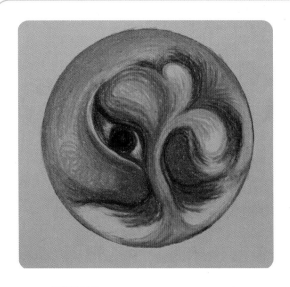

40대 중년여성은 만다라에서 눈, 새싹, 주황색, 파란색, 초록색, 흰색, 숫자 2에 대한 연상을 하고 각 연상들을 통합한 글쓰기를 통해 새로운 일을 시작하는 것에 대해 새싹을 떠올렸으며, 그에 대한 불안을 부릅뜬 눈으로, 그리고 주황색에 대해 새싹이 잘자라기를 기대하는 마음을 인식할 수 있었다.

그림 2.4 40대 중년여성의 만다라 그림

(2) 꿈그림

꿈은 무의식의 내용물로 만들어지며, 꿈의 일반적인 기능은 심리적 평형의 회복이다. Jung의 표현에 따르면 꿈은 보상적 역할을 한다. 꿈은 상징적 의미가 있는 무의식적 심상의 형태이기 때문에, 꿈을 그리는 것은 꿈을 분석하는 데 많은 도움이 된다.

① 목표
꿈 그리기는 내담자에게 가장 인상 깊었던 꿈의 내용을 그리게 하는 것이며, 그려야 할 상세한 장면을 찾아가는 가운데 문제해결의 실마리를 찾을 수 있다.

② 준비물
A4 용지, 도화지, 채색도구, 연필, 공책 등

③ 방법
① 내담자에게 자신이 꾼 꿈의 내용을 떠올릴 수 있도록 시간을 준 뒤, 도화지나 A4 용지에 꿈의 내용을 단어나 그림, 또는 상징으로 표현하도록 한다.
② 꿈의 이미지를 색채와 형태로 표현해 보도록 한다.
③ 내담자가 꾼 꿈의 완전한 이미지를 창조하기 위하여 용지에 내담자가 생각하는 꿈의 이미지를 가능한 한 상세하게 표현하도록 한다.
④ 그림을 다 그린 다음 치료사는 내담자에게 꿈을 형상화하는 작업과 관련하여 질문을 하면서 대화를 하거나, 대화가 어려울 경우에는 일지에 기록하게 하여 내담자의 꿈을 더 깊이 탐색하도록 한다.

④ 임상적용 시 주의사항
꿈을 임상장면에서 사용하는 것은 이론적 관점의 차이가 있다 해도 치료사가 내담자를 이해하고 내담자 또한 자신을 이해하고 수용한다는 차원에서 공통적인 의미를 가진다. 꿈을 일방적으로 또는 등식화하여 분석하는 것은 위험하며, 내담자가 자신의 마음을 표현하고 인식할 수 있는 정도로 다가가는 것이 안전하다. 꿈 그리기는 꿈을 분석하는 데 있기보다 미술치료에서 꿈을 그리는 과정 자체에 주목하는 것이 중요하다. 왜냐하면 그림을 그리는 과정에서 내담자의 의식수준이 변화를 경험하기 때문이다. 기억하고 선명한 꿈의 자료는 내담자에게 중요한 의미를 가지므로 그림을 그리는 과정에서 추가되거나, 내용이 변화될 수 있다. 이것은 미술치료가 가지는 장점이며, 꿈의 내용이 작업을 하면서 변화된 내용을 다룰 수 있고, 선택한 재료와 완성된 이미지를 가지고 치료사와 나눌 수 있다.

대인관계의 갈등으로 미술치료를 받고 있는 40대 여성의 내담자는 꿈속에서 '자신의 집앞 연못에 나무가 자라고 있는 신비한 꿈'을 수채화로 그렸다. 꿈그림과 관련된 연상으로 내담자는 종교적인 신앙이 자신을 지켜주었고, 자신 안에 자라고 있는 튼튼한 자기상으로서 나무로 바라보았으며, 채색의 과정에서 편안하고 긍정적인 정서와 자아상으로 나무를 통해 자존감을 회복하였다.

그림 2.5 40대 여성의 꿈 이미지화

요약

　분석심리학의 창시자인 Jung은 치료를 자기(self)의 인식과정, 성격의 재구성, 심지어는 교육 등으로 다양하게 생각하였고, 특정한 이론에 짜맞추려는 어떠한 미숙한 시도에도 반대하였으며, 모든 치료 접근법에 내재하고 있는 경험적인 성질을 강조하였다. 분석심리학 치료에서 유일한´과제는 내담자 개개인이 자신의 무의식을 의식화하여 정신의 정체성과 개인의 개성을 실현하는 데 있다. 그러나 이것도 분석의 깊이가 다를 수 있고, 오히려 의식화 과정이 포기되어야 할 때도 있다. 치료란, 내담자의 개성화를 지향하는 것이다. 분석심리학 심리치료과정은 고백(confession), 명료화(elucidation), 교육(education), 변형(transformation) 단계를 거친다. 치료사는 이제 자신의 인격이 내담자에게 비호의적으로 작용하지 않도록 고백, 설명, 교육의 단계를 경험하는 자기 교육자여야 함을 강조한다.

　분석심리학 미술치료는 인간의 정신, 특히 무의식 세계에 대한 보다 심층적인 접근과 이해를 가능하게 한 무의식과 원형이라는 개념을 통해서 사회·문화적인 특수성을 넘어서 정신장애 환자를 포함한 모든 인간이 공통적 심상 구조를 지닌 인류 공동체임을 인식하고 개성화 혹은 자기실현을 목적으로 실시한다. 이를 위해서 내담자가 이미지를 형상화하고 대화하고 관계를 형성하는 경험을 하게 하며, 미술치료사는 내담자를 병적인 문제를 지닌 존재가 아니라, 스스로 전체성을 실현하고자 하는 전인적인 인간으로 바라보아야 한다. 따라서 미술치료사는 내담자의 이미지와 작업이 내담자의 개인적인 경험을 포함할 뿐만 아니라, 정신세계의 보편적인 상징을 내포하기 때문에 해석과 설명보다 이미지를 만나고 바라보고 경험하는 시간을 제공하는 역할과 함께 내담자의 세계를 체험하는 자로서 기능한다.

더 읽을거리

김성민 (2001). 분석심리학과 기독교. 서울: 학지사.

노안영 (2018). 상담심리학의 이론과 실제. 서울: 학지사.

이부영 (2002). 자기와 자기실현, 서울: 한길사.

이부영 (2011), 분석심리학: C. G. 융의 인간심성론(3판). 서울: 일조각.

장성화 외 (2016). 상담의 이론과 실제. 파주. 경기: 정민사.

정여주 (2013). 만다라 미술치료 이론과 실제, 학지사.

한국미술치료학회 편 (2000). 미술치료의 이론과 실제. 대구: 동아문화사.

Abt, Theodor. (2008). *Introduction to picture: interpretation: According to C. G. Jung.* (이유경 역). 융심리학적 그림 해석. 서울: 분석심리학연구소. (원서출판 2005).

Casement, A. (2007). *Gustav Jung.* (박현순, 이창인 역). 분석심리학의 창시자 칼 융. 서울: 학지사. (원서출판 2001).

Ingrid Riedel. (2000). *Maltherapie.* (정여주 역). 융의 분석심리학에 기초한 미술치료. 서울: 학지사.

Jung, C, G. (2001). Grundfragen zur Praxis (한국융연구원 C.G. 융 저작 번역위원회). 정신 요법의 기본 문제. 서울: 솔. (원서출판 1984).

Jung, C, G., & Jaffé, A. (2012). *Memories, Dreams, Reflections.* (조성기 역). (C.G. 융의 회상, 꿈, 그리고 사상. 서울: 집문당. (원서출판 1965).

Jung, C. G. (1954). *Collected Works, Vol. 17.* Pars174-181. New York: Princeton University Press.

Rubin, J. (2001). *Approaches to art therapy : theory and technique.* (주리애 역). 이구동성미술치료. 서울: 학지사. (원서출판 1987).

Raymond J. Corsini 외. (2004). *Current Psychotherapies.* (김정희 역). 현대 심리치료. 서울: 학지사. (원서출판 1973).

Susanne Fincher. (2012). *Creating Mandalas: For Insight, Healing, and Self−Expression.* (김진숙 역). 만다라를 통한 미술치료: 자기 탐구, 완성, 치유를 향하는 미술치료. 서울: 학지사. (원서출판 2010).

Whillam Crain. (2005). *Theories of Development.* (송길연, 유봉현 역). 발달의 이론. 서울: 시그마 플러스. (원서출판 1999).

3장

인지행동 미술치료

1 인지행동 심리치료

1) 개관

　인지행동치료는 인간의 사고가 정서 및 행동을 중재하거나 선도한다는 전제하에 심리 장애의 근원을 인지 과정에서 밝히고자 하는 상담 접근법이다. 이 이론에 의하면 인간의 심리적 문제는 여러 가지 사고 중에서 어떤 상황이나 외부에서 주어진 자극을 합리적이지 못한 방식으로 지각하고 받아들이기 때문에 일어난다고 한다. 다시 말해, 어떤 사건을 자신이 가지고 있는 비합리적인 사고 방법으로 해석하기 때문에 정서적 문제를 경험하게 된다고 한다. 즉, 인간이 경험하는 심리적 문제의 원인을 외부에서 주어진 자극에 대한 비합리적 지각과 해석으로 보며, 인지행동치료는 비합리적·비적응적 사고 과정을 수정·변화시켜 재구성함으로써 정서적·행동적 장애의 치료 또는 증상의 완화를 목표로 한다. 인지행동치료의 등장에 공헌한 이론가들의 대다수는 정신분석이론을 토대로 상담을 해나가는 과정에서 기존의 이론이 갖는 한계에 도전하여 새로운 이론 체계들을 정립하였으며, 현재 20개 이상의 심리치료 접근들이 개발되었다. 최근에는 변증법적 행동치료(Dialectical Behavior Therapy: DBT), 통합적 부부 행동치료(Integrative Behavior Couple Therapy), 마음 챙김(인지치료(Mindfuliness-Based Cognitive Theraoy: MBCT), 수용전념치료(Acceptance & Commitment Therapy: ACT) 등의 기법을 활용하여 경계선 성격장애, 중독치료, 범불안장애 등을 치료하고 있다. 인지행동치료사들은 인간의 심리적인 문제를 일으키는 비합리적인 사고를 바꾸기 위해 다양한 방법을 사용하였으며, 대표적으로 Albert Ellis의 합리적 정서행동치료(Rational Emotive Behavior Therapy: REBT)와 Aaron Beck의 인지행동치료
(Cognitive Behavioral Therapy: CBT)가 있다.

2) 인간관

인지행동치료에서 인간은 합리적이고 올바른 사고를 할 수 있는 존재일 뿐만 아니라 비합리적이고 올바르지 못한 왜곡된 사고도 할 수 있는 존재이다. 또한, 인간은 생물학적·문화적 영향을 많이 받는데, 인간이 왜곡된 사고를 하는 것은 특히 어린 시절 가족의 문화를 결정짓는 부모의 양육 태도에 의하여 획득된 비논리적인 학습 때문이라고 하였다. 아동은 전적으로 부모의 영향을 받으며 자라며, 아동에게 형성된 사고 속에는 합리적인 것뿐만 아니라 비합리적인 것도 포함되어 있다. Ellis에 의하면 비합리적 사고는 대부분 부모에 의해 학습되고, 사회에 의해 강화되며, 정서 장애의 주요 원인이 된다고 하였다. 그러나, 성인이 되어서도 지속되는 비합리적 신념에서 벗어나려는 노력을 한다면, 비합리적인 생각이나 태도, 행동을 합리적인 것으로 바꾸며 성숙한 사람으로 변화할 수 있다(Ellis, 1995). 또한, 인간은 자기와 대화할 수 있고(self talking), 자기를 평가할 수 있으며(self-evaluating), 자기를 유지할 수 있는(self sustaining) 존재이기 때문에(Conrey, 1991), 인지행동치료에서는 인간이 실수할 수 있음을 인정하고, 자신을 수용하도록 돕는 것이 목적이다.

2 앨리스의 합리적 정서행동치료

합리적 정서행동치료(Rational EmotiveBehavior Therapy: REBT, 이하 REBT)는 Albert Ellis(1913~2009)가 1950년대에 발전시킨 성격 이론이며 최초의 인지행동치료 중 하나로 오늘날에도 각광받고 있는 중요한 치료적 접근이다. 이론 정립의 초기 과정에서 Ellis는 합리적 치료(rational therapy, 1955)라 명명하였으며, 1962년에는 합리적-정서적 치료(rational-emotive therapy: RET, 1962)로 개칭하였고, 최근에는 정서와 행동 모두를 중시하는 이론의 기본 철학을 반영하여 합리적·정서적·행동적 치료(Rational

Emotive Behavior Therapy: REBT, 1993)로 불리게 되었다. REBT 상담과정을 통해 내담자는 비합리적 신념(irrational belief)을 효과적이고 합리적인 인지로 대체하는 방법을 배우게 되고, 결과 상황에 대한 정서적 반응을 변화시킨다. 치료사는 내담자로 하여금 지금 경험하는 문제뿐 아니라 삶의 다른 문제들과 미래에 닥칠 수 있는 문제들에 대해서도 REBT의 원리를 활용할 수 있도록 돕는다. REBT는 감정 표현보다는 사고와 행동에 초점을 맞추며, 상담자는 사고 전략을 가르치는 등의 여러 가지 면에서 교사의 역할을 하는 한편, 내담자는 학생이 되어 치료에서 배운 새로운 기술을 일상생활에서 실천하게 된다.

1) 인간관

REBT는 인간을 합리적이고 이성적인 사고나 신념을 가질 수도 있고, 비이성적 사고나 신념을 가질 수 있는 복합적인 존재로 본다. 인간은 자신을 성장시키는 자아실현의 욕구를 가지고 있는 한편, 자신의 성장 가능성을 피하려는 경향을 함께 가지고 있다. Ellis는 사람이 사랑, 인정, 성공에 대한 욕망 등을 개인의 삶에서 없어서는 안 될 필수 불가결한 요소라 믿을 때 정서적·행동적 장애를 경험하게 된다고 보았다. REBT에서 기본적으로 가정하는 인간 본성은 다음과 같다(Ellis, 1987).

- 인간은 생득적으로 비합리적 사고를 하는 경향이 있다.
- 인간은 외부의 어떤 상황보다는 자기 스스로 정서적 장애를 일으키는 여건을 만든다.
- 인간은 비합리적 사고를 바꾸기 위해 노력하는 생득적 경향성을 가지고 있다.
- 인간은 자신의-인지적·정서적·행동적 과정을 변화시킬 수 있는 능력이 있다.
- 인간은 성장과 자아실현 경향성이 있다.
- 인간은 자신에게 정서적 장애를 일으키는 신념을 만들어 낸다. 그리고 자신이 만든 정서 장애를 유지하고자 한다.
- 인간의 사고·정서·행동은 서로 영향을 미친다.

이와 같이 인간 발달의 생물학적, 사회적 그리고 다른 힘들의 영향력에 대한 인식에도 불구하고 REBT는 인간 본성에 대한 긍정적 시각을 가지고 있다. 인간은 스스로 선택할 수 있고, 긍정적 변화와 성취를 향해 적극적이고 끊임없이 나아갈 수 있다고 본다.

② 이론적 개념

(1) 비합리적 신념

사람들이 정서적 문제를 겪는 이유는 삶에서 겪는 구체적인 사건들 때문이 아니라 그 사건을 합리적이지 못한 방식으로 지각하고 받아들이기 때문이다. 인간에게 있어서 '반드시 ~해야만 한다'는 생각은 대부분 비합리적이며 자기 파괴적일 수 있다. 이러한 비합리적 신념을 지속적으로 사용하고 믿는 사람들은 스스로 자기를 비하하고 의기소침하게 되며 대인관계에서도 불신과 거부적 태도를 보임으로써 분노, 우울, 불안감 등의 부정적 정서상태를 경험하게 된다. 예를 들어, 친구와 약속을 했는데 그 친구가 약속 시간을 어긴 경우, 친구가 약속을 어긴 일로 화가 나는 사람은 친구가 약속 시간을 어겼다는 사실보다 '약속 시간을 어기는 일이란 절대 있을 수 없어!'라는 생각을 가지고 있기 때문에 화가 날 수 있다. 비합리적 신념을 스스로 계속 되새기면서 확인함으로써 느끼지 않아도 될 불쾌한 정서를 만들어 내고 유지하게 되는 것이다.

(2) 자기수용

자기수용은 REBT에서 매우 중요한 개념으로, 정서적 문제는 조건적 자기수용을 가진 사람들에게서 흔히 발견된다고 보았다. 조건적 자기수용이란 인간으로서 근본적으로 갖는 가치 때문이 아닌 성취 또는 성공 여부에 따라 자신에 대한 가치 수준을 평가하는 것으로, 실패나 실망의 경험은 자존감 추락의 원인으로 작용하게 된다. 이들은 일반적으로 '내가 하고 있는 것이 곧 나다.' '실패한다면 나는 가치 없는 사람이다.'와 같은 왜곡된 신념을 가지고 있다(Barrish, 1997). 따라서 REBT 치료사는 내담자들로 하여금 자기 자신이 아닌 자신의 생각과 행동을 평가하도록 가르친다.

(3) 심리적 문제의 발생

Ellis는 개인의 심리적 문제에 영향을 끼치는 요인들을 생물학적·사회적 요인에 따른 정서적 혼란으로 보았으며, 이를 A-B-C-D-E-F이론으로 설명했다. A-B-C 이론은 내담자의 감정과 사고, 사상·행동 등을 이해할 수 있는 유용한 틀을 제공한다는 점에서 REBT이론의 핵심이다.

A는 내담자가 노출되었던 문제 장면 또는 '선행사건(Activating event)'을 말하며, B는 문제 장면에 대한 내담자의 사고체계 또는 '신념체계(Belief systerm)", C는 선행사건 A 때문에 생겨났다고 내담자가 보고하는 '정서적·행동적 결과(Consequence)', D는 비합리적 신념(Irrational Belief)에 대한 치료사의 '논박(Dispute)'을 뜻한다. 이는 내담자가 자신의 비합리적 생각을 수정하는 데 적용할 수 있는 과학적 방법이며 상담의 과정이라 할 수 있다. 여기에 E와 F를 포함시키기도 하는데, E는 내담자의 비합리적 관념을 직면 또는 논박한 인지적·정서적·행동적 효과(Effect), 그리고 F는 효과 때문에 나타나는 새로운 감정(Feeling)을 의미한다. 이 과정은 〈그림 2.6〉과 같다.

그림 2.6 ABCDEF 모형

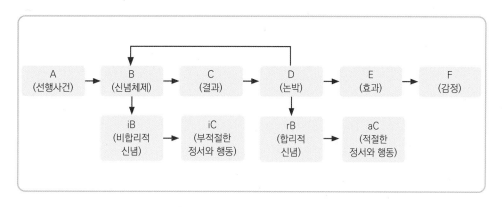

3) 치료목표 및 치료원리

REBT의 목표는 내적 세계에 대한 자신의 생각을 이해하고, 자신의 감정이나 행동을 변화시키기 위해서 자신의 관점이나 사고를 변화시키는 것이다. REBT는 내담자의 경험 자체보다 경험에 대한 내담자의 해석과 가치 부여 자체가 심리적인 문제의 원인이라고 본다. 따라서 REBT는 의도적, 적극적 개입으로 가치체계의 변화를 추구한다. 즉, 가치체계(Evaluation System)를 바꿔주면 정서적 변화, 행동의 변화가 오며, 인지가 정서와 행동을 결정한다는 인지 결정론적 견해를 취한다. 인지 오류로 형성된 역기능적 사고는 정서 장애를 유발하는 결정요인으로 여기기 때문에 사고의 분석을 시작하며 과거보다는 현재에 초점을 맞춘다. REBT의 치료과정은 다음과 같다.

첫째, 부적절한 정서적·행동적 결과를 탐색한다. 둘째 상담의 목표를 설정한다. 셋째, 정서적 행동적 결과와 사고 간의 관계를 교육한다. 넷째, 사고를 탐색한다. 다섯째, 상담의 과정적 목표를 설정하고, 사고체계에 대해 논박을 통해 변화하도록 한다. 이후, 사고에 변화에 따른 정서적·행동적 효과를 인식하고, 내담자의 적극적인 참여로 상담목표를 달성하기 위해 과제를 활용한다.

이러한 과정은 사고·정서·행동의 여러 각도에서 사건과 신념체계에 접근하여 행동적 표현을 시도하고 제안하여 합리적·비합리적 사고에 초점을 맞춰 작업하는 것이다. 비합리적 생각에 대한 집중적 탐구를 통해 새로운 감정을 발견하게 하여 극단적인 생각(Irrational Thinking)에서 벗어나도록 하며, 촉발적 사건에 대한 새롭고 합리적인 생각으로 대치하도록 하여, 합리적이거나 비합리적 생각을 구별하게 하는 것이다.

4) 인지적 기법

(1) 비합리적 신념 논박하기

내담자가 가지고 있는 비합리적 신념을 반박하여 어떤 사건이나 상황 때문이 아니라 이 사건들에 대한 내담자의 지각과 자기 진술 때문에 장애를 느낀다는 것을 알게 한다. 치료사는 '당신의 신념에 대한 증거는 어디에 있는가', '삶이 당신이 원하는 식으로 되어가지 않는다고 해서 왜 그것이 끔찍하고 무서운 것인가', '당신이 행동하는 방식때문에 왜 자신이 잘못된 사람이라고 생각하는가', '당신이 생각하는 가장 나쁜 상황이 일어난다고 해도 정말로 그것이 파국적인 상황인가'와 같은 질문을 함으로써 반복적으로 비합리적인 신념을 즉시 반박한다.

(2) 인지적 과제 주기

내담자가 부정적이고 자기충족적인 예언을 만들어 자신이 그렇게 될 것이라고 말하기 때문에 실패한다는 가정하에 내담자에게 자신의 문제 목록표를 만들고, 절대적 신념을 밝히며 신념을 논박하게 한다. 치료기간 동안 어떤 책을 읽게 하는 등의 특수한 과제를 이행하게 하거나, REBT의 A-B-C 이론을 일상생활에 적용하는 활동을 하거나, 자기 도움 문항 작성 등의 과제를 통해 신념에 도전하는 모험을 하도록 독려한다.

(3) 내담자의 언어를 변화시키기

REBT에서는 부정확한 언어가 왜곡된 사고를 일으키는 원인 중 하나라고 보기 때문에 내담자들의 언어 패턴에 특별한 주의를 기울인다. 구체적으로 '해야만 한다,' '당연히 해야 한다', '하지 않으면 안 된다'라는 말들을 '할 수도 있다'와 '그렇게 되면 더 낫다'로, '정말 끔찍스러울 것이다'라는 말은 '그것은 좀 불편할 것이다'라는 말로 대치될 수 있다는 것을 배우면서 내담자들이 새로운 자기 진술방식을 학습하게 한다.

(4) 유추

이 기법의 목적은 내담자가 자신의 특성을 이해함으로써 좋지 않은 습관이 자신에게 미치는 나쁜 점을 깨닫도록 해 주는 것으로, 예를 들면 항상 미루는 습관이 있는 내담자에게는 그러한 행동이 자신의 어떤 행동 특성 때문에 나타나는지 유추해 보도록 촉구한다.

(5) 자기방어의 최소화

내담자가 비록 여러 가지 잘못을 저질렀다 하더라도 이것 때문에 내담자가 비난받을 이유는 결코 없다는 것을 보여주어야 한다. 이러한 자기수용은 내담자의 방어 욕구를 최소화시켜 준다.

(6) 대안 제시

내담자들에게는 자신이 가지고 있다고 생각하는 것보다 더 많은 선택들이 가능한 경우가 종종 있다. 따라서 내담자에게 모든 가능한 대안들을 볼 수 있도록 도울수 있으며, 더 나아가 내담자 스스로 대안을 찾아내도록 격려할 수 있다.

(7) 유머 사용

Ellis는 문제 상황으로 이끄는 과장된 사고와 싸우는 수단으로 유머 사용을 강조한다. 지나치게 진지하고 심각한 생각과 태도를 논박하고 조언하는 데 유머를 사용하는 것이다.

5) 정서적 기법

(1) 합리적 정서 상상

내담자로 하여금 그들에게 일어날 수 있는 가장 최악의 상황 중 하나를 상상하게 하여 상황과 맞지 않는 부적절한 감정이 적절한 감정으로 변화될 수 있도록 새로운 정서 패턴을 만드는 것이다. 이는 대인관계 상황에 유용하게 적용될 수 있다.

(2) 부끄러움 제거 연습

이 기법은 정서적·행동적으로 모두 사용가능하다. Ellis는 정서 장애의 중요한 핵심 중 하나는 부끄러움 혹은 자기비난이라고 주장하였다. 따라서 내담자로 하여금 창피하거나 부끄럽게 느껴지는 행동을 해보도록 하고 생각보다 사람들이 다른 사람에 대하여 관심을 두지 않으며, 다른 사람의 비난에 대해 과도하게 영향 받을 필요가 없다는 것을 깨닫게 된다.

(3) 감정적 언어 사용

상담자는 종종 감정적인 색채를 띤 단어, 구절 및 문장을 구사하여 이를 학습하게 함으로써 추후 내담자들이 이를 자기 자신에게 적용할 수 있도록 한다. Ellis는 내담자가 자신의 비합리적 신념을 변화시키도록 유도하는 데 있어 자신의 감정에 솔직한 언어표현이 영향력을 갖고 있다고 한다.

6) 행동적 기법

(1) 보상기법

바람직한 행동의 빈도를 증가시키는 자극(보상)은 바람직한 행동을 수반하게 된다. 텔레비전 보기, 수영하기 등과 같이 발생 확률이 높은 행동은 공부하기, 청소하기 등과 같이 일어날 확률이 낮은 행동의 발생 가능성을 증가시키기 위한 보상 또는 강화로 사용할 수 있다.

(2) 역할연기

내담자가 스트레스 상황에서 무엇을, 어떻게 느끼는가를 알아보기 위해 그 행동을 시연해 보게 할 수 있다. 역할연기를 할 때는 먼저 치료사가 내담자의 역할을 하면서 내담자가 심리적인 장애를 느끼는 이유가 무엇인지 파악한 것을 바탕으로 큰소리로 이 사건에 대한 합리적인 자기 진술(self-statements)과 적절한 행동을 해보게 한다. 그런 다음 역할을 바꾸어서 내담자에게 문제가 되는 사건에 대한 합리적 진술과 행동을 해보게 한다. 치료사는 격려하고 내담자는 역할연기를 통해 자신이 할 수 있는 행동이 무엇인지를 분명하게 인식한다.

(3) 활동과제 부여

치료실이 아닌 상황에서 구체적인 행동을 해보도록 행동 지향적인 과제를 부여하는 것이고 과제는 내담자가 두려워하거나 어려워하는 내용, 난이도가 서서히 높아지는 일련의 점진적인 과정을 포함한다.

3 | 아론 벡의 인지행동치료

CBT(Cognitive Behavioral Therapy)는 Aaron Beck(1921~2021)에 의해 개발된 치료법으로 REBT와 더불어 심리치료 분야에 인지의 중요성을 일깨워주었을 뿐만 아니라 행동치료가 지평을 넓혀 인지행동치료로 확장되는 데 핵심적인 역할을 하였다. Beck은 1960년대에 정신분석과 행동치료로 잘 치료되지 않던 우울증에 대한 새로운 치료법으로 인지치료를 개발했다. 그는 우울증 내담자들을 치료하고 연구하며 이들이 생활사건의 의미를 해석하는 과정에서 인지적 오류로 인해 자신과 자신의 미래, 그리고 환경에 대한 비현실적이고 비관적인 부정적 사고 경향이 높다는 사실을 발견하였다. Beck은 우울한 사람들이 이분법적 사고, 과잉 일반화, 기분에 근거한 추론과 같은 인지적 오류를 범하는 기저에는 역기능적인 가정이나 도식이 있으며, 특히 역기능적인 가정은 어린 시절의 경험에 의해 형성된다고 하였다. 인간의 감정과 행동은 객관적인 현실보다는 주관적 해석에 의해 결정되며 인간의 심리적 고통과 정신병리는 인지 내용이 현실을 부정적으로 왜곡하는 데 기인한다. 부정적으로 왜곡된 인지 내용은 심리치료를 통해 내담자가 의식할 수 있으며 왜곡된 역기능적 인지의 교정을 통해서 심리적 증상이 호전될 수 있다고 하였다. 이러한 Beck의 인지행동치료는 이론을 바탕으로 많은 경험적 연구가 이루어졌으며, 이를 통해 오늘날 우울증, 불안, 성격장애 등 많은 심리적 문제에 적용되는 대표적인 상담이론의 하나로 인정받고 있다.

1) 주요 개념

(1) 자동적 사고

자동적 사고는 사람들이 경험하는 심리적 문제가 스트레스 사건을 경험했을 때 선택 또는 노력과 상관없이 자동적으로 떠오르는 부정적인 내용의 생각을 말한다. Beck은 주요한 스트레스 사건(major stressor), 사소한 스트레스 사건(minor stressor), 사회적 지지의 부족(lack of social support) 등 여러 가지 환경적 자극이 심리적 문제를 일으키고 이를 지속시키는 데 영향을 미치지만, 이러한 환경적 자극을 어떤 의미로 받아들이고 해석하느냐에 따라 감정 및 행동의 심리적 반응이 달라진다고 주장했다. 특히 우울 증상을 경험하는 사람들의 자동적 사고는 주로 인지 삼제(cognitive triad), 즉 자신에 대한 비관적 생각(나는 무가치한 사람이다), 앞날에 대한 염세주의적 생각(나의 앞날은 희망이 없다), 세상에 대한 부정적인 생각(세상은 매우 살기 힘든 곳이다)과 같은 세 가지 내용으로 구성되어 있는데, 인지 삼제를 갖고 있는 사람이 그와 같은 생각들을 불러일으키는 사건을 경험했을 때 우울증이라는 심리적 문제를 경험하게 된다는 것이다.

(2) 역기능적 인지 도식

도식은 핵심 신념을 둘러싼 '마음 속의 인지구조'로서 개인의 삶에서 자신과 세상을 이해하고 현실을 지각하는 사고의 틀이다. 인지 도식은 생의 초기에 시작되어 생의 전반에 걸쳐 발달하며 초기 아동기의 경험을 통해 긍정적 또는 역기능적 신념 체계를 형성하게 되고 이러한 기본 신념이 인지 도식화된다. 도식은 긍정적이고 도움이 되는 것일 수도 있지만 반면에 부정적인 것이 될 수도 있다. '나는 실패자야.'와 같은 '무력한 역기능적 인지 도식'과 '나는 훌륭하지 않아. 또는 나는 버림받게 되어 있어'와 같은 사랑받지 못하는 역기능적 인지 도식'으로 분류된다. 이러한 역기능적 인지 도식은 개개의 자극에 의해 활성화되거나 혹은 촉발되기 전까지 잠복 상태에 있게 된다. 예를 들어, '세상은 위험한 곳이다. 모든 가능한 위험을 피하라.'라는 위험 도식을 가지고 있는 사람의 경우, 이 도식이 평소에는 드러나지 않으나 어느 순간 안전에 대한 위협이 있다고 느꼈을 때 활성화될 수 있다.

(3) 인지적 오류

인지적 오류(cognitive errors)는 잘못된 사고, 부적절한 정보에 근거한 잘못된 추론 등으로부터 오는 부적절한 가정 혹은 개념을 의미하며, 인지적 오류가 빈번하게 발생할 때 심리 장애가 발생할 수 있다. Beck은 우울증에 대한 초기연구에서 우울한 사람들의 사고 과정에서 흔히 관찰되는 몇 가지 주요한 인지적 오류들을 발견하였으며, 이에 대한 사례를 정리하면 다음과 같다.

① **이분법적 사고**: 모든 사물이나 상황에 대하여 흑이 아니면 백으로 생각하는 것

으로 예를 들면, 배우자가 올해 자신의 생일을 기억하지 못하면 앞으로도 계속 기억하지 못할 것이라고 생각하는 것과 같다. 이러한 사고는 모든 일을 '좋은 것' 또는 '나쁜 것'으로 평가한다.

② **선택적 추상화**: 객관적인 근거 없이 어떤 일을 전체 맥락에서 보지 못하고 부정적인 세부사항만 선택해서 그것을 확대해석하여 전체를 부정적으로 인식하고, 다른 사람이 자신에 대해 부정적으로 생각할 것이라고 스스로 단정짓고는 확신해 버리는 경우다.

③ **독심술**: 언어적인 의사소통 없이 상대방의 마음을 읽을 수 있다고 생각하는 인지적 사고 오류 중 하나로 예를 들어, 아내가 자신에게 잘해 주면 그 남편은 이를 아내가 자신에게서 무언가를 얻어 내기 위한 꿍꿍이속을 가지고 있다고 해석하는 것이다.

④ **과잉 일반화**: 하나 또는 몇 개의 고립된 사건에서 일반적인 규칙을 추출해내고 이를 다른 사상이나 장면에 부적절하게 적용하는 것이다. 예를 들면, 어떤 여자로부터 거절을 당한 경우, 세상 사람들이 모두 자기를 버렸다고 생각하는 것과 같은 현상이다.

⑤ **의미확대와 의미축소**: 어떤 사건의 의미나 중요성을 실제보다 크거나 작게 지각하는 것으로, 비이성적으로 부정적인 측면을 강조하고 긍정적인 면을 최소화하는 것이다. 이 같은 경향성은 자신을 평가할 때와 타인을 평가할 때 적용하는 기준을 다르게 하는 이중기준(double standard)의 오류로 나타날 수도 있다.

⑥ **개인화**: 자신과 무관한 사건을 자신과 관련된 것으로 잘못 해석하는 경우이다. 예를 들어, 붐비는 거리를 건너며 아는 사람에게 손을 흔들었다. 상대방으로부터 응하는 인사를 받지 못하자 그는 "내가 저 사람에게 무언가 잘못한 게 틀림없어."라고 결론 내리는 경우이다.

⑦ **낙인찍기 및 잘못된 낙인**: 사람의 특성이나 행위를 기술할 때 과장되거나 부적절한 명칭을 사용하여 기술하는 것으로서, 자신의 잘못을 과장한 '나는 실패자다.', '나는 나쁜 인간이다.'라는 부정적인 명칭을 자신에게 부과하는 경우다.

⑧ **예언자적 오류**: 미래에 일어날 일을 단정하고 확신해 버리는 경우다. 미래의 일을 미리 볼 수 있는 예언자인양 일어날 결과를 부정적으로 추론하고 이를 굳게 믿는다. '이것도 못 하다니. 다 끝장이야.'라고 생각하거나, 데이트 거절당했을 때, '모든 여자가 나를 싫어할거야'라고 생각한다.

② 치료 목표 및 과정

Beck의 인지치료의 치료목표는 자동적 사고를 변화시키고, 인지 도식을 재구성하여 새로운 사고를 하도록 하는 것이다. 치료사는 치료과정에서 내담자의 잘못된 정보처리를 수정하고, 부적응적인 행동과 정서를 유지시키는 가정들을 수정하도록 내담자를 돕는다. 인지행동치료에서 초기에는 증상 완화를 다루지만, 궁극적인 목표는 인지적인 오류를 제거하는 것이다. 인지치료 과정은 내담자의 자동적 사고에 주의를 기울이고 인식하는 데서 시작된다. 비교적 단기 치료과정으로 진행되며, 치료의 효율성을 위해 다른 치료보다 구조화되어 있다. 치료과정은 다음과 같다.

(1) 초기 단계

치료사는 내담자와 협동적 틀을 구축하고, 치료에 대한 감정이나 생각, 현재의 생활 상황, 심리적 문제, 상담에 대한 동기와 같은 유형의 정보를 얻는다. 초기에는 기법이 정확하게 적용되고 있는지, 성공적인지, 그리고 그것이 과제나 회기 밖의 실제적인 경험과 어떻게 통합되고 있는지 확인하기 위해 다양한 기법들에 대한 내담자의 반응을 이끌어 낼 수 있어야 한다.

(2) 중간 및 후기단계

내담자의 사고양식을 중심으로 진행한다. 대개 인지적 기법을 더 많이 강조하며, 역기능적 사고는 흔히 행동 실험보다 논리적 분석에 의해 다루어진다. 후기 회기에서 내담자는 문제 해결방안 강구 및 과제 완수에 보다 많은 책임감을 갖게 되며, 이때 내담자가 문제를 해결하는 데 인지적 기법을 더 많이 사용함에 따라 치료사는 조언자로의 역할을 한다. 내담자가 자기의 역기능적 사고를 인식하고 수용하게 되면 회기의 빈도는 감소하며 내담자가 새로운 기술과 조망을 실행할 수 있다고 판단될 때 종결을 준비한다.

(3) 종결단계

체계적인 계획하에 이루어지는데 종결 회기에서 내담자에게 구체적인 문제들이 치료과정에서 어떻게 다루어졌는지 미래의 어려움을 어떻게 대처할 것인지를 다루며, 종결에 앞서 인지적인 시연기법을 사용하기도 한다. 종결된 후에도 추수 상담을 통해 치료과정에서 얻은 긍정적인 경험을 정리하고, 내담자 스스로 새로운 기술을 채택하도록 도와준다.

③ 기법

인지치료는 인지적 왜곡을 긍정적인 감정·행동·사고로 전환하기 위해 내담자의 경험을 왜곡시키는 역기능적 도식을 확인하고 이를 변화시키기 위한 구체적인 학습경험(Beck, Rush, 1979)을 하게 한다. 이를 위한 다양한 전략과 개입들로 구성되어 있다.

(1) 인지적 기법

① **탈파국화:** 파국화에서 벗어나도록 돕는 기법이다. 내담자가 걱정하고 염려하여 사건을 지나치게 파국화시키는 경우 내담자가 두려워하는 일이 실제로 어느 정도 발생할 수 있을지를 생각하게 하는 것이다. 이를 통해 내담자는 자신의 염려, 두려움, 불안 등이 지나치게 확대되어 있었다는 것을 깨닫도록 한다.

② **재귀인:** 내담자들은 어떤 사건에 대하여 책임이 없음에도 불구하고 상황이나 사건에 대한 책임을 스스로에게 부여함으로써 죄책감과 우울감을 느낀다. 재귀인(reattribution)은 특히 내담자가 개인적으로 사건을 받아들이거나 자신 때문에 그 사건이 발생했다고 지각할 때 자동적 사고와 가정을 검증하여 내담자로 하여금 사건에 대한 책임과 원인에 대해 객관적인 시각을 갖도록 돕는다.

③ **재정의(특이한 의미 이해하기):** 문제를 재정의하는 것은 문제를 보다 구체적이고 내담자 자신의 관점에서 말할 수 있도록 돕는 것이다. 개인의 자동적 사고와 인지 도식에 따라 같은 말도 다른 의미를 가질 수 있다. 내담자가 어떤 단어를 어떤 의미로

사용하는지 추측하는 것만으로는 충분하지 않기 때문에 '속상한, 실패한, 우울한, 죽고 싶은'과 같은 단어를 모호하게 사용하는 경우, 내담자에게 자세히 질문함으로써 내담자와 치료사가 그 사고 과정을 정확하게 이해할 수 있어야 한다. 예를 들면, '아무도 나에게 관심이 없다.'라고 말하는 사람에게 '나는 다른 사람과 접촉하고 돌봄이 필요하다.'라고 문제를 재정의하도록 권하는 것이다.

④ **탈중심화**: 탈중심화는 타인의 관심이 자신에게 집중되어 있다는 잘못된 신념으로 불안해하는 내담자를 상담하는 데 사용되는 기법으로서, 왜 타인이 자신을 응시하고 자신의 마음을 읽고 있다고 생각하는지에 대하여 검토를 한 후에 이러한 특정 신념을 검증하도록 행동적 실험을 실시하는 것이다. 예를 들어, 한 학생이 친구들이 자신만 끊임없이 쳐다보고 있어 불안하다는 이유로 수업시간에 발표를 꺼려하는 학생에게 이때, 자신의 불편함에 초점을 두는 대신에 친구들을 관찰함으로써, 필기를 하고 있거나, 교수를 바라보는 등 자신만 바라보는 것이 아니라는 결론을 내리게 한다.

⑤ **절대성에 도전하기**: 내담자는 주로 '모든, 항상, 결코, 아무도'와 같이 극단적인 용어를 통해 자신의 고통을 표현하고 호소한다. 이러한 절대적 진술(absolute Statement)에 대해 치료사는 질문을 통해 내담자가 자신의 고통을 보다 정확하고 구체적으로 표현할 수 있도록 돕는다.

(2) 행동적 기법

① **노출치료**: 어떤 위험도 유발하지 않고 불안의 근원이 되는 대상이나 환경에 환자를 노출시켜 환자의 불안이나 고통을 없애는 기술이다. 예를 들어, 사람들 앞에서 말하는 것을 무서워하는 사람에게는 소그룹의 사람들 앞에서 말하도록 요구한다.

② **사고중지**: 원치 않는 생각이 떠오를 때마다 "멈춰!"라고 크게 소리내거나, 속으로 말해보면서 더 나아가 그것을 보다 긍정적인 생각으로 대체하는 것을 의미한다. 이를 통해 왜곡된 생각이나 감정의 빈도와 강도가 점점 줄어들게 된다.

③ **행동적 시연과 역할연기**: 현실 생활에 적용되는 기술과 기법을 연습함으로써 개인이 자신에 대해 갖는 새로운 생각들을 현실화하는 것을 가능하게 한다. 객관적인 정보의 근원이 수행을 평가하는 데 이용될 수 있도록 역할 연기는 종종 비디오로 녹화하기도 한다.

이 외에도 가설검증, 자기대화, 일기, 편지쓰기, 인지적·내면적 모델링, 정서적·정신적 심상, 합리적·정서적 역할연기, 오래된 생각과 새로운 생각 사이의 대화 역할연기, 거리두기, 독서치료 등 다양한 기법이 활용되고 있다.

4 인지행동 미술치료

1) 개관

인지행동 미술치료는 인지행동이론을 근거로 미술활동을 통해 인지적, 정서적, 행동적 변화를 일으키도록 돕는 심리치료기법이다. 미술치료에서 내담자는 불안을 야기시키는 인지와 부정적인 자기 독백에 대해 구체적인 표상 혹은 심상을 만들게 되고 이러한 심상에는 정신작용과 개인의 속마음이 드러나게 된다. 속마음을 미술로 표현하는 것은 인지 재구성을 위한 과정으로, 이를 통해서 부정적 도식과 가장이 어떻게 재구성되었는지를 확인할 수 있다. 1955년 George Kelly는 사람들이 행동을 어떻게 할 것인지를 결정하는 데 지각(Perception)이 중요하다는 것에 초점을 맞추면서, 지각이란 적극적인 인지 과정이라고 정의한다. 인지행동 미술치료에서의 미술작업은 내담자의 마음 상태를 그리도록 함으로써 내담자가 자기 자신과 자신의 신념 체계에 대해 보다 폭넓게 이해하도록 한다. Carnas(1979)에 의하면 개인은 환경과 적극적으로 상호작용하면서 자신의 세계에 대한 독특한 '개인 구성체계(Personal Construct System)'를 발달시키며, 개인의 구성 체계는 개인이 자신의 환경 속에 있는 사물과 사람을 지각하고 해석하는 사고 범위라고 하였다. 미술치료 작업을 하는 과정과 그 결과로서 작품은 개인의 구성체를 드러내고 표현하게 되고, 인지행동치료 관점에서 미술치료사는 개인과 협력하여 작업에 대해 질문할 수 있다.

따라서 인지행동 미술치료의 핵심은 첫째, 미술작업에서 본질적으로 인지적인 측면을 다루는 것이다(Rubin, 2012). 내담자는 미술작업과정에서 개인의 인지적 핵심이 될 수 있는 생각들을 표현할 수 있는 기회를 가지게 되며(Carnas, 1979), 사고와 감정 사이가 연결되는 경험을 하게 된다. 둘째, 치료 장면에서 정서적인 경험이 표현될 뿐 아니라 한 사람의 인지 과정 체계를 이해하게 되면서 왜곡된 인지를 발견하게 된다. 셋째, 발견한 부적응적인 인지구조를 이해하고 적응적인 인지통합을 이루기 위해 작품을 바라보거나 수정하면서 자신을 수용하는 사람이 될 수 있다(Rhyne, 1979).

인지행동주의 미술치료의 과정에서는 내담자 스스로 그림을 그리거나 조형활동을 통해서 작품을 창조하면서 자신의 인지구조를 시각적으로 인지할 수 있게 하며, 정서적인 만족감을 제공한다. 미술치료회기마다 내담자는 미술재료를 선택하고 그림을 어떻게 그릴지, 그려진 작품에 대해 어떤 부분을 이야기할지 선택하면서 통제감을 더 빨리 발달시킬 수 있다. 따라서 인지행동 미술치료사의 역할은 내면의 감정을 자각하고 표현하도록 돕고, 내담자의 왜곡된 사고와 자동적 사고를 찾아내어 의식화하는 단서를 제공하는 것이다. 이를 통해 내담자 스스로 자아 성장을 할 수 있도록 지지하고 지원할 수 있다. 또한, 내담자가 표현한 작업에서 부정적 사고를 확인하고 이를 재구조화하고 소거하는 것이 중요하다. 이때, 내담자의 비합리적인 신념을 논박하거나, 긍정적인 내적 강화를 획득하고 자기 통제력을 가지도록 돕는다. 이런 과정이 이루어지기 위해서는 경직된 의식의 방어를 줄이고 변화가 더 깊이 지속적으로 일어날 수 있는 유연한 작업 환경이 주어져야 한다. 내담자가 작업의 결과물에 자신의 비합리적 신념과 치료사의 논박을 인식하게 되면 단순화에서 벗어난 창의적 표현으로 변화와 승화를 경험하게 된다.

미술치료에서 비언어적인 미술작업은 내담자의 부정적 도식을 거부감 없이 구체적인 표상과 심상으로 이끌어내는 데 도움을 주고, 그리기, 만들기, 콜라주 등의 다양한 시각적 기법들은 내면의 부정적 도식을 거부감 없이 구체적인 표상과 심상으로 이끌어 내는 데 도움을 준다. 인지행동 미술치료는 미술로 형성된 심상을 통해 내담자를 변화와 회복과정에 '적극적으로' 참여시키는 실천전략을 세울 수 있다.

2) 기법

(1) 창문그림

① 목표

창문 그림의 목표는 자신을 4개의 창(측면)으로 표현하고 하나의 창문(전체)으로 자신을 수용하는 것이다. 타인이 지각하는 자신과 자기가 지각하는 자신 사이의 심리적 거리, 인지의 왜곡과 과장을 살펴보면서 자신에 대한 인지가 어떻게 정서와 연결되는지를 살펴볼 수 있다.

② 준비물
8절~4절 도화지, 크레파스, 사인펜

③ 방법
4개의 칸을 창문으로 그리고, 나만 아는 나, 남이 보는 나, 남과 타인이 동시에 아는 나, 미지의 나를 각각 그리게 한다.

① 치료사가 4개의 칸을 그리고 각 칸에 나만 아는 나, 남이 보는 나, 나와 타인이 동시에 아는 나, 미지의 나를 각각 그리는 과제를 준다.

② 내담자가 질문하면, 형태, 색, 상황 등 자유롭게 주어진 주제에 해당하는 것을 그리면 된다고 한다.

③ 각 칸에 생각을 하고 그림을 그리고 완성하면 치료사와 그림에 대해 나눈다.

④ 나누는 과정에서 치료사는 자신이 지각하는 나와 타인이 지각하는 나로 인해 생기는 인지 과정을 이해하고 차이로 발생한 감정을 다룬다.

⑤ 4개의 자신의 핵심적인 나에 대해 지각하도록 하고 통합적이고 유연한 사고를 가지도록 피드백한다.

④ 임상적용 시 주의사항
작업 과정에서 자신의 다양한 모습을 표현할 기회를 갖게 하는 것이 중요하다. 치료사는 내담자가 그린 각각의 나는 내담자의 지각과 인지에 따라 언제든 변화 가능성이 있음을 이해하고, 이러한 다양한 자신의 모습에 대한 생각으로 인한 부정적 감정을 살펴보면서 하나의 자신으로 인지하는 통합을 지향한다.

자신에 대한 비합리적인 신념과 자동적 사고가 있다면 4개의 모습을 작업하면서 과잉 일반화된 것은 없는지 융통성을 부여하고, 장점으로 연결하면서 내담자가 자신과 주변의 사물과 상황을 해석하고 생각하는 방식을 바꾸도록 돕는다.

1. 나만 아는 나: 자신이 아는 나는 돈을 좋아한다. 이러한 자신이 타인에게 나쁜 모습을 비치지 않을까 걱정한다.
2. 타인이 아는 나: 나는 먹을 것을 좋아하는 단순한 사람이다. 그러나 나는 먹을 때 불편할 때가 많다.
3. 나와 남이 아는 나: 나는 수영을 잘하는 나이다.
4. 미지의 나: 나는 비행기를 타고 여행을 가고 싶은 나이다.

그림 2.7 **10대 청소년의 창문그림**

우울한 10대 청소년 내담자는 돈을 좋아하는 자신이 나쁜 사람이라고 생각하고 있었고, 타인이 먹는 모습을 좋아해서 잘 보이기 위해 과장해서 많이 먹는 행동을 하고 있었다. 이 과정에서 여행을 가고 싶은 마음 때문에 정서적으로 우울하였다. 치료사는 내담자와 돈이 있어야 비행기를 탈 수 있고, 먹는 것에 대한 불편한 정서를 다루면서 실제 생활에서 억지로 먹어서 우울하기보다, 좋아하는 음식이 무엇인지 나누고, 자기표현을 하는 방법에 대해 의논할 수 있었다.

(2) 두 개의 나: 이중자화상

① 목표
자신을 힘들게 하는 생각과 감정을 나누어 두 개의 자화상으로 만들어 보고, 자기에 대한 왜곡과 과장을 확인함으로써 비합리적 신념에 대한 논박을 통해 인지적 오류를 점검한다.

② 준비물
지점토 또는 천사점토, 색도화지

③ 방법
① 자신을 힘들게 하는 생각과 감정을 나눈다.

② 그 감정의 자화상, 생각의 자화상을 나누어 만들어 본다.

② 만든 인물상 또는 표현된 조형물을 색지 안에 위치하게 하고 구성한다.

③ 각각의 조형물이 어떤 상황인지 나눈다.

④ 치료사는 각 조형물이 가진 자기지각의 왜곡 또는 비합리적 신념을 확인하고 조형물 사이의 간격, 공통점, 긍정적인 측면을 확인하고 논박하게 한다.

⑤ 이중의 자화상이 서로 협력하거나 각각 할 수 있는 실천적 대안을 내담자와 나눈다.

④ **임상적용 시 주의사항**

우울하고 무기력한 내담자가 자신의 내면의 부정적인 생각과 감정을 표현하기 위해서는 치료사와 라포형성이 중요하다. 논박을 하고 대안을 제기하기 위해서 치료사는 더욱 내담자의 작업과정을 관찰해야 하며, 치료사의 신념이 우선해서 준비가 안된 내담자에게 부담을 주는 것을 유의해야 한다.

그림 2.8 **20대 여성의 자소상**

우울하고 무기력한 20대 여성은 자동적으로 자기를 폄하하는 생각과 자기패배적인 죄책감을 오가고 있었다. 이중적 자화상 작업으로 자신을 괴롭히고 판단하는 서있는 인물과 죄책감을 느끼고 무기력하게 앉아있는 인물을 완성하였다. 서 있는 사람은 우울하고 무기력한 자신에게 징벌하고 비판하는 자신이며, 앉아 있는 사람은 아무것도 하지 않은 채 하루를 보내고 있어 쓸모없는 사람인 우울한 자신이었다. 미술작업을 통해서 내담자는 자신이 만든 '비난자는 생각보다 힘이 없어 보이고', 반면, '쓸모없는 자신은 아무것도 하지 않는 것이 아니라 앉아서 생각 중인' 자신이라는 관찰과 인식을 하였고, 과장되어 있는 자신을 지각하였다.

요약

인지행동 심리치료에서 인간은 합리적이고 올바른 사고를 할 수 있는 존재일 뿐만 아니라 비합리적이고 올바르지 못한 왜곡된 사고를 할 수 있는 가능성을 지닌 존재이다. 특히 인간의 왜곡된 사고는 어린 시절의 부모의 양육 태도에 의하여 획득된 비논리적인 학습 때문이다. 인간은 왜곡된 사고, 비합리적 신념, 행동을 합리적인 것으로 변화시킬 힘이 있으며 이렇게 변화시킴으로써 성숙한 사람이 될 수 있다. 인지행동 미술치료는 미술활동을 통해 인지적·정서적·행동적 변화를 일으키도록 돕는다. 미술치료에서 인지행동주의 접근은 미술작업이 내담자의 갈등을 낮출 수 있고 더욱 적절한 표현이 될 수 있도록, 내담자가 가진 부정적 도식, 불안을 야기시키는 인지, 부정적인 자기 독백에 대해 구체적으로 표상 혹은 심상을 만들게 한다. 심상에는 정신작용과 개인의 속마음이 드러나게 되므로 내담자가 자기 자신과 자신의 신념 체계에 대해 보다 폭넓게 이해하도록 작업할 수 있다.

인지행동주의 미술치료에서는 미술작업이 본질적으로 인지적 과정임을 이해하고, 내담자가 내면의 감정을 자각하고 표현하도록 돕는 과정이 중요하며, 그 다음, 그 안에서 왜곡된 사고와 자동적 사고를 찾아내어 의식화하는 단서를 제공한다. 따라서 미술치료 작업을 하는 과정과 그 결과로서 작품은 개인의 구성체를 드러내고 표현하게 되므로 미술치료사는 내담자와 협력하여 작업에 대해 '질문'할 수 있다. 이때, 미술치료사는 부정적 사고를 확인하고 이를 재구조화하고 소거하는 것을 목표로 표현된 작업에서 내담자의 비합리적인 신념을 논박하거나 긍정적인 내적 강화를 획득하여 자기 통제력을 가지도록 한다. 내담자가 작업의 결과물에 자신의 비합리적 신념과 치료사의 논박을 인식하게 되면 단순화에서 벗어난 창의적 표현으로 변화와 승화를 경험하게 된다. 이런 과정이 이루어지기 위해서는 경직된 의식의 방어를 줄이기 위해 유연한 작업 환경이 주어져야 한다.

권석만 (2012). 현대심리치료와 상담이론. 학지사.

민병배 (2002). 인지치료의 이론과 실제. 부산학교상담학회 연수자료집.

민진욱, 천기정, 김태은 (2021). 인지행동 미술치료 연구동향(2005-2020) : 국내 학술지 중심으로, 예술심리치료연구, 17(1), 287-308.

이희주 (2019). 인지행동적 미술치료가 청소년의 자아존중감 향상과 비합리적 신념 변화에 미치는 영향, 동국대학교 문화예술대학원 석사학위논문.

주리애 (2000). 미술치료는 마술치료, 서울: 학지사.

Beck, A. T., & Emery, G. (1985). *Anxiety disorders and phobias: A Cognitive perspective.* New York: Basic Books.

Beck, A. T., & Young, J. E. (1985). *Cognitive therapy of depression.* In D. Barlow (Ed.), Clinical handbook of psychological disorders: A step-by-step treatment manual (pp. 206-244). New York: Guilford Press.

Beck, A. T., Freeman, A., & Davis, D.D. (2009). *Cognitive therapy of personality disorders (2nd eds.).* (민병배, 유성진 역). 성격장애의 인지치료. 서울: 학지사. (원서 출판 2007).

Beck, A. T., Rush, J., Shaw, B., & Emery, G. (1996). *Cognilive therapy of depression.* (원호택 외 역), 우울증의 인지치료. 서울: 학지사. (원서출판 1979).

Beck, J. B. (1999). *Cognitive therapy.* (최영희, 이정흠 역). 인지치료. 서울: 하나의학사. (원서출판 1997).

Beck, J. S. (2017). *Cognitive behavior therapy: Basics and beyond (2nd ed.).* 인지행동치료: 이론과 실제(2판). (최영희, 최상유, 이정흠, 김지원 공역). 서울: 하나의학사. (원서출판 2011).

Carnes, J. J. (1979). Toward a cognitive theory of art therapy. *Art Psychotherapy, 6*(2), 69-75.

Ellis, A. (1987). *The evolution of rational emotive therapy (RET) and cognitive behavior therapy (CBT).* In J. K. Zeig (Ed.), The evolution of psychotherapy. New York: Brunner/Mazel.

Ellis, A. (1989). *Rational emotive therapy*. Chapter 6. In R. J. Corsini, & D. Wedding (Eds.), Current psychotherapies (4th ed.). Itasca, IL: F. E. Peacock.

Ellis, A. (1995). A social constructionist position for mental health counseling: A response to Jeffrey A. Guterman. *Journal of Mental Health Counseling, 7*, 97-104.

Rhyne, J. (1979). *Drawings as personal constructs: A study in visual dynamics*. Unpublished doctoral dissertation, University of California, Santa Cruz.

Weishaar, M. E. (2007). *Aron T. Beck*. (권석만 역). 인지치료의 창시자 아론 벡. 서울: 학지사. (원서출판 1993).

4장

인간중심 미술치료

1 　인간중심 심리치료

1) 개관

인본주의 심리학에 뿌리를 둔 인간중심치료는 인간에게 스스로 자신의 길을 발견하고 성장해 나갈 수 있다는 잠재능력이 있다고 본다. Rogers(1986)는 인본주의가 존재할 때 비로소 개인에게 잠재되어 있는 자신의 능력을 발달시키고 타인의 건설적이고 긍정적인 변화를 유도할 수 있다고 하였다. 인본주의는 마치 성장에 필요한 적당한 조건과 환경이 주어질 때 '자동적'으로 자라나는 도토리나무처럼 우리에게 자신의 성장을 촉진하는 성장-촉진적 환경이 주어지면 자연스럽게 건설적인 방향으로 자기실현을 이루어간다고 보았다. 마찬가지로 우리에게도 성장 가능한 적절한 환경을 제공 받는 것이 필요하다는 것과 그 중요성을 강조하고 있다. 더 나아가 인간중심치료에서는 인간을 본질적으로 신뢰할 수 있는 존재이고 자신을 이해하며 당면한 문제를 해결할 수 있는 충분한 능력을 가지고 있는 존재로 여기고 있다.

인본주의의 창시자인 Rogers는 인간중심치료에서 치료사가 내담자의 주관적인 경험을 존중해주는 것, 내담자가 긍정적이고 건설적이며 의식적인 선택을 해나갈 수 있는 능력을 가지고 있다고 믿는 것, 스스로 자신의 길을 찾아가고 성장해 나갈 수 있는 잠재능력을 지니고 있다는 것을 전제로 한다. 그렇기 때문에 치료사는 상담과정에서 내담자가 당면한 문제에 대해 스스로 문제해결을 할 수 있도록 하며, 내담자가 스스로 자신의 문제해결능력을 되찾고 건설적인 방향으로 성장할 수 있도록 돕는 역할을 한다. 인간중심치료에서 치료사는 내담자를 인간적으로 존중하고, 내담자에 대해 느끼는 감정과 생각을 솔직히 나타내고, 내담자의 감정을 공감하고 반영해준다. 인간중심치료에서는 인간에게 내재한 가능성과 잠재력을 실현시킨다는 차원으로 적용되기 때문에 심리적인 부적응을 겪는 내담자들만을 대상으로 하는 것이 아니라, 누구에게나 접근 가능하다.

인간중심치료에서 보는 인간은 누구나 창조성을 가지고 태어난다. 예술적으로 뛰어난 재능이 있는 사람만이 창조적인 것이 아니라, 인간은 근본적으로 내면에 있는 것을 자율적으로 표현해 내는 존재이다. Rogers(1961)는 건설적이고 훌륭한 삶을 살아가는 사람은 반드시 창조적인 사람이라고 하였는데, 그러한 개인은 새로운 환경조건에서도 잘 적응할 수 있지만, 자신의 내적인 욕구도 지속적으로 충족시켜가며 그 자신이 되는 방향으로 나아가게 한다고 보았다. 그렇지만 개인의 내면에 잠재된 창조성을 억지로 혹은 강제로 끄집어낼 수는 없다. 창조성이 드러날 수 있는 환경조건 내에서 자연적으로 발현되어야 한다.

2) 인간관

인간중심치료는 인간을 유기체로서 자기실현을 위한 기본적인 동기를 갖는다고 보면서 개인이 외부의 어떤 힘에 의해 조종당하는 삶이 아니라 자신의 삶의 목표와 행동 방향을 스스로 선택하고 그에 따른 책임을 수용하는 자유롭고 능동적인 존재로 보았다. 즉, 인간은 유기체로서 계속해서 변화하는 경험의 세계인 현상학적 장에서 살아가며 인간이 주체적으로 자기실현을 위해 삶을 주도하며 살아간다는 것이며, 우리가 심리적 부적응의 상태에서 회복하고 건강한 상태로 변화하고 성장할 수 있는 능력을 지닌 존재라고 볼 수 있다. 인간중심치료에서 보는 인간관에 대한 긍정적 관점으로 개인에게 자기실현을 이루기 위해서 이미 지니고 있는 성장 능력을 발휘할 수 있는 환경들이 제공된다면 무한한 성장을 이룰 수 있다고 보았다.

또한 인간은 가치를 지향하는 존재로서 경험을 통해 자신의 가치를 형성해나간다고 보았다. 따라서 인간중심치료에서는 인간이 심리적인 문제를 경험하게 된 원인에 대해 외부적인 영향으로써 부모나 사회에서 요구된 '가치의 조건화(conditions of worth)' 때문이라고 가정하였다. 매 순간의 경험을 통해 가치를 형성해나가는 과정에서 자신의 경험에 얼마나 개방되어있는가는 매우 중요하고 외부환경에 의해 요구되거나 강요된 가치는 개인이 가치를 형성하는 데 있어 심리적인 부적응을 경험하게 한다. 반면 심리적으로 성숙한 개인은 자신의 경험에 열려있는 태도를 갖고 경험 속에서 자신의 감정을 솔직하게 표현하고 수용하는 특성을 보인다.

인간 본성에 대한 인간중심치료의 긍정적 관점은 인간중심 치료적 개입에 있어서 중요한 시사점을 갖는다. 상담장면에서 치료사는 내담자가 지닌 내적 자원에 중점을 맞추고 일차적인 책임을 내담자에게 부여하며, 내담자의 인식능력과 현실 세계에서의 태도나 행동 변화 및 건설적인 방향으로 변화해 나아가는 방식 등에 초점을 둔다.

3) 주요 개념

(1) 유기체

인간을 이해하는 데 있어서 Rogers의 기본 철학은 현상학의 영향을 받아 발전되었다. 현상학에서는 대상 혹은 사건 그 자체가 아니라 대상 혹은 사건을 어떻게 지각하고 이해하는지가 중요하다. 따라서 현상학적 장은 경험의 전체를 의미한다. Rogers는 인간이 하나의 유기체로서 자신이 속한 세계에 반응한다고 가정하면서, 유기체의 경험을 매우 중요시 여겼다. 또한 개인은 태어나면서부터 자신이 속한 세계를 있는 그대로 경험하고, 그 경험에 대한 자신의 느낌에 따라 상황에 반응하는 존재라고 하였다.

모든 유기체는 끊임없이 변화하는 경험의 세계 내에 존재하고, 실제 자신이 경험하고 지각한 장에 대해 반응하면서, 이러한 경험의 전체가 '현상학적 장(phenomenal field)'을 구성하게 된다. 한 개인을 이해하기 위해서 그가 어떻게 자신만의 방식으로 현실을 자각하는지 또는 주관적으로 지각한 세계를 이해하는 것이 필요한데, 현상학적 장은 그것을 경험하는 개인에게만 적용되는 개인의 참조 틀이 된다고 볼 수 있다. 다른 말로 개인은 현상학적 장에 근거한 개인의 참조 틀에 입각하여 반응하기 때문에 동일한 사건에 대해 다른 반응이 나타날 수 있으며, 이것은 개인이 자신을 어떻게 지각하는지와도 관련된다.

(2) 자기

자기(self)는 현상학적 장에서 개인이 경험한 전체적 경험의 한 부분이며, 자신에게 의미있는 대상과 상호작용한 현상세계의 경험 및 감정의 근원을 의미한다. Rogers는 아이가 자라나는 개인적인 세계의 일부분으로 개인이 속한 환경 속에서 대상과 상호작용하는 과정을 통해 '나'에 대한 인식이 생긴다고 보았으며, 그 과정 속에서 자신에게 긍정적인 가치를 부여하거나 부정적인 가치를 부여할 수 있게 된다고 하였다. 특히 우리가 성장해가는 과정 속에서 부모와 같은 의미 있는 타인들에게 평가를 받게 되는데, 어떠한 평가를 받았는지에 따라 우리에게 나타나는 행동이 달라질 수 있다. 인간이 성장하면서 외부 세계의 자극에 대해 개인의 전 존재가 반응하는 것에 대해 자신에게 의미 있는 대상이 자신을 있는 그대로 존중해준다면 건강한 자기가 발달하게 된다. 자기(self)가 건강하게 발달하게 되면, 개인은 경험에 개방적이고, 감정에 진솔해지며, 자신이 마주한 현재에 집중하게 된다.

(3) 실현화 경향성

유기체는 내면에 기본적 경향성을 가지고 있는데, 그것은 경험하는 유기체를 실현하고, 유지하고, 향상시키는 것을 말한다(Rogers, 1951). 유기체가 가진 '실현화 경향성'은 선천적인 경향성으로 개인이 가진 모든 생리적·심리적인 욕구와 관련되기 때문에, 실현화 경향성은 유기체를 유지하는 데 기여한다. 실현화 경향성은 단지 유기체를 유지하는 것뿐만 아니라 유기체의 성장과 발달을 촉진하고 지지하는 기능을 한다. 그리고 여기서 실현화란 한 개인이 의존에서 독립으로, 경직성에서 유연성과 융통성을 갖도록 하며, 자유롭게 자신을 표현하고자 하는 경향성, 즉 성장 지향적 동기를 의미한다.

Rogers(1951)는 개인의 모든 변화가 실현화 경향성에 의해 이루어진다고 보았으나, 이러한 발달이 자동적으로 이루어지지 않고 개인의 노력을 통해 이루어진다고 하면서 무한한 투쟁과 고통을 수반한다고 하였다. 즉, 인간은 출생 이후부터 성장과 발달을 위해 끊임없이 노력하며 좀 더 나은 방향으로 나아가고 형성되고자 하는 경향이 있는 존재이다. 그는 이러한 과정이 인간뿐만 아니라 살아있는 모든 유기체에서 발견될 수 있다고 하였으며, 더욱 질서정연하고 정교한 방향으로 나아가고자 하는 진화적인 경향이라고 보았다(Rogers, 1977). 자기실현의 과정은 개인이 자신을 창조하는 과정이기에 이러한 자기실현의 과정을 통해 인간은 삶의 의미를 찾고 자유를 실천해 나감으로써 점진적으로 완성되어 간다. 따라서 Rogers는 유기체를 실현하고 유지하고 향상시키는 자기실현의 경향성을 강조하였고 인간을 진취적인 존재로 보았다.

(4) 가치의 조건화

Rogers가 경험의 중요성을 강조한 것처럼, 우리는 경험을 통해 가치를 형성하게 되고 가치의 조건화를 통해 성격형성에 영향을 준다.

가치의 조건화는 개인의 경험이 유기체가 가진 실현화 경향성과 부합하는지, 아닌지에 관계없이 아동이 주관적으로 경험하는 사실을 왜곡하거나 부정하게 만든다. 아동은 부모와 같은 중요한 대상으로부터 지속적으로 긍정적 자기존중을 받기를 원하는데, 부모는 아동을 자신의 기준이나 판단에 따라 혹은 외적 준거에 따라 어떠한 규율이나 틀을 정해 놓고 평가한다. 결국, 아동은 부모가 원하는 것을 할 때 긍정적 자기존중을 얻거나 착한 아이가 되고 그렇지 않을 경우, 나쁜 아이가 되는 것이다. 다시 말하면, 아동이 부모로부터 긍정적 자기존중을 얻기 위해 내적 경험을 무시하거나 자기가 하는 경험에 폐쇄적이 되어 실현화 경향성에 방해를 받게 될 수 있으며 자신의 의지와 관계없이 외적으로 노력하게 된다. 아동은 외적인 기준에서는 돋보일지 모르지만 내면에서는 문제가 생기게 될 것이다. 이는 인간중심치료에서 개인이 모든 경험에 개방되어 성장을 도모하려고 하는 것과 반대되는 개념이며, 개인으로 하여금 자기성장을 이루지 못하게 한다.

(5) 충분히 기능하는 사람

Rogers(1959)는 충분히 기능하는 사람(fully functioning person)을 최적의 심리적 적응, 최적의 심리적 성숙, 완전한 일치, 경험에 대해 개방적인 사람이며, 더불어 지속적으로 변화하는 과정 지향적인 사람이라고 정의했다. 충분히 기능하는 사람은 경험에 개방적이고, 매 순간에 충실히 삶을 영위하는 실존의 삶을 살아가며, 자신의 유기체를 신뢰하고, 창조적이면서 어떠한 틀에 매이지 않는 자유로운 특성을 지닌다.

4) 치료목표

인간중심치료는 충분히 기능하는 사람(the fully functioning person)이 되도록 돕는데 있으며, 개인의 독립과 통합을 목표로 삼는다. 치료사는 내담자에게 안전한 환경및 분위기를 조성하며, 내담자가 가진 현재의 문제가 아니라 내담자 그 존재 자체에관심을 갖는다. 또한 내담자가 가지고 있는 자기실현 경향성이 발현되도록 돕고 충분히 기능하는 사람이 되도록 내담자가 사회화 과정에서 형성한 자신의 가면을 벗게한다. Rogers(1977)는 인간중심치료가 내담자가 당면한 문제를 해결하는 것을 넘어서 내담자의 성장과정을 도와 현재 직면하고 있는 문제를 적절히 해결하고 앞으로의문제들에 더 잘 대처할 수 있도록 하는 것이라고 보았다.

2 인간중심 미술치료

1) 개관

(1) 인간중심 미술치료의 신념과 목표

인간중심 미술치료사는 미술이라는 매체를 통해 내담자에게 내재된 잠재력과성장가능성을 촉진시키며, 유기체로서의 자기실현을 이루어나갈 수 있도록 잠재된 창조성을 활용한다. 이를 위해 미술치료사는 내담자가 창조적인 경험에 개방하여 잠재력을 실현하도록 떠오른 이미지를 표현하게 한다. 또한 표현된 이미지와 이야기 나누고 이미지에서 스스로 발견하고 깨달을 수 있도록 촉진하기에 적절한 미술매체로 주도적인 활동을 하도록 한다(Broom, 2000). 인간중심 미술치료에서 '자유'는 중요한 의미를 지니며 내담자가 자유롭게 작업하는 과정에서 내면의 창조성을 발견하게 되고 이를 통해 조화와 균형을 이루게 된다(Rogers, N., 1993). 또한Rubin(2001)은 인간중심 미술치료에서 경험하는 창조적 작업은 내담자의 자유로운자기표현을 높이고 자신을 이해하며 수용을 가능하게 한다고 하였다. 즉, 인간중심에서 추구하는 비구조화된 자유 작업은 내담자에게 자율성과 창조성 발현의 기회를 제공하며, 자기선택과 자기 지시적인 태도를 갖게 해주는 방법이 된다. 인간중심 미술치료에서 미술 매체를 선택하거나 표현의 방법에 있어서도 비지시적이다. 이렇게 치료적 개입이 비지시적일수록 내담자가 자발적이고 창조적으로 행동할 수 있고 억압되고 왜곡된 자신을 개방하여 스스로를 이해하게 된다. 또한 내담자는 자신을 있는 그대로 수용하게 되어 더 성숙한 자신으로 발전하게 되는 것이다. 이때, 치료사는 내담자가 자신을 어떻게 느끼고 있는가에 초점을 두면서 일치성과 무조건적 긍정적 존중, 그리고 공감하는 태도를 갖는다. 인간중심 미술치료는 내담자의 능동적인 참여를 중요시하며, 일반화된 상징해석으로 내담자의 그림에 대한 상징과 해석에 접근하기보다는 내담자가 미술 작업을 마친 후에 치료사와의 대화 과정을 통해서 상징을 반영할 수 있도록 한다.

이와 같이 인간중심 미술치료에서는 내담자에게 자신이 만들어낸 이미지가 무엇을 의미하는지 깨닫게 하며 이 과정 중에 미술치료사의 어떠한 해석이나 분석 없이 내담자 자신이 그 의미를 가장 잘 안다고 가정한다. 내담자가 만들어낸 이미지는 자신을 발견하도록 하는 것뿐만 아니라, 내담자가 이전에 경험했던 가치의 조건화에서 자유롭게 한다. 또한 창조성은 인간중심 미술치료에서 중점을 두는 인간의 잠재능력을 발현시키는 것으로 자기실현과 자기통합의 전제가 되며, 미술치료에서 하는 작업을 통한 내담자의 표현은 미술을 통해 내면의 창조성을 발견하여 자기실현을 이루게 한다.

미술치료사는 내담자가 자신의 감정이나 경험한 사건을 표현해내는 것에 초점을 두고 내담자에게 떠오른 이미지와 주제들로 작업할 수 있다. 여기서 중요한 것은, 창조적인 환경을 제공하기 위해 이미지를 판단하지 않고 작품, 작업 과정, 완성된 작품을 반영해주며 적극적이고 공감적으로 함께 작품을 보며 내담자를 지지할 필요가 있다. 내담자가 만들어낸 작품은 시각적인 상징물로 자기를 확장하는 기능을 하고 치료사는 작품과 내담자를 연결할 수 있게 되며, 내담자가 떠올려 작업한 이미지를 치료사와 함께 작품을 바라보며 상징, 작품과의 연결, 작품의 의미를 내담자가 발견해갈 수 있다.

(2) 인간중심치료에서 치료사의 기능과 역할

인간중심치료에서 치료사의 일치성(진실성), 무조건적 긍정적 존중 및 공감적 이해는 치료관계의 핵심을 이룬다. 이는 내담자에게 그동안 관계에서 경험했던 가치의 조건화에서 벗어나 고정된 인식으로부터 자유롭게 하며, 가장(pretense)하지 않도록 하면서 방어적인 태도를 줄여 치료사와의 진정한 만남으로 이끈다.

먼저 일치성(congruence), 진실성(genuineness)은 치료사가 자기정체감을 유지하면서 이러한 정체성을 내담자들에게 전달할 수 있다는 것이다. 즉, 치료사가 내담자에게 진실하고 완전히 신뢰할 만하다는 것을 의미한다. 일치성은 치료사가 경험하는 자신의 감정이나 태도를 있는 그대로 인정하고 개방한다는 것이다. 이는 상담장면에서 치료사가 자신이 매 순간 경험하는 감정이나 태도를 꾸밈없이 개방하고 솔직한 자세로 상담에 임하는 것을 말하며, 이러한 과정을 통해 치료사는 내담자를 공감적으로 이해하고 긍정적인 존중을 할 수 있게 된다. 상담 장면에서 치료사는 내담자와의 관계에서 무엇이 경험되는지 그대로 느껴보며 경험하는 것이 필요하다. 이후 내담자와의 관계에서 느껴지는 것을 직접 표현할 수 있는데, 이때 진실하고 솔직한 자세 그대로 표현해보는 것이다. 내담자에게 느껴지는 것들 중 부정적인 내용은 숨기거나 다루지 않고 긍정적인 내용만 표현하는 것은 일치성에 해당하는 태도가 아니다. 치료사는 자신의 감정에 책임을 져야 하며 내담자와 충분히 만나는 능력을 방해하는 감정이 무엇인지 탐색해야 한다. 일치성이 가능하기 위해서는 치료사의 자기자각, 자기수용, 자기철학이 전제되어야 한다는 것을 기억해야 한다. 이러한 치료사의 일치성은 치료적 관계를 진전시키면서 내담자의 일치성을 촉진시키게 된다.

무조건적 긍정적 존중(unconditional positive regard)은 내담자를 한 인간으로서 깊이 있게 관심을 기울이는 것을 의미하며, 인간중심 미술치료에서 무조건적인 긍정적 존중이라는 것은 내담자의 생각, 감정, 행동의 옳고 그름의 평가와 판단에 의해 영향을 받지 않는다는 것에서 무조건적이라고 볼 수 있다. 내담자를 어떠한 가치조건에 근거하여 판단하거나 평가하지 않고 한 인간으로서 가치 있고 무조건적으로 존중받을 만한 긍정적인 존재로 일관되게 만나는 것은 내담자에게 지금껏 살아오면서 경험한 것과는 다른 새로운 경험을 제공하게 된다. 치료사는 내담자가 선하고 자신의 문제를 해결하며 자유로운 존재가 될 수 있는 잠재력을 갖추고 있는 한 인격체로서 존중한다고도 볼 수 있다. 치료사가 이러한 태도를 일관되게 유지할 때 내담자는 안전하고 수용적인 분위기에서 기존의 왜곡된 가치조건으로부터 벗어나게 되고 더불어 인격의 성장과 성숙을 맞이하게 된다.

공감적 이해(empathic understanding)는 치료사가 내담자의 감정에 빠져들지 않으면서 내담자가 경험하는 감정을 마치 자신의 감정인 것처럼 느끼며 정확하게 이해하는 것을 말한다. 치료사는 지금-여기와 같은 내담자의 주관적인 경험을 이해하도록 노력한다. 치료사가 자신의 정체감(identity)을 잃지 않으면서 내담자가 현재 보고 느끼는 주관적인 세계를 파악할 때, 자신의 감정이지만 그 의미가 제대로 이해되지 않았던 내담자의 감정이 비로소 그 의미가 무엇이었는지 드러나게 되며 내담자의 건설적인 변화가 가능하게 된다. 일치성과 무조건적 긍정적 존중이 내담자를 대하는 치료사의 기본적인 태도라면, 공감적 이해를 통해 치료사와 내담자가 진정으로 소통하게 된다. 치료사의 공감의 정도가 클수록 치료에서 진전의 기회가 더 커지게 된다.

이러한 치료사의 역할과 기능을 통해 내담자는 가장 완전하고 절대적인 자유를 경험하게 되고, 내면적 통찰과 자유로운 선택의 경험을 표현할 수 있게 되며 그 과정이 치료사와의 관계에서 경험되어질 때 비로소 자신의 모습을 이해하는 기회를 갖게 된다.

② 기법

인간중심 미술치료에서 중요한 점은 내담자 스스로가 작품과정을 통해 자신을 발견하고 깨달음을 얻도록 도와주는 것이다. 따라서 인간중심 미술치료에서는 흔히 비지시적인 기법을 사용하는데, 내담자가 자유롭게 매체를 선택하고 주제를 정하거나 작업 과정에서도 능동적인 자세를 갖도록 하는 것이 필요하다. 그러나 내담자를 고려하여 너무 어린 아동이나 심리적으로 위축된 경우 치료사가 매체와 주제를 적절히 선택할 수 있도록 배려할 필요가 있다. 내담자가 나타낸 이미지에 대해 치료사가 직접 해석해 주기보다 내담자 스스로가 자각하고 깨닫도록 도와주어야 하며, 치료사는 내담자에게는 그러한 잠재능력이 있음을 믿고 치료를 진행해야 한다.

(1) 이미지화

인간중심 미술치료에서는 치료사가 특별히 마련해 준 안전한 환경 내에서 자신의 이미지를 자유롭게 나타내고 그 이미지에 대해 충분히 자신의 내면을 스스로 들여다볼 수 있도록 해주는 데 주안점을 둔다. 치료사는 내담자가 나타낸 이미지의 결과에만 집중하는 것이 아니라 그 과정 하나하나를 모두 수용하고 존중하는 마음으로 지켜보게 되는데, 때로는 내담자의 행동에 대해서도 반응해 준다. 그러나 모든 언어적인 언급은 내담자를 방해하지 않으면서 필요할 때 이루어져야 한다. 인간중심 미술치료사들 중 이미지를 활용하는 대표적인 치료사로 Silverstone(1997)의 이미지 활용법이 있다.

① 목표
내담자 자신의 내면을 이해하고 통합하기 위해 이미지를 떠올린 후 이를 형상화함으로써 내담자 자신의 내면을 이해하고 통합하고자 한다.

② 준비물
다양한 크기의 종이, 크레파스나 물감 또는 점토 같은 다양한 미술매체

③ 방법
① 눈을 감고 이미지를 떠올리게 한다. 떠올리기 작업은 판단하거나 검열하지 않고 그대로 떠올리는 것이 중요하다.
② 떠올린 이미지를 자유롭게 미술작업으로 표현한다.
③ 치료사와 함께 이미지의 의미를 이끌어 낸다. 그림에 대한 내담자 자신의 의미부여와 이야기를 중요시 한다.
④ 떠오른 이슈를 대화를 통해 작업한다. 즉, 이미지를 통해 드러난 내담자의 당면한 어려움이나 문제를 상담으로 이어나간다.

④ 임상적용 시 주의사항
미술 작업 시 치료사는 비지시적으로 접근하며 내담자가 직접 매체나 용지의 크기를 선택하도록 하며, 일반화된 상징해석으로 내담자의 그림에 대한 상징과 해석에 접근하지 않고, 내담자가 미술 작업을 마친 후에 치료사와의 대화 과정을 통해서 상징을 반영할 수 있도록 한다.

내담자는 자신에게 떠오르는 이미지를 크레파스로 그리고, 그림을 그린 후 치료사는 내담자에게 그림을 바라보게 하면서 이 이미지가 내담자에게 어떻게 느껴지는지, 어떤 생각이 떠오르는지 이야기하도록 하였다. 자신의 어머니를 떠올리며 분노의 감정을 그렸는데, 어머니의 분노에 반응하는 자신의 분노를 내담자가 발견하였다. 어머니가 화를 내면 자신이 그 분노를 무시할 수 없고 항상 어머니의 분노에 반응해서 함께 분노하는 자신의 모습을 함께 바라보며 그와 관련된 감정에 대해 나눌 수 있었다.

그림 2.9 **남자 중학생의 이미지화**

(2) 배경 그려 주기

인간중심치료의 기법인 일치성, 무조건적 긍정적 존중, 공감적 이해 중에서 미술작업을 통해 무조건적인 긍정적 존중을 내담자가 경험하도록 제공할 수 있는 활동이다.

① **목표**

치료사는 내담자가 치료사와 또는 집단내에서 작업을 통해 무조건적인 존중을 받고 있다는 것을 느끼게 한다. 이로써 내담자는 자신이 어떤 조건에 의해서가 아니라 있는 그대로 가치 있는 사람이라는 것을 깨닫게 되고 내적인 변화와 성장을 도모할 수 있다.

② **준비물**

도화지(4절 또는 8절), 크레파스나 색연필(채색재료), 점토재료

③ **방법**

① 내담자가 주된 전경을 그리면 치료사가 배경을 그려줄 것이라고 안내하고 내

담자가 전경을 그리게 한다. 내담자가 전경을 그리면, 치료사는 내담자가 그린 전경이 더 돋보이도록 배경을 그려 준다.

② 전경을 그렸던 내담자는 치료사가 그려 완성된 그림을 돌려받는데, 그림을 보면서 돌려받았을 때의 느낌을 충분히 느끼고 이를 언어적으로 또는 그림으로 표현해준다.

④ 임상적용 시 주의사항

집단으로 진행된다면 짝을 지어서 서로 번갈아 가며 배경을 그려 주거나, 여러 명이 돌아가며 배경을 그려 줄 수 있다. 내담자가 전경을 그리면, 다른 집단원은 내담자가 그린 전경이 더 돋보이도록 배경을 그려 준다. 집단 적용 시, 내담자가 그린 그림이 돋보이지 않게 그리거나, 내담자가 그린 그림이 가려지지 않도록 유의하며 집단원이 그림을 그려줄 수 있도록 안내한다.

그림 2.10 '배경 그려주기' 부분 이미지

이 그림은 초등학교 4학년 내담자가 친구들과 싸우고 화가 나서 상담을 받으러 왔을 때 자신의 감정을 표현한 것에 치료사가 배경을 그려준 것이다. 치료사는 내담자와 함께 하면서 화가 나고 외로웠을 내담자의 마음을 공감하며 내담자의 있는 그대로의 감정을 수용해주며 내담자의 감정과 치료사가 실로 연결된 이미지를 그려주었다. 치료사는 '배경 그려주기'로 표현한 것을 통해 내담자에게 안전한 환경 속에서 어떠한 조건적인 가치도 부여하지 않고 있는 그대로의 감정을 수용받도록 하였다.

요약

    인간중심치료에서 인간은 경험하는 유기체로서 자신을 실현화하기 위한 기본적 동기를 갖고 있고 인간이 기본적으로 신뢰할 수 있는 유기체라고 본다. 이 유기체는 하나의 기본적 경향성과 추구를 가지고 있는데, 그것은 경험하는 유기체를 실현하고, 유지하고 향상시키는 것이다. 개인이 외부로부터 '긍정적 자기 존중'을 얻기 위해 노력하기 때문에 가치의 조건화를 형성하게 되는데, 이러한 가치의 조건화는 개인의 실현화 경향성을 성취하는 것을 방해하는 주요한 원인이 된다. 인간중심 미술치료에서는 치료사의 일치성, 공감적 이해, 무조건적 긍정적 존중의 태도를 바탕으로 내담자에게 내재된 잠재력과 성장가능성을 촉진시키며, 유기체로서의 자기실현을 이루어나갈 수 있도록 잠재된 창조성을 활용한다. 이를 위해 미술치료사는 내담자가 창조적인 경험에 개방하여 잠재력을 실현하도록 비구조화된 자유 작업을 통해 떠오른 이미지를 표현한다. 미술치료사는 내담자와 함께 이미지에 대해 이야기 나누는데, 이미지는 자신을 발견하도록 하는 것뿐만 아니라, 내담자가 이전에 경험했던 가치의 조건화에서도 자유롭게 한다.

공마리아 등 (2009). 미술치료개론. 대구: 동아문화사.

곽진영, 원희랑 (2019). 등교거부 청소년의 등교거부 및 우울감 감소를 위한 인간중심 미술치료 사례연구. 미술치료연구, 26(6), 1135-1157.

노안영 (2018). 상담심리학의 이론과 실제(2판). 서울: 학지사.

원희랑, 김영란 (2010). 인간중심 집단미술치료 프로그램이 유방암 환자의 자아존중감, 우울, 불안, 삶의 질에 미치는 효과. 미술치료연구, 17(2), 415-442.

전태옥, 이수진 공역 (2016). 집단인간중심표현예술. 서울: 시그마프레스.

정여주 (2019). 미술치료의 이해. 이론과 실제. 서울: 학지사.

천성문, 이영순, 박명숙, 이동훈, 함경애 (2018). 상담심리학의 이론과 실제(3판), 서울: 학지사.

최외선, 이근매, 김갑숙, 최선남, 이미옥 (2006). 마음을 나누는 미술치료. 서울: 학지사.

한국미술치료학회 편 (1994). 미술치료의 이론과 실제. 동화문화사.

Broom, K. (2000). Playing with Emergency: A Case Study of Reversal Theory in Artwork. *American Journal of Art Therapy, 38*(4), 1-7-114.

Rogers, C. R. (1951). *Client−centered therapy*. Boston: Houghton Mifflin.

Rogers, C. R. (1959). A theory of therapy personality and interpersonal relationships as developed in the client centered framework. In S. Koch(Ed.), *Psychology: A study of a Science: Formulation of the person and the social context*(vol.3). New York: McGraw-Hill.

Rogers, C. R. (1961). *On becoming a person*. Boston: Houghton Mifflin.

Rogers, C. R. (1977). *A way of being. (revised ed)* New York: Houghton Mifflin Company.

Rogers, C. R. (1986). *Carl Rogers on the development of the person−centered approach. Person−Centered Review, 1*(3), 257-259.

Rogers, N. (1993). *The creative connection; Expressive arts as healing*. Palo Alto CA: Science & Behavior Books.

Rubin, A. J. (2001). *Approaches to art therapy: Theory and technique. (2nd ed)* New York: Taylor & Francis LLC.

Silverstone, L. (1997). *Art Therapy The Person−entered Way. Art and the Development of the Person. (2nd ed)*. London: JKP.

5장

실존주의 미술치료

1 실존주의 심리치료

우리는 '어떤 존재인가'라는 질문에 많은 사람들이 선뜻 대답하기 어려워할 수도 있다. 인간은 누구나 죽음이라는 실존적 물음에 때로는 두려워하기도 하고 겸허하게 받아들이기도 한다. 여기서부터 실존적인 물음의 출발이 될 수 있다. 그렇다면 이러한 실존적 물음을 심리치료에서 어떻게 접근하고 있는지 실존적 심리치료에 대해 알아보기로 한다.

1) 개관

실존주의 심리치료는 실존주의 철학에 뿌리를 두고 발달한 치료이론이다. 심리치료를 실천하는 어떤 특정 유형의 접근법이라기보다는 앞서 언급했듯이 어떤 사물에 대한 관점에서 출발하여 심리치료에 어떠한 태도를 가지고 있는지에 관한 것이라 할 수 있다. 실존주의 심리치료에서는 인간의 고통에 관한 태도를 다루고 인간 존재의 본질, 불안, 절망, 슬픔, 외로움, 고립감, 사회적 무질서의 본질에 대한 깊이 있는 질문을 던지면서 의미, 창조성, 사랑의 문제를 중심으로 다룬다. 실존주의 심리치료는 근본적으로 인간이라는 존재에게 주어지는 실존에 대한 탐구를 바탕으로 죽음, 자유, 고독, 무의미와 같은 존재의 궁극적인 문제를 다루고 또한 이에 대해 직면함으로써 내 자신의 삶을 적극적으로 선택하고 그 속에서 의미를 발견하는 작업이라고 할 수 있다.

실존주의자들은 삶과 죽음에 관계된 갈등을 주로 다루는데, 인간은 삶과 죽음에 관한 인간의 궁극적 관심사를 자각하게 되면 불안해질 수 있다. 이러한 불안에 대처하기 위해 인간은 자신이 가지고 있는 잠재된 능력을 발휘하여 의지적 행동을 하게 되며 실존주의에서는 인간의 의지를 강조하고 있다. Frankl은 인간의 의지가 삶과 죽음에 대한 불안을 대처할 수 있다고 하였다. 따라서 실존적 심리치료는 죽음에 대한 내담자의 태도가 무엇보다 중요함을 강조하고 있다. 왜냐하면 죽음에 대한 태도가 개인이 가지고 있는 죽음에 대한 불안을 어떻게 극복하고 이를 대처해서 살아갈 수 있는 방법을 모색하게 하기 때문이다. 죽음과 삶은 상호보완적이며 이러한 삶과 죽음에 대한 개념은 심리치료에 결정적인 역할을 하게 된다. 죽음에 대한 막연한 불안은 죽음을 부정하고 결과적으로 소모적인 삶을 살게 하기 때문에 막연한 불안을 대상이 있는 두려움으로 바꿀 수 있다면 인간은 죽음에 대한 두려움을 완화시키는 조직적인 활동을 할 수 있다. 사람들은 죽음을 극복하기 위해 억제, 억압, 전이, 개인적 전능성에 대한 믿음, 사회적으로 안정된 종교적 신앙의 확립 형태의 방어를 보일 수 있는데 이것이 비정상적인 스트레스 상황에서나 부적합하게 극단적이고 비효과적인 방어형태를 사용하면 정신병리가 발생할 수 있게 된다.

실존주의 심리치료의 대표적인 공헌자들을 살펴보면 다음과 같다.

실존철학을 심리치료 분야에 처음으로 적용한 사람은 Ludwig Binswanger이며 뒤이어 선구적인 역할을 한 사람은 메다드 보스이다. Ludwig Binswanger, (1881~1966)는 스위스의 정신과의사로서 실존철학자들의 영향을 받으면서 정신분석적 접근에서 벗어나 실존적이고 현상학적인 관점에서 심리치료를 시도하였다. Medard Boss(1903~1990) 역시 스위스 정신과 의사로, 실존적 심리치료를 체계적으로 시도한 최초의 인물이다. 그는 실존철학과 정신분석을 결합하여 '실존분석'이라고 하고 꿈분석을 중시하였는데, 이는 무의식적 상징적 의미를 강조한 Freud나 Jung과는 달리 꿈이 개인의 실존적 상황을 반영한다고 보았다.

이후 Rollo May와 Victor Frankl이 실존주의 심리치료를 널리 알리는 데 공헌하였는데, Rollo May(1909~1994)는 미국에서 가장 영향력 있는 실존주의 심리치료사였으며 실존철학과 인본주의 심리학을 접목하여 심리치료에 적용한 선구자였다. 그는 실존적 불안을 개인이 자기 존재에 핵심적으로 중요하다고 여기는 가치들이 위협받을 때 촉발되는 두려움이라고 하였다. 따라서 그는 내담자가 삶의 의미를 발견하도록 심리치료사들이 돕는 것이 목표여야 하며 피상적인 문제해결보다는 죽음, 늙음, 고독과 같은 실존적 문제에 관심을 갖도록 해야 한다고 하였다.

그와 더불어 실존주의 심리치료를 널리 알리는 데 선두적인 역할을 한 Victor Frankl(1905~1997)은 오스트리아 정신과 의사로, 실존치료의 한 유형인 의미치료(logotherapy)를 창시하였다. 그는 나치에 의한 유대인 대학살 시절 강제수용소 생활을 경험하면서 인간의 구원이 사랑을 통해서 사랑 속에서 이루어진다는 믿음을 가지게 되었다. 또한 인생에서의 의미와 목적이 지니는 중요성을 강조하면서 인간의 가장 기본적인 욕구를 의미 추구로 보고 이러한 가정에 근거하여 의미치료를 창시하게 되었다. 그는 치료사의 가장 중요한 과제가 내담자로 하여금 자신의 삶을 선택할 수 있는 자유를 회복하여 삶의 의미를 발견하도록 돕는 것이라고 했으며 많은 저서와 강연을 통해 의미치료와 실존적 삶에 대한 자신의 생각을 널리 전파하였다.

마지막으로, Irvin Yalom(1931~현재)은 미국의 정신과 의사로, 실존치료에 이론적 체계를 제공한 사람이다. 그는 우리에게 잘 알려진 『실존주의 심리치료(Existential Psychotherapy)』뿐만 아니라 『집단치료의 이론과 실제(The Theory and Practice of Group Psychotherapy)』를 출간함으로써 실존치료의 이론적 체계를 만들고 이를 통해 많은 사람들이 실존주의 심리치료의 체계를 배울 수 있는 기회를 제공하였다. 그는 인간의 갈등이 죽음, 자유, 소외와 무의미로부터의 갈등으로 규정하면서 갈등은 회피보다는 직면을 통해 변화를 이루고 잠재력이 통합적으로 실현되는 실존의 더 높은 수준으로 승화될 수 있다고 하였다. 이처럼 Yalom(2007a)은 실제 실존주의 심리치료의 핵심을 '실존적인 정신 역동'이라고 강조하였다.

실존주의 심리치료의 목표는 내담자가 존재에 관한 '삶의 주어진 것들'을 탐색하는 것을 돕는 것이며, 내담자들이 삶에 대해 반영하고 대안의 범위를 인식하고 이런 것들을 결정하도록 하는 것이다(Corey, 2017). 예를 들어, 내담자들이 스스로 선택하고 책임을 지도록 하는데, 이는 실존주의 심리치료가 내담자에게 치료를 강요하지 않는다는 것을 보여준다.

따라서 실존주의 심리치료는 치료의 전 과정이 치료사보다는 내담자에 의해 결정되며, 치료 방향 또한 경험적이지 않고 깊은 직관에 근거하고 있다(Yalom, 2007a). 또한 Rogers(2010)가 주장한 바와 같이 실존주의 심리치료는 내담자 개인의 정서적 고통을 진지하게 들어주고 자기 스스로 답을 찾을 수 있도록 개인의 능력을 존중해 주는 특성을 가지고 있다.

2) 인간관

실존주의 심리치료는 정신분석과 행동주의 인간관에 대한 반발로 출발하였다. 인간을 무의식에 지배받고 사회 문화적 조건에 의해 통제받는 수동적인 인간관을 가지고 있는 정신분석과 행동주의에 반대하면서 실존주의 심리치료에서는 인간은 주관적이고 주체적이며, 자신이 자유롭게 선택할 수 있는 능력을 가지고 있고 동시에 거기에 따른 책임을 지는 존재라는 인간관을 보여주고 있다.

Frankl은 '인간은 자신의 환경을 선택할 수 있는 자유와 그에 따른 책임을 가지고 있으며 존재에 대한 의미를 갖고 있는 한 학습하고 성장할 수 있는 존재'라고 하였다. May 또한 존재론적 입장을 가지고 있어 인간은 존재하고 그래서 생각하고 느끼고 행동할 수 있는 자기에 대한 의식과 불안을 감소시킬 수 있는 능력을 가진 존재라고 하였다. 실존주의 심리치료는 정신분석 심리치료 입장과는 달리 치료사가 정해진 틀을 강요하는 방식으로 진행되기보다는 내담자 중심으로 진행되는 경우가 많기 때문에, 이는 내담자가 스스로 실존적으로 자기의 문제를 풀어나갈 수 있는 능력이 있음을 믿는 것이다.

3) 주요 개념

Yalom(1980/2007a)은 그의 책 실존주의 심리치료에서 인간의 가장 중요한 궁극적 관심사를 죽음, 자유, 소외와 무의미 등 네 가지로 정의하였는데, 간단하게 요약하면 다음과 같다.

(1) 죽음

Yalom이 제시한 인간의 중요한 궁극적 관심사 중 죽음은 인간이 가진 가장 분명한 불안의 원천이다. 인간은 죽음으로부터 도망칠 수 없으며, 그 때문에 죽음에 대한 근원적인 공포를 가질 수밖에 없다. 죽음은 어느 누구도 피할 수 없으며 삶 또한 무한한 것이 아니라 유한하다. 따라서 지금-여기에 충실한 삶을 사는 것이 필요하며,

죽음에 대해 명확한 자각을 하게 되면 인간의 삶을 풍부하게 할 수 있다. 따라서 존재론적인 갈등을 통해 실존의 의미를 찾을 수 있게 된다.

(2) 자유와 책임

인간은 자유와 자기결정, 의지, 결단을 할 수 있는 존재이며 자신의 세계와 삶의 계획, 그리고 이를 선택할 수 있는 자유를 가진 존재이자 책임을 져야 하는 존재이다. 따라서 인간은 주어진 세계로부터 자유를 원하면서도 의존하고 의지하기를 원하게 된다. 이러한 특성이 자유 안에서의 갈등을 일으키는 요소가 될 수 있다. 매 순간 선택을 해야 하는데 이러한 선택이 어떠한 결과를 초래할지 모르기 때문에 불확실성으로 인한 실존적 불안을 느끼게 된다. 그러나 자유의 불안을 직면하지 못하는 사람은 인간관계에서 의존적이게 되거나 특정 이념이나 종교에 빠져들 수도 있다. 자유와 더불어 책임이 따르지만 선택의 자유를 통해 자신의 운명을 스스로 결정할 수 있게 된다는 것을 의미한다.

(3) 실존적 소외

인간은 누구나 아무리 가까운 사람과의 관계라 할지라도 그 사이에 심리적 거리가 존재하게 되는데, 이러한 현상을 '실존적 소외'라고 한다. 혼자라는 사실에 대한 알아차림과 누군가로부터 보호받고 함께 하고자 하는 소망 사이에 긴장이 발생하게 되고 이것이 실존적 갈등을 유발하게 된다. 정신병리는 이러한 인간관계에서 실존적 고립에 대한 두려움을 통해 발생될 수 있다. 따라서 타인과 진정한 관계를 형성하기 이전에 자기 자신과의 온전한 관계 형성, 즉 고립을 자각하고 수용할 수 있어야 한다. 이러한 실존적 소외를 수용함으로써 그 사람은 세상으로부터 자신을 분화시킬 수 있는 능력을 가질 수 있게 된다.

(4) 무의미

인간은 스스로의 존재를 중시하기 때문에 '무의미'로 인해 불안하게 된다. 인간에게 삶에 대한 의미가 없으면 계속 살아야 할 이유가 없기 때문에 각 개인은 각자

상황에 따라 삶의 의미와 방식을 발견할 필요가 있다. Kierkegaard같은 유신론적 실존주의자 입장에서는 절대자 앞에서의 실존을 통해 무의미를 극복하려고 했다. Frankl은 삶의 의미를 발견하는 방법은 창작품을 발견하는 것(창조적 가치), 경험으로부터 발견하는 것(경험적 가치), 고통에 대해 취하는 태도(태도적 가치)에 의해 이루어질 수 있다고 하였다. 그러나 의미는 세계에 존재하는 것이 아니라 인간이 부여하고 발견하며 창조하는 것이다(권석만, 2012). 의미는 그것을 찾고자 노력해서 생기는 것이 아니라 행복처럼 간접적으로 추구되며, 우리가 최선을 다해 일하고 사랑하고 창조할 때 발생하는 것이다.

실존주의 심리치료에서 중요하게 언급하고 있는 죽음, 자유와 책임, 실존적 소외, 무의미 개념 외에도 실존적 불안과 실존적 욕구좌절 개념도 살펴볼 필요가 있다. 실존적 불안은 인간이면 누구나 가질 수 있는 정상적인 것이며, 인간의 성장을 자극하는 건설적인 불안이라고 할 수 있다. 실존주의 심리치료에서는 신경증적인 불안을 극복하고 실존적 불안을 지니게 하는 구체적인 대응방식으로 '존재의 용기'를 제안하고 있다. 이는 무의미감에 빠져 있기보다 자신의 삶에서 의미를 발견하고 창조하며 자신의 유한함을 받아들이며 변화에 대한 유연한 자세, 자신만의 가치와 의미를 추구하는 것이다.

반면 실존적 욕구좌절은 자기 삶의 의미를 상실한 상태에 빠진 것을 의미하는데, 일종의 신경증이라고 할 수 있다. 이것은 무의미, 무익함, 무목적, 공허감, 실존적 공허와 같이 인생을 가치 있게 만들어 주는 인간의 실존에 대한 궁극적인 의미의 전체적인 결여나 상실의 경험을 의미한다. 따라서 실존주의 심리치료에서는 실존적 욕구좌절에서 삶의 의미와 가치를 발견하고 삶의 목표와 책임을 가질 수 있도록 도와주어야 한다.

4) 치료목표 및 치료원리

실존주의 심리치료의 치료목표는 인간이 자신의 내면세계를 있는 그대로 자각하고 이해할 수 있게 도와주는 것이다. 즉, 실존적 조건에 대한 인식을 증가시킴으로써 인간이 주체적으로 선택하고 책임지는 사람이 될 수 있도록 돕는 것이다.

자기의 세계를 수용하고 자신의 무한한 잠재력을 깨닫고 자신의 선택과 책임을 통한 자유를 향유해야 한다는 것을 깨닫게 해야 한다. 이 때 치료사는 이 과정에서 내담자가 겪는 실존적 불안을 회피하지 않고 직면할 수 있도록 하고 존재의 용기를 지니도록 격려해야 한다. 또한 내담자의 자각을 최대화함으로써 실존적 공허를 갖는 무의미성이나 신경증에서 벗어나 내담자가 삶의 의미와 목적을 발견하도록 도와주어야 한다.

Yalom(2006b)은 신경증에 대한 정신병리가 죽음에 대한 인식으로부터 시작된다는 것을 강조하였으며, 죽음과 불안에 대한 정신병리를 치료하기 위해서는 치료사가 내담자의 숨겨진 죽음에 대한 불안감을 드러내기 위해 마치 탐정과도 같은 노력을 하는 것이 필요하다고 하였다(Yalom, 2008). 그는 치료사와 내담자와의 관계를 '치료적 여행의 동반자'로 제시하며, 그들의 창문을 통해 그들을 바라보도록 하였다(Josselson, 2007/2008). 내담자의 죽음에 대한 불안을 극복하게 하기 위해서는 치료사가 내담자를 환자 취급하기보다는 친구처럼 편안하게 대하는 것이 필요하며 이를 통해 내담자는 죽음에 대해 보다 효과적으로 직면할 수 있게 된다.

실존주의 심리치료에서는 상황에 대해 인식할 수 있으며 삶을 반성하고 선택할 수 있도록 하는 자기인식 능력의 향상과 더불어 내담자의 실존적 조건인 죽음, 자유와 책임, 실존적 소외, 무의미와 같은 궁극적 관심사를 다루는 것을 기본조건으로 하고 있다. 즉, 죽음에 대한 자각과 둔감화를 이루고, 자신의 삶에 대한 자유와 책임을 지각하도록 하며, 실존적 소외에 직면하게 함으로써 인간관계 양식을 점검하고 삶의 의미를 발견하고 창조하도록 하는 것이다. 이를 위해서는 책임을 인정하는 것이 치료적 변화에 가장 중요한 조건이며 '치유하는 것은 관계'라는 전제 아래 내담자와의 관계를 치료에서 매우 중요하게 생각한다.

⑤ 치료기법

실존주의 심리치료에서는 다른 이론적 접근에서 사용하는 다양한 기법보다는 실존에 대한 물음을 하기 위한 기법들이 주를 이룬다.

(1) 직면

실존주의 심리치료에서 가장 중요한 기법은 네 가지 궁극적인 관심사인 죽음, 자유, 소외, 무의미에 직면하게 하는 것이다. 이러한 직면을 통해 개인의 내적 갈등 내용이 구성되는데, 특히 자신의 삶을 실존적 관점에서 바라보고 죽음을 직면하도록 권장한다. 예를 들면, Yalom이 제시한 죽음 지각 워크숍에서는 묘비명을 쓴다거나 자신의 사망 기사를 써보게 하는 것을 통해 자신의 죽음을 예측하고 직면함으로써 자신의 삶을 마주 대할 수 있게 한다. 또한 상상 속의 죽음을 미술매체를 통해 시각화하는 작업을 하도록 한다. 이와 관련해서는 실존주의 미술치료 기법에서 좀 더 다루고자 한다.

(2) 역설적 의도

실존주의 심리치료에서 역설적 의도는 다른 이론에서도 자주 사용되는 기법이다. 이는 강박적이고 억압적인 공포증에 걸린 내담자의 단기치료에 도움이 되는 기법이다. 이 기법은 내담자가 두려워하는 일 자체를 오히려 하게 하거나 일어나기를 소망하도록 촉진하는 과정이다. 이것은 공포에 대한 두려움이 공포로부터의 도피를 유도한다는 것을 가르쳐서 도피보다는 직면을 선택하게 함으로써 공포와 불안의 악순환에서 탈피할 수 있도록 하는 것이다.

(3) 탈숙고

실존주의 심리치료에서 탈숙고 기법은 지나친 주의나 숙고를 내담자 자신의 밖으로 돌려서 문제를 무시하게 함으로써 내담자의 생각과 의식을 긍정적이고 생산적인 쪽으로 전환할 수 있도록 하는 기법이다. 이것은 내담자가 자신의 문제에 대해 지나치게 숙고하면 자발성과 활동성에 방해가 되기 때문에 지나친 숙고에서 벗어나서 내담자의 자발성과 활동성을 회복시켜 주는 방법이다. 예를 들면, 불면증 환자가 잠을 자려고 애를 쓰는 대신 자신이 좋아하는 음악을 듣거나 그림을 그려보게 함으로써 잠을 자는 일에 쏟는 관심과 에너지를 다른 곳으로 돌려 거기에 집중하게 하면 내담자는 오히려 잠을 잘 수가 있게 된다.

이 외에도 내담자가 특정한 선택을 통해서 현재 상황에 처하게 된 것을 강조함으로써 내담자의 책임을 인식하고 수용하도록 하며, 현실치료에서와 같이 자신의 진정한 소망이 무엇인지를 자각하고 선택할 수 있도록 그 소망에 따른 감정과 내면의 욕구에 초점을 맞춰서 그 내용을 언어로 표현해 보게 하는 기법도 자주 사용된다. 더불어, 자신의 삶에 대한 의미를 발견하도록 하는 것과 내담자가 현재의 순간에 경험하고 있는 것을 무엇이든지 표현해 보도록 격려하는 것, 꿈 작업을 통해 내담자의 실존에 대한 무의식적 태도를 자각하고 실존의 가능성을 인식하도록 하는 것 등이 있다.

실존주의 심리치료는 치료사와 내담자의 관계 설정이 일차적으로 중요하며, 기법은 부차적이기 때문에 치료사의 태도가 무엇보다 중요하다. 치료사가 내담자의 현재 생활에 관심을 가지고 살펴보며 회피하지 않고 자신의 책임을 수용하고 스스로 선택할 수 있도록 격려하는 것이 중요하다. 매 치료단계마다 이러한 치료사의 태도는 치료 효과에 중요한 영향을 주기도 한다.

2 실존주의 미술치료

1) 개관

실존주의 심리치료는 형식에 얽매이지 않는 자유로운 치료가 이루어질 수 있도록 한다. 이러한 특성은 미술치료에서 말하고 있는 '치료로서의 미술(art as therapy)'의 특성과 많은 연관성을 가지고 있다. Kramer가 주장한 '치료로서의 미술'의 관점 아래 미술작업 과정에서 미술이라는 창조적 활동의 독특성과 자신의 갈등을 스스로 해결하고 통합할 수 있는 내담자의 실존적인 자기 이해와 연관되어 있다는 것을 의미한다. 처음 실존주의 심리치료가 정신분석 심리치료의 대안으로 시작된 것처럼 실존주의 미술치료 또한 정신분석 미술치료의 대안으로 시작되었다. 정신분석 미술치료에서는 미술로 창조적으로 표현되는 것을 통해 인간의 억압된 감정들의 상징을 파악한다면, 실존주의 미술치료에서는 미술이라는 창조성이 가지는 치료적 의미에 더 중점을 둔다(홍푸르메, 2013). 또한 실존주의 미술치료에서도 실존주의 심리치료에서와 같이 치료사와 내담자의 관계를 중요시하며 내담자를 중심으로 모든 것이 진행이 된다.

Moon(2019)은 실존주의 미술치료가 미술작업과 작품을 치료적으로 사용하면서 인간의 궁극적인 관심사인 실존에 초점을 두는 역동적인 미술치료 접근방법이라고 하였다. 그는 이미지와 창조적 과정이 모든 미술치료사들에게 소통을 심화시키고 선형적이며 논리적인 언어 영역 너머의 통찰력을 제공하는 힘을 갖는다고 하였다. 그는 치료적 관계에서의 진정성을 강조하였고 이에 대해 Robbins(1992) 또한 이러한 진정성을 '치료사 내면에서 환자의 내적인 영역을 공통의 장으로 경험하는 것'이라고 강조하였다.

실존주의 미술치료에서는 미술을 통해 자신의 있는 그대로의 모습을 드러내는 것이 치료적이라고 보았다. 이를 통해 상처를 드러내는 내담자뿐만 아니라 또 다른 내담자들에게도 치료적 효과가 나타날 수 있다. Malchiodi(2007)는 미술활동 자체를 통한 소통은 갈등을 해소하고 긍정적인 변화를 주며, 계속해서 치료와 성장으로 이끌 수 있는 새로운 개념을 형성시킬 수 있다고 하였다. 그는 미술치료가 실제 이루어지는 과정을 두 가지 범주에 의해 설명하였는데, 하나는 미술활동 창작과정에 내재하는 치유력에 대한 믿음이며 다른 하나는 미술이 상징하는 의사소통의 도구가 치료의 과정이 된다고 하였다(홍푸르메, 2013). 미술 활동의 창조성은 그 자체가 상당한 치료적 의미를 가지고 있다.

실존주의 미술치료에서는 다른 미술치료에서와 마찬가지로, 창조적인 작업 과정이 잘 이루어지기 위해서는 미술치료사의 자질이 무엇보다 중요하다. 미술치료사가 내담자와의 관계를 잘 형성하는 능력과 더불어 미술사, 미학의 지식과 미술재료를 다루는 기술, 예술 활동의 심리학과 창조적인 과정에 관한 지식을 보유하고 있어야 한다(Moon, 2010)

이와 더불어 실존주의 미술치료를 진행하는 데 있어서 재료의 선택은 매우 중요하다. 내담자 스스로 재료를 선택할 수 있어야 하고, 이러한 내담자의 재료 선택은 내담자가 낯선 상황에서 어떻게 적용하는지를 상징적으로 보여줄 수 있다(주리애, 2010). 미술치료사는 내담자가 재료를 많이 쓰거나 적게 쓰더라도 치료사는 지나친 간섭보다는 내담자의 선택을 존중해주는 것이 바람직하다.

대부분의 미술치료가 창조적인 미술활동을 강조하는 입장이라면, 실존주의 미술치료에서는 아트 스튜디오가 잘 마련되어 있는 종합적인 환경을 중시한다.

Moon(2010)은 단순히 재료구비가 많이 되어 있는 환경이 이상적이라기보다는 스튜디오를 구성하는 물리적 공간의 배치나 미술도구의 종류, 품질, 치료 공간의 구성요소로서의 치료사의 존재, 내담자에게 알맞은 공간의 재구성, 스튜디오의 철학적 기초가 필요하다고 언급하였다.

이러한 스튜디오 구성과 더불어 실존주의 미술치료에서는 치료사와 내담자가 함께 전시회를 개최하는 것의 필요성을 강조하고 있다. 이러한 전시회는 내담자의 삶의 의미와 존재 가치를 부각시키고 내담자의 에너지를 상승시키며, 심리적인 즐거움을 느낄 수 있는 기회와 삶에 대한 동기부여를 할 수 있는 기회가 될 수 있다.

2) 기법

실존주의 미술치료는 죽음이나 불안, 자기소외 등을 다루고 있어 이러한 이슈를 가지고 있는 내담자들을 대상으로 개인 또는 집단 미술치료가 진행되며 Frankl의 의미치료에 근거하여 다양한 집단을 대상으로 진행되기도 한다. 이와 관련해서 실존주의 미술치료에서 사용될 수 있는 미술치료 기법을 소개하고자 한다.

(1) 이니셜(Initial)로 자신 표현하기

① 목표
실존주의 미술치료 초기 단계에서 사용될 수 있는 기법으로, 이니셜 작업을 통해 내담자 자신은 누구인가라는 질문을 해보고 자신에 대해 생각해 볼 수 있는 기회를 제공한다.

② 준비물
크레파스, 유성매직, 파스텔, 색연필, 8절지, 스티커, 스카치테이프 등

③ 방법
① 치료사가 내담자에게 자신은 누구인지 생각해 본 경험이 있는지 물어본다.

② 눈을 감고 '나' 하면 떠오르는 이미지는 무엇인지 생각해 보게 한다.

③ 내담자 자신에 대해 어떻게 생각하고 있는지 이야기를 나눠본다.

④ 자신의 이름의 영문 이니셜이 무엇인지 얘기해 본다.

⑤ 이를 그림으로 표현해 보도록 한다.

⑥ 그림을 그리고 나서 어떤 기분이 드는지, 자신에 대해 드는 생각이 무엇인지 이야기를 해보도록 한다.

④ 임상적용 시 주의사항

자신이 누구인지, 어떤 사람인지에 대해 이야기를 나누는 것이 어떤 연령에게는 어려울 수도 있다. 특히 청소년의 경우, 자신에 대한 정체감 혼란의 시기를 겪을 때 모르겠다는 표현을 할 수도 있다. 이때 치료사는 내담자가 충분히 시간을 가지고 자신에 대해 생각해 볼 수 있는 시간을 주는 것이 좋다. 어린 연령의 경우 이니셜 작업에 대해 잘 이해하기 어려워할 수 있으므로, 치료사가 이니셜에 대해 설명하거나 아이의 이니셜 대신 이름을 쓰게 하고 자신에 대해 어떻게 생각하고 있는지 물어보면서 그림을 그려보게 할 수 있다.

그림 2.11 **중3 남학생의 이니셜 작업**

이 사례는 학교폭력으로 가해자로 의뢰된 중3 남학생의 작품이다. 이 남학생은 평소에는 학교에서 큰 문제 없이 잘 지냈다가 자신을 계속 놀리는 반 친구를 때려서 학교에서 학교폭력 문제로 상담이 의뢰되었다. 대부분 "모르겠어요"라는 반응을 보이다가 이니셜 작업을 하면서 "나는 나에요"라는 얘기를 하며 자신에 대한 이야기를 하기 시작하였다. "갑자기 눌렸던 게 확 터져 나올 때가 있어요. 할머니 생각하면 제가 학교 잘 다녀야 하는데 갑자기 제 감정을 통제하기 어려울 때가 있어요. 저 자신에 대해 잘 모르겠어요. 그런데 제 이름을 이렇게 써보니 저는 ○○○이네요."라는 얘기를 하면서 스티커를 붙이며 활동을 마무리하였다.

(2) 기억을 찾아서

① 목표

자신의 과거 어린 시절의 즐거웠던 경험과 아픈 기억에 대한 시각화 작업을 통해 자신의 내면의 생각과 고통을 그림으로 표현함으로써 아픈 기억에 대한 자각과 내면의 고통에 직면할 수 있는 기회를 제공하고자 한다.

② 준비물

스크레치 페이퍼, 스틱, 스카치테이프 등

③ 방법

① 내담자가 즐거웠던 어린 시절의 경험에 대해 이야기를 나눈다.

② 내담자에게 아픈 기억은 무엇인지 생각해 보도록 한다.

③ 그 기억들이 지금 현재 어떤 의미가 있는지 이야기해 본다.

④ 이 경험들을 스크래치 페이퍼에 함께 표현해 본다.

⑤ 한 지면에 반대적인 두 경험을 그리고 이를 벽에 붙인 후 거기에 대한 이야기를 나눈다.

⑥ 아픈 기억에 대한 그림이 즐거웠던 경험 그림과 함께 있을 때 어떻게 보이는지 이야기를 나눈다. 자신의 아픈 기억에 대한 자각이 그 하나로만 볼 때보다 즐거웠던 경험 그림과 같이 볼 때 좀 더 경감될 수 있다. 이러한 경험들이 현재 어떤 의미인지 이야기해 본다.

④ 임상적용 시 주의사항

내담자 대부분은 긍정적인 경험에 대한 표현이 어렵지 않으나 트라우마적인 경험을 표현하는 것은 매우 어려운 일이다. 치료사는 내담자가 이런 경험에 대해 이야기할 수 있도록 안전하고 편안한 분위기를 제공하는 것이 매우 중요하다. 만약, 내담자가 아픈 기억에 대한 이야기를 하기 힘들어하면 잠시 멈추고 내담자가 준비되면 이야기할 수 있도록 기다려주는 것이 필요하다.

그림 2.12 **30대 여성의 기억화**

B씨는 8세, 5세 여아를 키우고 있는 주부이다. 그녀는 어렸을 때 부모로부터 방임받고 경제적으로 어려움을 겪어 집에 매일 혼자 있었던 자신의 아픈 기억에 대해 이야기하였다. 먼저 즐거웠던 기억을 이야기해 보도록 하였는데 어렸을 때 언니들, 여동생과 함께 시골 뒤뜰에 있는 큰 나무 아래에서 술래잡기를 하고 즐겁게 놀았던 게 기억이 난다고 하였다. 반면, 찢어지게 가난했던 집안에서 아무도 없는 낡은 집 안에 혼자 있었던 게 계속 기억으로 남아 있어서 생존해 계시는 어머님에 대한 화가 올라온다고 하였다. 이 두 그림을 함께 그리고 난 후 여기에 대한 느낌을 얘기할 때 "생각보다 그렇게 아프다는 느낌이 적어지네요. 아마 즐거웠던 경험 기억이 올라와서 그런가 봐요."라는 이야기를 하였다. 이 내담자는 자신의 아픈 기억에 대해 울지 않고 마주 대할 수 있는 것에 대해 매우 신기해했다.

(3) 자화상 그리기

자화상 그리기는 많은 심리치료 기법에서 사용되는 미술치료 기법 중 하나이다. 자화상을 통해 인지행동 미술치료에서는 자신이 가지고 있는 비합리적 신념을 자화상에 표현하게 해보기도 하고 자기심리학적 미술치료에서는 자신에 대한 긍정적인 시각을 자화상을 통해 표현해 보기도 한다. 실존주의 미술치료에서는 자화상을 통해 나를 들여다보면서 자신을 있는 그대로 수용할 수 있는 기법으로 적용해 볼 수 있다.

① 목표

자신의 모습을 자화상을 통해 그려봄으로써 자신을 있는 그대로 수용하고 긍정적인 시각을 가질 수 있도록 한다.

② 준비물

16절지 또는 8절지, 크레파스, 색연필, 파스텔, 사인펜, 스티커 등

③ 방법

① 편안히 눈을 감는다.

② 자신의 모습을 떠올려본다.

③ 눈을 뜬 후 자신의 모습을 그려본다.

④ 자신의 모습을 그린 후 어떤 부분이 마음에 드는지 이야기해 본다.

⑤ 자신의 자화상에서 제일 맘에 드는 부분에 스티커를 붙여보게 한다.

⑥ 이 자화상을 그리고 나서 어떤 느낌이 드는지, 나한테 어떤 의미인지 이야기
해 본다. 내 삶에서 나는 어떤 사람으로 살아왔고 앞으로 어떻게 삶을 이끌어
나가고 싶은지에 대해 이야기해 본다.

④ **임상적용 시 주의사항**

노인을 대상으로 자화상 작업을 할 때, 대부분의 노인들은 오랫동안 그림을 그려
보지 못해 그림을 시작하는 것을 주저하는 경우가 많다. 따라서 미술로 표현하는 것
이 평가받는 것이 아니라 이것을 통해 자신의 모습을 들여다보고 인생의 의미를 생
각해 보는 시간이라는 인식을 가질 수 있도록 미술작업을 하기 전에 충분히 이야기
나누는 시간을 가지는 것이 필요하다.

그림 2.13 **81세 여성의 자화상**

이 사례의 그림은 데이케어센터를 다니고 계신 81
세 여성이 그린 자화상이다. 그녀는 인지나 신체기
능은 온전하였으나 치매의 정도가 심화되어 일상생
활의 어려움이 조금씩 생기기 시작하고 있었다. 집
단미술치료 프로그램에 참여하여 처음에 방어적인
태도를 보이다가 다른 사람이 하는 것을 보면서 자
신의 자화상을 완성하였다. "이런 것을 왜 하냐?"라
고 얘기하면서도 자신의 자화상을 완성하였다. 인
생이 무의미하다고 얘기를 하면서도 자신이 그린
자화상을 보면서 밝은 모습을 그린 자신에 대해 긍
정적인 시각을 갖는 계기가 되었다.

요약

　실존주의 심리치료는 실존주의 철학에 뿌리를 두고 발달한 치료이론이다. 실존주의 심리치료에 대표적인 공헌자로는 Ludwig Binswanger, Rollo May, Victor Frankl, Irvin Yalom 등이 있으며 주요 개념으로는 실존주의 심리치료에서 인간의 가장 중요한 궁극적 관심사인 죽음, 자유와 책임, 실존적 소외, 무의미가 있다. 실존주의 심리치료의 치료목표는 인간이 자신의 내면세계를 있는 그대로 자각하고 이해할 수 있게 도와주는 것이며 이를 위한 치료기법으로는 직면, 역설적 의도, 탈숙고 등이 있다.

　실존주의 미술치료는 실존주의 심리치료를 미술치료에 접목시킴으로써 미술이라는 창조성이 가지는 치료적 의미에 더 중점을 두며 실존주의 심리치료와 같이 치료사와 내담자의 관계를 중요시한다. 실존주의 미술치료에서 미술을 통해 자신의 있는 그대로의 모습을 드러내는 작업이 이루어지며 이는 상처를 드러내는 내담자뿐만 아니라 또 다른 이슈를 가지고 있는 내담자들에게도 치료적 효과가 나타날 수 있다.

권석만(2012). 현대심리치료와 상담이론. 학지사.

홍푸르메 (2013). 실존주의 심리학 관점에서 본 미술치료 – 죽음과 불안을 중심으로. 계명
　　대학교 대학원 박사학위논문.

Corey, G. (2017). *Theory and Practice of Group Counseling*. (천성문 외 역). 심리상담과
　　치료의 이론과 실제. 서울: CENGAGE Learning. (원서출판 2007).

Josselson, R. (2008). (이혜성 역). 심리치료와 인간의 조건. 서울: 시그마프레스. (원서출판
　　2007).

Malchiodi, C. A. (2007). *The Art Therapy Source Book*. New York: Mcgraw-Hill.

Malchiodi, C. A. (2008). (최재영 역). 미술치료. 서울: 서울하우스. (원서출판 2007).

Malchiodi, C. A. (2012). (임호찬 역). 미술치료 입문. 서울: 학지사. (원서출판 2011).

Moon, B. (1995). *Existential Art Therapy*. Springfield: Thomas.

Moon, B. L. (2019). (원희랑 역). 실존주의 미술치료. 학지사. (원서출판 2009).

Moon, C. H. (2010). (정은혜 역). 스튜디오 미술치료. 서울: 시그마프레스. (원서출판
　　2002).

Yalom, I. D. (2007a). (임경수 역). 실존주의 심리치료. 서울: 학지사. (원서출판 1980).

Yalom, I. D. (2007b). (임옥희 역). 니체가 눈물을 흘릴 때. 서울: 리더스북. (원서출판
　　2005).

Yalom, I. D. (2008). (이혜성 역). 보다 냉정하게 보다 용기있게. 서울: 시그마프레스. (원
　　서출판 2006).

Yalom, I. D. (2010). (최웅용, 천성문, 김창대, 최한나 역). 치료의 선물. 서울: 시그마프레
　　스. (원서출판 2002).

6장

게슈탈트 미술치료

1 게슈탈트 치료

1) 개관

게슈탈트 치료는 Fritz Perls(1893~1970)에 의해 창안된 심리치료로서, 정신분석 치료이론, 장이론, 사이코드라마, 실존철학 등 많은 치료 기법과 사상으로부터 영향을 받았고 이를 독자적인 관점에서 통합함으로써 하나의 새로운 정체성을 확립한 심리 이론이다. '게슈탈트' 용어는 여러 부분들이 하나의 전체로 지각된 형태나 구조를 말한다. Corey(1991)는 이 개념을 치료적인 영역에 확장하여 사용하는데, 여기서 게슈탈트란 '개체에 의해 지각된 행동동기'를 뜻한다. 게슈탈트 치료는 그 명칭처럼 인간의 삶에서의 전체성, 통합, 균형의 중요성을 강조하고 있다. 게슈탈트 치료에서는 장에 속해 있는 모든 요소들은 항상 상호작용하며 그 요소들이 장에서 영향력을 발휘하려면 반드시 지금-여기, 동시 간에 존재해야 한다고 강조한다(Yontef, 1993/2008). 여기에서는 인간의 신체, 감각, 감정, 욕구, 행동 등을 서로 분리된 현상이 아닌 연결되고 통합된 하나의 의미 있는 전체로 본다. 또한, 환경과의 관계에 있어서 개체를 환경과 분리된 존재가 아니라 개체와 환경을 포함하는 전체 장의 부분으로 보고 있다. 즉, 모든 개체는 유기체-환경 장의 관계성 내에 존재하며 개체나 환경 모두 이러한 관계성을 떠나 존재할 수 없다는 것이다.

게슈탈트 치료에서는 인간의 주요 행동들을 자신의 지각과 경험, 그리고 실존에 대해 의미를 부여하고자 하는 욕구로 보고 있으며, 이러한 인간의 욕구가 어떻게 나타나고 좌절되고 충족되는지를 '전경과 배경'의 관계로 설명하고 있다

(Clarkson, 1989/2010).

　　게슈탈트 초기 이론에서는 주로 즉흥적이고 순간적인 알아차림과 접촉에 초점을 두었다가 1980년대 이후 게슈탈트 이론가들은 관계 측면에 관심을 갖고 그 중요성을 강조하기 시작하였다. 게슈탈트 치료사들은 치료사와 내담자 간의 지금-여기에서의 진솔한 대화를 통해 관계를 경험하는 것을 중요시한다. 또한 치료 장면에서 치료사는 내담자가 자신의 감각을 사용하면서 지금-여기에서 무엇이 어떻게 일어나고 있는지를 내담자 스스로가 탐구하고 알아차리고 때로는 실험을 통해 자신의 문제에 대한 해결책을 직접 찾아가도록 안내한다. 이러한 과정에서 치료 초기에는 치료사가 내담자에게 주로 질문을 하지만 상담이 점점 진행되는 동안 내담자도 치료사와 마찬가지로 질문과 대화를 주고 받는 과정으로 진행되게 된다. 이때 치료사와 내담자는 정신분석처럼 치료사의 일방적이고 수직적인 관계라기보다는 평등한 관계가 된다.

　　게슈탈트 치료는 다른 심리치료와 구별되는 두 가지 특징들이 있다.

　　첫 번째는, 지금 여기(here and now)의 체험을 강조한다는 점이다. 게슈탈트 치료는 현상학적인 관점을 지향하기 때문에 현재 내담자가 주관적으로 체험하는 의식의 흐름에 집중하게 한다. 과거나 미래의 사건은 현재 이 순간에 영향을 미치고 있을 때에만 의미가 있게 되며 치료에서는 이를 다루어 내담자로 하여금 과거 사건을 지금 여기에서 새롭게 체험함으로써 새롭게 지각하거나 통찰하여 과거 경험을 통합할 수 있도록 한다.

　　두 번째는, 과정(process)을 강조하는 치료법이라는 것이다. 내용(content)보다 지금 여기에 일어나는 현상의 흐름인 과정을 알아차리는 데 집중한다. 내담자에게 일어나고 있는 신체나 감정, 욕구 등과 더불어 내면에서 일어나고 있는 과정과 내담자와 치료사와의 관계에서 나타나는 관계적 과정을 알아차리도록 한다. 다시 말해서, 게슈탈트 심리치료란 지금 여기에서 일어나고 있는 현상의 흐름인 과정을 알아차리는 것이다.

2) 인간관

　　Pearls의 게슈탈트 치료에서는 인간은 자신의 문제가 무엇인지 알고 그것을 해결하고자 모든 능력을 발휘할 수 있는 능력을 가지고 있다고 본다. 이것은 유기체가 자기 내부 또는 주변에서 일어나는 일에 대해 완전히 인식할 수 있으면 자연스럽게 자기조절능력이 형성된다는 것을 말하며, 이는 인간의 긍정적인 성장과 변화에 필요한 자원이 다름 아닌 자기 자신 안에 있다는 것을 의미한다(천성문 외, 2018). 또한 인본주의 입장에서 인간을 바라보는 시각과 마찬가지로 게슈탈트 치료에서도 인간은 낙관적이고 능력있는 존재이며 자신의 문제를 해결하고자 하는 경향성을 가지고 있는 존재로 보았다. 더불어 과거에 얽매이지 않고 현재의 환경 속에서 자신의 행동을 자유롭게 선택할 수 있으며 이러한 선택에 의해 자신의 잠재력을 각성할 수 있는 존재로 보았다. 게슈탈트 이론에 의하면 인간의 행동은 육체나 정신, 환경 요소들이 역동적으로 상호 관련되어 나타나는 전체성의 특징을 가지고 있다. 요약하면, 게슈탈트 심리치료에서 인간은 현재 중심적이며, 전체적이고 자신의 행동을 선택할 수 있는 잠재력을 가진 존재인 것이다.

③ 주요 개념

(1) 게슈탈트

게슈탈트란, '형태', '전체성을 가진 정리된 구조'라는 의미를 지닌 독일어로, 세상을 지각하는 방식을 의미한다. 우리는 세상을 바라볼 때 우리 눈으로 들어오는 정보를 단순히 받아들이기보다는 일부 수정하거나 보강해서 지각하게 된다. 이처럼 인간의 정신 현상을 개개의 감각적 부분이나 요소의 집합이 아니라 하나의 그 자체로서 전체성으로 구성된 구조나 특질에 중점을 두며 이를 인간의 의식에 하나의 통합된 전체로서 전경으로 떠올려 인식한 것이 게슈탈트인 것이다.

게슈탈트 치료에서는 이러한 게슈탈트 개념을 심리치료의 영역에 확장하여 사용하고 있다. 여기에서의 게슈탈트는 개체에 의해 지각된 유기체 욕구나 감정이 아니라 개체가 자신의 욕구나 감정을 하나의 의미있는 전체로 지각하는 것을 말한다. 예를 들어, 우리가 갑자기 맛있는 것을 먹고 싶은 욕구나 친구들을 만나 수다를 떨고 싶은 것 등과 같은 행동들을 유발하는 동기로서 개체가 상황에서 실현 가능한 행동 동기로 지각된 것이 게슈탈트이다. 만약 이러한 게슈탈트가 형성되지 못하게 되면 심리적이거나 신체적인 어려움이 발생할 수 있다. 따라서 정신적으로나 신체적으로 건강하게 살기 위해서는 게슈탈트를 형성할 수 있는 능력이 뒷받침되어야 한다.

(2) 전경과 배경

전경이란 어느 한 순간에 관심의 초점이 되는 부분이고 관심 밖에 놓여있는 부분을 배경이라고 한다. 건강한 개인에게서 전경과 배경의 관계는 끊임없이 일어나고 사라지는 의미 있는 과정이다. 예를 들면, 아이가 학교에서 친구와 싸웠던 일을 엄마에게 이야기했을 때, 엄마가 잘 들어주고 공감해 준다면 아이의 속상했던 감정은 해결되어 배경으로 물러나고 아이는 운동을 하러 밖으로 나갈 것이다. 이는 개체가 자신의 중요한 욕구나 감정을 전경으로 떠올리는 것은 게슈탈트를 형성한다는 것이며 건강한 사람은 자신의 게슈탈트를 분명하고 강하게 형성할 수 있기 때문에 전경으로 떠올릴 수 있는 능력을 가지고 있는 것이다. 반면, 그렇게 하지 못하는 사람은 전경과 배경을 명확히 구분하기 어렵고 자신의 욕구를 정확히 알지 못해서 행동하고자 하는 목표 또한 불분명한 상태에 머무르게 된다. 예를 들어, 한 수험생이 아침에 엄마와 갈등이 있어서 말다툼을 하고 난 후 독서실에 와서 공부를 하는 데 집중을 하지 못하고 있을 때 불편한 마음을 풀고 싶은 욕구가 전경으로 떠올라 엄마한테 전화를 해서 잘못했다고 얘기한다. 그러면 그 불편한 감정이 없어지게 되어 배경으로 사라지게 되고 다시 공부를 전경으로 떠올려서 거기에 집중할 수 있게 된다.

(3) 알아차림 - 접촉 주기

이러한 전경과 배경의 교체에서 알아차림과 접촉은 매우 중요하다. 게슈탈트 심리치료에서 알아차림이란, 개체가 자신의 욕구나 감정을 지각한 다음 게슈탈트로 형성하여 전경으로 떠올리는 행위를 뜻하고, 전경으로 떠오른 게슈탈트를 해소하기 위해 환경과 상호작용하는 행위가 바로 접촉이다.

알아차림은 단순히 문제를 인식하는 것이 아니라, 미해결과제를 자각하여 전경으로 떠올리고, 계속해서 현재 경험의 변화를 따라가며 그것이 해결될 때까지 머무르는 과정을 포함한다. Pearls는 '알아차림(awareness) 그 자체가 바로 치료적일 수 있다'고 하였고 이러한 알아차림은 매우 중요한 치료 수단이 될 수 있다. 이는 개체가 개체-환경의 장에서 일어나는 중요한 내적, 외적 사건들을 지각하고 체험하는 것으로, 현재 순간에 중요한 자신의 욕구, 감각, 감정, 생각, 행동, 환경, 상황 등을 지각하는 것이다. 알아차림은 지금-여기에서 일어나는 사건으로, '기억하기'와 '기대하기'를 포함한다. 게슈탈트 치료에서는 지나간 과거나 아직 오지 않은 미래에 대한 것보다 지금-여기의 안팎에서 일어나는 현상들을 알아차리는 방법으로 문제를 다루어 나간다. 특히 개인의 억압된 욕구나 감정, 그리고 신체 현상들을 중심으로 알아차림이 일어난다면 습관적인 행동에서 벗어나 새로운 행동을 선택함으로써 우리의 삶에 대한 만족감이 높아질 수 있다.

접촉(contact)은 행동을 통해 게슈탈트를 해소하는 행위를 말하며, 형성한 게슈탈트를 해소할 수 있는 환경에서 적당한 목표물을 찾아내어 행동하는 것이다. 따라서 모든 심리장애는 이러한 접촉이 차단됨으로써 야기된 장애라 할 수 있다. 환경과 교류할 에너지가 충분히 공급되지 않음으로써 활력이 저하되어 무기력해지거나, 차단된 흥분에너지는 불안으로 변형되어 표출된다. 따라서 접촉은 알아차림만큼 중요한 치료적 요소라 볼 수 있다.

이처럼 게슈탈트가 형성되고 해소되는 순환과정을 '알아차림-접촉 주기'라고 말한다. 건강한 유기체는 환경과의 교류를 통해 알아차림-접촉 주기를 반복하면서 성장한다. 내담자가 과거나 미래에 빠져서 현재의 알아차림과 접촉하지 못할 때, 혹은 현재와의 접촉이 단절되어 시간의 흐름을 알아차리지 못할 때, 지금 현재의 기능에 대해 알아차리지 못할 때 심리적 기능장애가 일어나게 된다. 따라서 모든 심리적인 장애는 알아차림과 접촉이 결여된 상태이며, 치료는 알아차림과 접촉을 증진시키는 것이다.

(4) 접촉경계혼란

성장 과정에서 겪은 트라우마로 인해 우리의 중요한 욕구나 정서를 차단하는 방어기제가 생겨나는데, 이를 '접촉경계혼란'이라고 부른다. 접촉경계혼란으로 인해 개체는 자신에게 필요한 중요한 욕구나 정서를 알아차리지 못하고 혼란을 일으킨다. 게슈탈트 치료에서는 이러한 접촉경계혼란을 발견해내어 해결함으로써 현실에 보다 잘 적응하게 도와준다. 그런데 이러한 알아차림-접촉 주기가 '접촉경계혼란'으로 인해 단절되고, 그 결과 미해결과제가 쌓이면 심리적 장애를 경험하게 된다. 접촉경계혼란을 일으키는 심리적 현상에는 내사, 투사, 반전, 융합, 편향, 자의식 등이 있다. 이것은 개체가 환경에 적응하는 과정에서 자기를 보호하기 위해 개발한 일종의 방어기제이다.

- 내사: 외부로부터의 정보, 특히 권위자의 행동이나 사고방식을 무비판적으로 받아들임으로써 자신의 것과 타인의 것 사이의 경계가 분명하지 않은 경계 장애이다.
- 투사: 자신의 생각이나 욕구, 감정 등을 타인의 것으로 지각하는 현상으로, 자신의 욕구나 감정을 자신의 것으로 자각하고 접촉하는 것을 두려워하여 이를 타인에게 돌림으로써 나타나는 접촉경계혼란이다.
- 융합: 밀접한 관계에 있는 두 사람이 서로 차이가 없다고 지각함으로써 둘 간의 경계를 갖지 못해서 나타나는 접촉경계혼란이다.
- 반전: 타인이나 환경이 자신에게 해주기를 바라는 행동을 스스로에게 하는 것으로, 환경과 접촉하지 않는 경계 장애이다.
- 자의식: 자신에 대해 지나치게 의식하고 관찰하는 현상으로, 환경과의 교류와 접촉을 방해하고 자신에게 갇히는 접촉경계혼란이다.
- 편향: 환경과의 접촉이 감당하기 힘든 심리적인 결과를 초래할 것이라 예상될 때, 환경과의 접촉을 피하거나 자신의 감각을 둔화시키는 것이다.

이러한 방어기제들이 과도하지 않을 경우에는 적응적일 수 있으나, 경직된 구조가 될 경우에는 환경에 대한 개체의 유기적인 적응을 방해함으로써 병리적인 결과를 야기할 수 있다.

(5) 미해결과제

우리는 살면서 해결되지 않은 수많은 정서적 상처들을 안고 사는데, 이를 미해결과제라고 부른다. 이처럼 전경과 배경이 어떠한 이유로 인해 게슈탈트를 형성하지 못하거나 게슈탈트의 해소를 방해받으면 알아차림이 인위적으로 차단되고 적절한 게슈탈트를 완결 짓지 못하게 된다. 이렇게 완결되지 못한, 혹은 해소되지 않은 게슈탈트를 '미해결 과제'라고 하는데, 이것은 우리가 삶의 새로운 과제에 집중하는 것을 막음으로써 현실접촉을 방해하게 한다. 내담자가 이러한 미해결 과제로 남아있는 자신의 욕구를 잘 알아차리고 자신 및 환경과의 접촉을 이루는 것이 바로 게슈탈트 심리치료의 목표이다. 이처럼 게슈탈트 치료에서는 미해결과제를 찾아 다루어줌으로써 새롭게 펼쳐지는 삶의 과정들에 대해 창조적으로 대응하게 해준다.

(4) 치료목표 및 기법

사람들은 이유도 모른 채 막연히 위협적인 느낌들을 경험하며, 때때로 의도치 않은 감정에 압도되기도 하고 이해할 수 없는 행동을 하고서는 종종 후회하기도 한다. 이렇듯 미해결과제는 계속해서 자신의 생각과 행동에 은밀하게 영향을 미친다. 게슈탈트 치료는 내담자로 하여금 이러한 갈등이나 욕구를 자각하여 해소할 수 있도록 돕는 것이다. 즉, 미해결과제를 완결시키는 것이 치료 목표가 된다.

따라서 심리적인 문제를 치료한다는 것은 개인으로 하여금 자신과 환경을 좀 더 선명하게 알아차림으로써 이러한 유기적인 관계를 이해하고 점차 자신의 시야를 확장함으로써 새롭고 창의적인 삶을 살도록 돕는 것이다(김정규, 2015).

게슈탈트 치료의 목표는 치료사와 내담자가 상호 교류를 하며 대화적이고 실존적인 관계를 갖는 것이다. 이는 곧 치료사와 내담자 사이에 형성되는 새로운 관계이다. 이때, 치료사는 치료 장면에 특정 기법을 사용하기보다는 자신을 내담자와의 관계 상황 속으로 들어가게 함으로써 내담자와의 새로운 관계체험을 만들어 낸다. 치료사와 내담자가 동등한 입장에서 자신의 감정을 알아차리고 표현하고 드러내며 지금-여기에서의 상호관계에 초점을 맞춘다. 이로써, 내담자는 왜곡된 지각을 치료사와의 새로운 관계를 체험하며 현재의 새로운 경험으로 통합할 수 있게 되고 치료사 또한 이를 통해 변화하고 성장할 기회를 갖게 된다. 치료사는 내담자에게 과거 그들이 경험한 바와 다른 방식으로 대함으로써 내담자가 새로운 대인관계 경험을 할 수 있도록 하며 그 바탕 위에 새로운 행동방식을 실험하고 체득할 수 있도록 도와주어야 한다.

따라서 게슈탈트 심리치료의 목표는 내담자로 하여금 알아차림과 접촉을 증진시킴으로써 미해결과제를 완결시키도록 돕는 것이다. 자신의 사고와 감정, 욕구, 신체감각 및 환경에 대한 자각을 넓히고 환경과의 접촉을 활발하게 함으로써 자신의 체험을 확장시키고 성장하도록 한다. 또한 접촉경계 장애로 인해서 분할되고 소외되었던 인격의 부분을 다시 접촉하고 체험함으로써 전체인격에 통합하도록 안내한다. 내담자 자신의 내적인 자원들을 알아차리고, 이를 사용하여 스스로 자신을 보살필 수 있도록 한다. 환경과의 관계 속에서 능동적이고 자율적으로 선택하고 그에 따른 결과를 자신의 것으로 받아들일 수 있도록 이끈다.

치료사는 내담자가 알아차림과 접촉을 증진시키기 위해 내담자에게 관심을 기울이고 공감적인 태도를 지녀야 한다. 또한 어떠한 선입견이나 미리 정해진 틀을 갖지 말고 내담자의 존재를 있는 그대로 받아들이고 스스로 자신이 가고 싶어 하는 길을 가도록 안내해야 한다. 치료사는 인내심을 갖고 내담자에게서 나타나는 현상들을 탐색하면서 내담자의 내적 구조를 찾아내야 하며, 실험을 통해 내담자 스스로 분명하게 자각할 수 있는 기회를 주어야 한다. 그리고 내담자를 이해하는 데 있어서 개념적이고 이론적으로 접근하는 것이 아니라, 지금 여기에서의 경험에 대한 직접적인 알아차림을 사용해야 한다. 또한 객관적인 사실보다는 내담자의 의도에 따라 지각되는 현상적인 장에 주의를 기울여야 한다. 내담자가 주관적으로 경험하는 세계를 이해하고, 그 바탕 위에서 치료적 작업이 진행되어야 한다.

게슈탈트 치료에서는 다양한 치료기법을 사용하고 있는데, 이러한 것들은 모두 알아차림과 접촉을 촉진시켜주는 방법들이다. 이러한 기법들을 사용할 때는 그 기법들을 사용하는 의도를 잘 이해하고 내담자에게 적절한지 반드시 확인할 필요가 있다. 또한 치료사가 자신이 사용하는 기법들에 대해 잘 숙달되어 있어야 내담자의 상담목표를 이루는 데 도움이 될 수 있다. 다음은 이와 관련된 기법들을 몇 가지 소개하고자 한다.

(1) 지금-여기 체험에 초점 맞추기

욕구와 감정, 신체감각, 언어와 행위, 환경을 자각하도록 다양한 질문과 격려를 하는 것이다. 게슈탈트 치료에서 가장 중요한 것 중에 하나는 지금 여기에서 일어나는 욕구와 감정을 자각하는 것이다. 예를 들면, 욕구나 감정을 자각하게 하기 위해 '지금 어떤 느낌이 드나요?', '지금 무엇이 떠오르나요?', '방금 그 말씀을 왜 하시는 걸까요?', '당신이 원하시는 것은 무엇인가요?' 등의 질문을 할 수 있다. 또한 신체감각을 자각하도록 하기 위해 '당신의 호흡을 자각해보세요.', '당신의 신체감각을 한번 느껴보세요.', '당신의 신체가 무엇을 표현하려고 하는지 알아차려 보세요.' 등의 질문을 할 수 있다. 자신의 언어습관에 대한 자각을 위해서는 '나는 ○○이 하고 싶다.', '나는 ○○이 하기 싫다.'의 형태로 바꾸어 말하도록 격려하거나 주위 환경에 대한 자각을 위해 '방 안에 무엇이 보이나요? 전에 없던 새로운 것이 보이나요?', '주변 사물들을 한번 둘러보세요.' 등의 질문을 할 수 있다.

(2) 실험하기

이것은 내담자의 문제를 밝히고 이해하며 해결하는 데 있어 치료사와 내담자가 함께 상황을 연출함으로써 문제해결을 돕는 기법이다. 실험은 기본적으로 내담자와 치료사 사이에 충분한 신뢰가 쌓여있고 내담자가 적절히 실험을 수행할 수 있다고 판단될 때 시도되어야 한다. 이것은 게슈탈트 치료에서 사용하는 모든 기법이며 창의적인 노력을 말한다. 이때 치료사는 실험을 통해 내담자의 문제를 명료화해주고 새로운 행동을 경험할 수 있도록 해주며 내담자가 구체적인 행동을 상황과 맥락 속에서 이해할 수 있도록 도와주는 것이다. 이것은 내담자로 하여금 자신의 생각, 감정, 행동 등에 대한 알아차림을 증가시키고, 미해결과제들을 완결시켜 주는 기법이다. 또한 과거의 행동방식을 청산하고 새로운 행동방식을 실험해봄으로써 새로운 행동방식을 습득할 수 있게 하는 기법이기도 하다.

(3) 빈의자 기법

빈의자 기법은 내담자에게 영향을 미쳤던 중요한 타인이 빈의자에 앉아있다고 가정하며 그 사람에게 직접 대화를 하는 것처럼 말과 행동을 해보게 하는 방법이다. 게슈탈트 심리치료에서 가장 많이 사용되는 기법 중 하나인데, 현재에 중요한 타인과 직접 대화에 참여하도록 하는 것이다. 치료사는 내담자의 행동을 직접 관찰할 수 있기 때문에 치료사가 내담자의 행동과 감정을 이해하거나 공감할 수 있는 기회가 되기도 한다. 또한 내담자 자신의 행동이 상대방에게 어떤 영향을 미칠 수 있는지를 인식할 수 있는 기회이기도 하다. 예를 들어, 한 대학생이 고등학교 때 친한 친구로부터 '이기적이다'라는 얘기를 들었을 때 그 상황에서 오해로 인해 들었던 그 말에 대해 아무 말도 하지 못했던 것이 미해결과제로 남아 있었다면, 이 때 빈의자에 그 친구가 앉아 있다고 생각하고 얘기를 해보게 하거나, 반대로 친구의 입장에서 그 의자에 앉아 역할을 연기해봄으로써 그 친구의 심정을 느껴보게 한다.

두 의자 기법은 자신 안에 양극단적이거나 모순되고 충돌하는 자기 부분들을 두 의자에 각각 놓고 내담자로 하여금 두 가지 측면 모두 번갈아 되어보도록 하는 것이다. 자기 안에서의 대화와 싸움을 통해서 차츰 자기 부분들 간의 입장을 이해할 수 있으며 마침내 화해를 하거나 양보와 타협에 이를 수 있게 된다. 두 의자 기법은 내담자로 하여금 자신의 양극성이나 갈등하는 자기 부분들과 접촉하도록 함으로써 내적인 갈등을 해소하고 하나로 통합하도록 돕는 중요한 기법이라 할 수 있다.

(4) 직면하기

이것은 미해결 감정들을 회피하지 않고 직면하여 견디어냄으로써, 이를 해소하도록 돕는 기법이다. 예를 들어, 남편의 외도에 대해 얘기를 하면서 아무렇지도 않은 척 무덤덤하게 얘기하는 내담자에게, '지금 고통스러운 얘기를 하는데 무덤덤하게 얘기하시는군요.' 또는 '다른 사람들 같으면 엄청 화가 날 텐데요'라고 얘기함으로써 내담자가 자각하지 못하거나 회피하려는 행동을 직면시킬 수 있다.

2 게슈탈트 미술치료

1) 개관

게슈탈트 미술치료(Gestalt art therapy)는 게슈탈트 심리학(Gestalt psychology)과 게슈탈트 치료(Gestalt therapy)를 기반으로 한 이론과 실제가 연계되면서 발달하게 되었다. 게슈탈트 미술치료는 의사소통으로서의 미술을 지지하고 게슈탈트 심리학을 모형으로 둔다. 치료의 목적을 작품분석에 두기보다는 내적 에너지의 통합에 두고 있다. 게슈탈트 미술치료는 그림을 통해서 내담자의 심리상태를 진단하며 표현된 의미를 깨닫고 미술작업을 통해 지금-여기에서 내부의 부정적인 에너지를 발산하고 갈등을 해소하여 내담자의 내면에 간직된 감정을 자연스럽게 표현하도록 돕는다. 또한 언어로 표현하기 어려울 때 자신의 갈등 감정을 완화시킬 수 있으며, 감정적 정화 효과를 가져올 수 있기 때문에 개인의 주관적 체험이 가능해지며 치료사와 내담자간의 상호교류를 통해 자기통찰을 도울 수 있다. 나아가 이미지를 시각화함으로써 치료사는 내담자의 정신세계를 좀 더 정확하게 파악할 수 있게 된다. 치료사는 내담자로 하여 자신이 만든 시각 메시지의 형태와 패턴에 관심을 갖도록 하고 자신이 만든 형태를 경험하길 원하며, 그 경험을 유기체 깨달음의 일부로 만들기를 원한다. 즉, 내담자가 자발적으로 표현한 이미지를 여러 가지로 실험하고 탐색하도록 격려하여 내담자가 전경과 배경을 자연스럽게 변화시킬 수 있도록 한다. 또한 내담자 스스로 만든 형상이나 그림을 통하여 문제를 명료하게 자각할 수 있도록 돕는다(주리애, 2004). 즉, 치료사는 자발적으로 나타난 시각 이미지를 사용하여 그것에 표현된 의미를 내담자가 각성하도록 돕는다. 따라서 게슈탈트 미술치료가 직접적 접촉과 감정표현을 이끌어내고, 단기간에 강렬한 감정 자각에 이르게 하여 자신의 의미를 발견하며 해석에 이르게 하기 때문에 학교생활 적응 문제를 가지고 있는 아동이나 청소년에게 유용한 치료방법이다.

②) 기법

게슈탈트 미술치료에서는 '현실과의 접촉 및 감각단계-알아차림단계-에너지동원 및 행동단계-접촉단계-물러남 및 마무리단계'에서 사용할 수 있는 여러 기법들이 있다. 이 중에서도 꿈작업은 다른 치료이론에서도 자주 사용되는 기법인데, 게슈탈트 미술치료에서 사용하는 꿈작업은 자신의 꿈을 자발적으로 시각적 심상으로 표현하게 하고 그 의미에 대해 지금 일어나고 있는 것처럼 재생시키듯 내담자의 의식을 불러일으키게 한다. 게슈탈트 미술치료에서는 미술매체를 활용하여 게슈탈트 치료에서의 연극적인 요소를 함께 사용하는 다양한 기법이 적용된다.

(1) 감정목록 만들기

① 목표
게슈탈트 미술치료에서 현실과의 접촉으로 인한 알아차림 단계인 초기에 할 수 있는 기법으로, 자신의 감정에 대해 생각해보고 이를 알아차릴 수 있는 기회를 제공한다.

② 준비물
크레파스, 유성매직, 색연필, 파스텔, 8절지 또는 4절지, 가위 등

③ 방법
① 의자에 앉아서 편안한 상태로 자세를 취한 후 눈을 감는다.
② 지난 한 주 동안 나한테 일어났던 감정들을 떠올려 본다.
③ 8절지를 8칸으로 접어서 떠오른 감정들을 형용사로 표현하여 제일 먼저 떠오른 감정을 왼쪽 칸부터 적어 8가지 감정을 적는다.
④ 각 감정에서 떠오르는 이미지를 각 칸에 그린다. 그 감정과 관련된 색깔과 매체를 선택하여 그림으로 표현한다.
⑤ 다 그린 후 어떤 때 그런 감정이 들었고 그 감정이 현재 어떤 영향을 미치고 있는지 이야기를 나눠본다.
⑥ 다 그린 그림을 멀리서 함께 보면서 현재 자신의 감정을 다시 한번 집중해보고 그 감정이 현재의 미해결과제로 남아 있는지 점검해본다.

④ 임상적용 시 주의사항
대부분의 내담자들은 자신의 감정을 알아차리는 것이 쉽지 않다는 얘기를 한다. 잘 모르겠다고 하거나 기억이 잘 나지 않는다는 얘기를 하는 경우가 종종 있다. 이런 경우, 감정카드를 활용하여 자신의 감정을 알아차릴 수 있도록 하는 것이 필요하다. 8가지 감정을 떠올리기 어려워하는 내담자의 경우, 내담자에게 부담을 주지 않고 내담자 자신이 떠올린 감정의 수만큼만 칸으로 접어서 제시해도 괜찮다고 얘기해 주는 것이 좋다. 감정카드 목록을 감정북 형태로 만들어서 제시할 수도 있으므로 내담자의 욕구를 반영하여 적용해 보는 것이 좋다.

그림 2.14 감정목록 만들기

A씨는 초등학교 2학년 아들을 키우고 있는 30대 여성이다. 남편과의 사별 후 혼자 자녀를 잘 키워야겠다는 생각으로 자녀에게 공부에 대한 스트레스나 행동 통제를 하고 있는 자신의 감정이 매우 두렵다고 하였다. 함께 살고 계시는 친정부모님께 감사하는 마음, 사별한 남편에 대한 보고싶은 마음 등을 표현하였다 이 중 남편과의 사별에 대한 감정을 한 번도 다뤄본 적이 없어서 그것이 미해결 과제로 남아 있었음을 깨닫고 그 감정을 좀 더 상담 장면에서 감정목록을 만들면서 표현하였다. "이제는 떠나 보낼 수 있을 것 같아요."라는 말을 남기며 상담을 마무리하였다.

(2) 환상여행

① 목표

게슈탈트 미술치료에서 현실과의 접촉으로 인한 알아차림 단계인 초기 또는 에너지를 동원하는 단계인 중기에 할 수 있는 기법으로, 자신의 내적 욕구나 충동 또는 갈등을 투사하여 내면을 들여다볼 수 있는 기회를 제공한다.

② 준비물

크레파스, 유성매직, 파스텔, 색연필, 8절지 등

③ 방법

① 의자에 앉아서 편안한 상태로 자세를 취한 후 눈을 감는다.
② 치료사는 내담자에게 지시문을 읽어주고 그것에 따라 자신의 마음 속에 떠오르는 상상을 관찰한다.

③ 잠시 후 눈을 뜬 후 자신이 상상한 것을 그린다. 상상한 장면을 그려도 되고 상상한 장면과 관련된 느낌을 그려도 된다.

④ 다 그리고 난 후 상상 장면 속의 인물은 누구라고 생각되는지, 그 사람은 어떤 말을 했는지, 그 때 느낌이 어땠는지 이야기해 본다.

⑤ 자신의 미해결과제와 환상여행이 어떻게 연결되는지 이야기해 본다.

④ 임상적용 시 주의사항

때로는 환상여행이 어떤 내담자에게는 부정적인 사건이 연상됨으로써 심리적인 불편함이 올라오는 수가 있다. 사전에 내담자에게 그런 불편한 마음이 올라올 수 있는데 괜찮은지, 그리고 언제든지 지속하기 어려우면 그 환상여행 작업을 멈출 수 있음을 얘기해 주는 것이 필요하다.

B씨는 대학교에 다니고 있는 20대 여성이다. 자신이 이 작업을 할 때 거기에 있는 사람이 나한테 "왜 내 집에 쳐들어온 거야! 당장 나가지 못해!"라고 얘기를 한 것 같다고 하였다. 사람이 없는 집에 들어가는 상황을 상상해보았을 때, 제일 먼저 공포영화가 떠올랐고 바깥 풍경으로는, 아직 낮인데도 불구하고 음산하고 스산한 분위기를 내뿜는 울창한 나무들을 그렸다. 따뜻하고 포근한 분위기의 그림을 그린 다른 집단구성원들과 달리, 자신의 그림에 대해 동일한 지시문을 듣고 아예 정반대되는 그림을 표현할 수 있다는 걸 보며 '같은 상황에 처하게 되더라도 느끼는 감정은 저마다 다를 수 있겠구나.' 하는 생각도 들었다고 하였다.

그림 2.15 20대 대학생의 환상여행 이미지화

(3) 솔루션 세우기 작업

① 목표
게슈탈트 미술치료에서 현실과의 접촉 후 미해결과제를 해결하기 위한 방법을 찾는 기법으로, 미해결과제를 해결할 수 있도록 자신감을 가질 수 있는 기회를 제공한다.

② 준비물
이미지들, 크레파스, 유성매직, 파스텔, 색연필, 8절지, 클레이 등

③ 방법
① 눈을 감고 자신이 현재 미해결과제가 무엇인지 생각해 보는 시간을 갖는다. 잘 떠오르지 않을 때에는 여러 이미지들 중에서 자신에게 긍정적 느낌을 주는 이미지와 부정적 느낌을 주는 이미지를 찾아보도록 한다.

② 미해결과제에 대해 알아차리고 난 후 그것이 해결되었을 때 어떤 장면이 떠 오르는지 생각해 본다.

③ 떠오른 장면이나 해결이 되었을 때 감정을 8절지에 표현해 보거나 클레이를 활용해 표현해 본다.

④ 작업을 마친 후에 그 그림이나 입체 작품을 멀리서 바라본다.

⑤ 거기에 대한 느낌을 이야기해 본다.

④ **임상적용 시 주의사항**

미술치료 기법 외에 빈의자 기법을 활용하여 미해결과제로 남은 대상이 있다 면 미술작업과 더불어 대상에게 하고 싶은 말이나 자신에게 하고 싶은 말을 해볼 수 있다. 또한 내담자의 미해결과제를 자각할 수 있는 다양한 이미지들을 사전에 준비해 두는 것이 필요하다.

그림 2.16 **30대 여성의 솔루션 작업**

C씨는 30대 여성으로서 코로나로 인해 경제적인 위기가 느껴지고 있 는 시점에서 자신에게 영향을 준 긍 정적인 이미지와 부정적인 이미지 를 한 개씩 골랐고 이것을 어떻게 통 합할지 고민을 한 후 이 그림을 완성 하였다. 그녀는 엄청나게 크게 느껴 지던 파도는 여전히 크게 일렁이지 만 작은 파도일 뿐 지나고 나면 별일 아닌 게 되어버리는 그림을 보고, 나 의 마음속에 있던 폭풍우가 작아지 고 잔잔해지는 듯한 느낌을 받았다 고 하였다. 또한 자신이 지금 노력한 다고 해서 바꿀 수 없는 상황에 대해 너무 많은 시간과 에너지를 쏟았다는 것을 알게 되었 고 바뀔 수 있다는 희망적인 생각으로 마음이 한결 가벼워졌다고 하였다.

요약

　게슈탈트 치료는 Fritz Perls에 의해 창안된 심리치료이며, '게슈탈트' 용어는 여러 부분들이 하나의 전체로 지각된 형태나 구조를 말한다. 주요 개념은 게슈탈트를 포함하여 전경과 배경, 알아차림과 주기, 접촉경계혼란, 미해결과제 등이 있으며 이 이론에서 바라보는 인간관은 모든 인간이 자신의 문제가 무엇인지 알고 그것을 해결하고자 모든 힘을 발휘할 수 있는 능력을 가지고 있다는 것이다. 게슈탈트 미술치료는 그림을 통해서 내담자의 심리상태를 진단하며 표현된 의미를 깨닫고 미술작업을 통해 지금-여기에서 내부의 부정적인 에너지를 발산하고 갈등을 해소하여 내담자의 내면에 간직된 감정을 자연스럽게 표현하도록 돕는다. 또한 언어로 표현하기 어려울 때 자신의 갈등 감정을 완화시킬 수 있으며 감정적 정화 효과를 가져올 수 있기 때문에 개인의 주관적 체험이 가능해지며 치료사와 내담자 간의 상호교류를 통해 자기통찰을 도울 수 있다. 나아가 이미지를 시각화함으로써 치료사는 내담자의 정신세계를 좀 더 정확하게 파악할 수 있게 된다.

권석만 (2012). 현대 심리치료와 상담이론. 학지사.

김민주, 원희랑 (2012). 기혼 여성의 우울 및 가족관계 개선을 위한 게슈탈트 미술치료 사례 연구. 미술치료연구, 19(3), 677-701.

김정규 (2015). 게스탈트심리치료. 학지사.

성숙향 (2011). 게슈탈트 집단미술치료가 성인우울감소에 미치는 효과, 대구대학교 석사학위논문.

영남대학교 미술치료연구회 (2011). 미술치료학개론. 학지사.

조현숙 (2006). 게슈탈트 미술치료에서 만다라를 통한 방법 연구. 서울교육대학교 교육대학원 석사논문.

천성문, 이영순, 박명숙, 이동훈, 함경애 (2018). 상담심리학의 이론과 실제(3판). 학지사.

Clarkson, P. (2010). (김정규, 강차연, 김한규 역). 게슈탈트 상담의 이론과 실제. 학지사. (원서출판 1989).

Corey, G. (1991). *Theory and practice of counseling and psychotherapy*, 4th, Brooks/Cole Publishing Co

Corey, G. (2017). (천성문, 권선중, 김인규, 김장회 외 4명 역). 심리상담과 치료의 이론과 실제(10판). 학지사. (원서출판 2017).

Pearls,

Rubin, J. (2012). (주리애 역). 이구동성 미술치료. 학지사. (원서출판 1987).

Susan Hogan. (2017). (장광조, 이근매, 원상화, 최애나 역). 심리상담 이론과 미술치료. 전나무숲.

Yontef. G. (2008). (김정규, 김영주, 심정아 역). 알아차림, 대화, 그리고 과정. 학지사. (원서출판 1993).

7장

현실치료기반 미술치료

1 현실치료

1) 개관

현실치료는 1950년말부터 미국 정신과 의사이자 심리학자였던 William Glasser (1925~2013)가 그의 지도교수 Harrington과 함께 캘리포니아에 있는 정신병원에 입원하고 있었던 정신질환자들을 새로운 방법으로 치료한 시도에서 비롯되었다. 그는 1958년 전통적인 정신분석 치료에 대한 회의를 느끼게 되면서 선택이론을 기반으로 현실치료 이론을 창시하였는데, 이는 실존적 접근이나 합리적 정서행동치료의 기본 철학과 매우 유사하다. 이러한 치료적 접근은 우리 스스로 자신의 행동을 선택하며, 이러한 선택을 통해 우리의 사고나 감정에 대해서 우리 자신에게 책임이 있다는 것을 기본 전제로 한다. 현실치료는 내담자의 현재 행동에 초점을 두고 그 행동이 내담자가 원하는 것을 얻을 수 있는지를 살피는 방법이기 때문에 행동에 있어서 특히 활동과 사고가 효과적이든 효과적이지 않든, 선택하는 책임이 우리에게 있다는 것을 강조한다. 따라서 과거를 중시하는 전통적인 상담적 접근과 다르게 지금-여기와 더불어 인간의 행동과 책임을 강조하며 자신의 삶을 효과적으로 통제할 수 있도록 도와주는 데 목적이 있다(Wubbolding, 2013). 이러한 목적 하에 현실치료는 내담자가 다른 사람의 욕구를 방해하지 않으면서도 자신의 사랑과 가치의 욕구를 완전히 충족시킬 수 있는 책임 있는 행동을 하도록 한다.

이러한 선택이론을 통해서 사람들은 실제로 어떻게 상호작용하고 있는가를 배울 수 있으며(Glasser, 1998/2004), 그는 이것이 모든 인간관계를 개선하고, 되고 싶은 자기 자신을 위한 삶을 창출하고자 하는 사람들에게 필요한 도구를 제공한다고 하였다. 이러한 이론적 상담 접근 초기에는 정체감과 책임에 초점이 주어졌으나, Glasser가 1965년 『현실요법』이라는 책을 발간한 이후 1980년대에는 통제이론을 중심으로 이 이론의 인간관을 포함한 이론적 기초가 이루어졌다. 현실치료는 지금까지 교육, 상담치료, 기업관리 영역으로부터 지지는 물론 그 이론의 적용범위도 점점 확산되고 있다.

2) 인간관

Glasser가 바라보는 인간관은 매우 긍정적이며, 인간을 자신의 행동과 정서에 대해 책임을 지는 반결정론적인 존재로 본다. 인간은 자신의 결정에 의존함으로써 책임을 다 할 수 있고 만족스러운 삶을 영위할 수 있다. 우리 모두는 성공적인 정체감을 요구하는 심리적 욕구를 가지고 있고 누구나 이 세상 어딘가에는 자기를 사랑하는 한 사람이 존재하며, 자신도 역시 사랑할 사람이 있다고 믿는다. 자신이 가치있는 사람이라는 것을 알고 주변 사람들 또한 자신을 가치 있는 사람으로 여기면서 정체감을 발달시킨다. 만약 이러한 정체감이 발달하지 못하면 패배적인 정체감이 발달하게 되는데, 인간은 누구나 자신의 좋은 세계(Quality World)를 추구하기 위해 최선을 다하고 있기 때문에 진정한 의미에서의 패배적 정체감이나 실패라는 개념이 존재하지 않는다.

3) 주요 개념

현실치료의 이론적 근거는 선택이론이라고 볼 수 있는데, 이것은 모든 생물들이 왜 그리고 어떻게 행동하는가를 설명하는 이론이다. 이 이론은 모든 행동이 외부작용이 아닌 내부작용에 의해서 행해진다는 기본가정하에 있다. 즉, 우리의 모든 행동은 우리 내면에 있는 강한 다섯 가지 욕구인 생존, 사랑, 권력, 자유 그리고 즐거움이라는 욕구를 충족시키기 위한 선택이며 이러한 욕구를 충족시키기 위해 이루어진다. Glasser는 이러한 욕구 충족을 위해 적절한 선택을 하게 되고 자기통제의 방법을 배우게 되면 문제를 비난하는 대신 문제를 해결하는데 긍정적인 쪽으로 에너지를 사용하게 된다고 하였다. 이는 다른 사람들의 욕구충족을 해하지 않으면서 자신의 욕구를 충족시키는 행동과 생각을 한다면 대체로 행복하고 건강한 생활을 할 수 있게 되고 자신의 삶 또한 효율적으로 통제가 가능하다는 것이다. 여기서 통제는 한 인간이 하나의 통제체계(control system)로서 어떻게 뇌의 작용에 의해 자신의 행동과 환경을 통제할 수 있는가를 설명하는 것이며 이것은 누구나 이런 자신의 삶을 통제하고 자기 환경을 통제할 수 있는 삶을 영위할 수 있다는 것을 의미한다. 다음은 선택이론에서 말하는 인간의 기본 욕구, 지각된 세계와 질적인 세계, 전행동에 대해 살펴보고자 한다.

(1) 인간의 기본 욕구

Glasser는 인간이 어떤 행동을 하는 이유가 인간이 지니고 있는 기본적 욕구에서 출발한다고 보았다. 여기에는 생존, 사랑(소속), 권력, 자유, 즐거움에 대한 욕구가 있다. 인간은 이 다섯 가지 욕구를 모두 지니나, 그 강도는 다르다. 매 순간의 행동은 이러한 욕구들을 충족시키기 위한 선택의 결과이다.

먼저, 생존의 욕구는 의식주를 포함하여 인간의 생존과 안전을 위한 신체적 욕구를 의미하며 자신을 돌보는 것과 관련된 욕구이다. 둘째, 사랑과 소속의 욕구는 사랑하고 사랑받고 싶은 욕구, 소속되고 싶은 욕구, 원하는 사람들에게 받아들여지고 싶은 욕구이며 사랑하고 사랑받으며 나누고 협력하고자 하는 인간의 속성을 말한다. 우리는 사랑 자체를 추구하는 것이 아니라 우리가 사랑하고 사랑받을 수 있는 특정한 한 사람을 찾는 것이다. 이러한 욕구가 충족이 되면 좋은 세계와 연결된다. 셋째, 권력에 대한 욕구는 성취나 영향력 행사 등의 욕구를 말하는데, 경쟁하고 성취하고 중요한 존재이고 싶어하는 인간의 속성을 말한다. 이 욕구는 우리가 자신과 남에게 가치가 있고 소용이 있는 사람이라고 느끼고 싶은 욕구이며 사회적 지위나 부의 축적, 승진과 같은 것을 통해 힘에 대한 욕구를 충족하고자 하는 것이다. 넷째, 자유에 대한 욕구는 자기 스스로 모든 삶의 영역에서 어떤 삶을 영위해 나갈지를 선택하고 자신의 의사를 마음대로 표현하고 싶은 욕구이며 이동하고 선택하는 것을 마음대로 하고 싶어하는 인간의 속성을 말한다. 원하는 곳에서의 삶이나 대인관계, 종교활동, 의사표현에서의 자유에 대한 욕구를 충족하고자 하는 것이다. 마지막으로 즐거움에 대한 욕구는 새로운 것을 배우고 놀이를 통해 즐기고자 하는 인간의 속성을 말한다. 인간은 다른 동물들과는 다르게 즐거움에 대한 욕구가 충족이 되면 웃게 되는데, Glasser는 인간이 웃는 이유가 이러한 즐거움의 욕구가 충족되는 것을 경험하기 때문이라고 했다.

현실치료에서는 인간의 모든 행동이 이러한 기본적인 욕구를 충족시키는 것이다. 모든 행동은 욕구충족의 결과라고 볼 수 있으며 이러한 욕구는 인간이 지각한 세계를 통해 충족될 수 있다.

(2) 지각된 세계와 질적인 세계

인간은 누구나 자신의 세계 속에 살고 있다. 이 현실 세계는 현실에 대한 지각이며, 모든 사람이 현실 세계를 동일하게 지각하지 않는다. Glasser(1981)는 현실 그 자체보다는 현실 세계에 대한 인식이 인간의 행동을 결정하는 데 더 중요하다고 보았다.

각 개인이 자신의 내면 욕구를 만족시킬 수 있는 긍정적인 경험을 한 사람들의 경우 현실 세계에 긍정적인 심상과 기억을 가지고 있다. 이런 기억과 이미지들은 Glasser가 언급한 질적 세계인 '좋은 세계'라는 내면세계에 보관된다. 좋은 세계는 기본욕구를 반영하여 구성되는데, 이것은 지각된 현실 세계와 비교되어 어떻게 행동할 것인지를 선택할 수 있는 참조 요소가 될 수 있다. Glasser는 이런 면에서 좋은 세계를 비교장소(comparing place)라고 부르기도 하였다. 만약 기본욕구가 잘 충족되지 않는 심상과 욕구를 선택하면 좌절과 실망을 겪게 된다. 그렇기 때문에 이러한 질적 세계 안에 있는 기억과 이미지들이 지각된 세계와 일치하느냐의 여부에 따라 개인의 만족도가 결정될 수 있다. 좋은 세계에 존재하는 심상과 욕구를 잘 인식할수록 더 지혜롭고 현명한 선택을 할 수 있으며 자신의 삶에 대한 통제력을 가질 수 있게 된다. 질적 세계에는 우리가 함께 하고 싶은 사람들과 갖고 싶은 것, 경험하고 싶은 것, 우리의 신념 등이 들어가 있을 수 있다. 그렇다고 질적 세계에 들어가 있는 것이 윤리적으로 모두 옳은 것이 아니지만 스스로 질적 세계에 더 중요하다고 생각하는 심상들을 새롭게 넣는다면 각 개인의 인생 방향도 스스로 잘 결정할 수 있을 것이다.

(3) 전행동

Glasser(1998/2004)는 인간의 행동은 생각하고 느끼고 활동하고 생리적으로 반응하는 통합적 행동체계라고 했으며, 이를 '전행동(total behavior)'이라고 하였다. 모든 행동에는 목적이 존재하는데, 이는 전행동의 네 가지 구성요소인 행동하기, 생각하기, 느끼기, 생리적 반응이 통합적으로 기능할 때 이루어진다. 행동을 통제하는 행동체계가 두 가지 하위체계로 이루어져 있는데, 하나는 만족스러운 결과를 유발하는 익숙한 행동을 반복하는 것을 담당하며, 다른 하나는 새로운 행동을 창조적으로 구성하는 역할을 담당한다. 이를 통해 인간은 끊임없이 현실세계를 좋은 세계와 비교하면서 자신의 행동을 선택하게 되는 것이다. 인간은 자신이 원하는 것을 얻고 싶어할 때 전행동을 통해 자신이 원하는 것을 얻으려고 노력하게 된다.

현실치료에서는 거의 완전한 통제가 가능하기 때문에 행동하기를 매우 중시한다. '행동하기'는 걷기, 말하기, 움직이기 등 모든 활동적인 행동을 말하며, 자발적일 수도 있고 비자발적일 수도 있다. '생각하기'는 의식적인 사고와 더불어 공상이나 꿈과 같은 모든 인지적 활동을 말하는데 비교적 통제가 가능하다. 반면, '느끼기'는 인간의 행복이나 만족감, 즐거움, 좌절, 슬픔과 같은 유쾌하거나 불쾌한 모든 감정을 말하는데 이는 통제가 어렵다. 또한 신체생리 기능에 따라 나타나는 모든 신체의 '생리적 반응'은 더욱 통제하기가 어렵다. Glasser는 이를 자동차에 비유하여 설명하였는데(〈그림 2.17〉), 앞바퀴에 해당하는 행동하기와 생각하기를 변화시키면 느

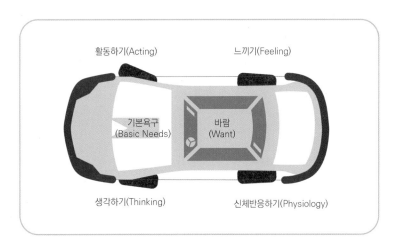

그림 2.17　자동차에 비유된 전행동

끼기와 생리적 반응은 자동적으로 따라오게 되어 어느 정도 행동의 변화가 용이해질 수 있다고 하였다. 앞서 설명한 다섯 가지 기본 욕구인 생존, 사랑, 권력, 자유, 즐거움의 욕구가 자동차 엔진에 해당되며, 개인의 욕구를 충족하기 위한 선택은 자동차 핸들에 해당된다. '행동하기'와 '생각하기'는 자동차의 앞바퀴에 해당되며 느끼기와 생리적 반응은 자동차의 뒷바퀴에 해당된다. 자동차와 마찬가지로 앞바퀴에 해당되는 행동하기와 생각하기가 선택을 통해 통제가 가능해지며 뒷바퀴인 느끼기와 생리적 반응은 간접적으로 통제가 가능해진다. 따라서 현실치료에서는 '행동하기'를 통해 인간의 행동과 환경의 변화를 일으키는데 중요한 역할을 한다. 예를 들어, 적극적인 활동에 많이 관여할수록 좋은 생각과 유쾌한 감정, 그리고 더 좋은 생리적인 편안함이 수반될 것으로 본다. 또한 행동은 자신의 선택이기 때문에 느낌 역시 그러한 상태를 강조하기 위해 '화가 난', '우울한', '불안한'과 같은 형용사를 사용하기보다 '화내기를 선택하는', '우울하기를 선택하는', '불안하기를 선택하는'과 같이 동사로 표현하도록 한다.

4) 치료환경

현실치료의 과정은 크게 변화를 유도하는 상담 분위기 조성과 변화로 이끄는 다양한 절차의 활용이라는 두 요소로 이루어져 있다. 치료적 환경이란 치료사와 내담자의 상호 협력적인 관계 속에서 내담자가 안전하게 느낄 수 있는 환경을 말하는데, 이러한 환경이 조성되기 위해서는 Wubbolding(1991)이 제시한 상담자가 내담자에게 해야 할 13가지 권장사항과 3가지 금기사항이 있다.

(1) 13가지 권장사항

① 주의를 기울이는 행동을 한다.
   여기에는 눈맞춤과 얼굴표정, 진지한 관심을 드러내 보이기, 반영적인 경청과 같은 언어적 행동, 목소리나 억양과 같은 내담자의 표현 방식에 대해 주의를 기울이는 비언어적 행동 등이 있다.

② AB-CDEFG 원칙을 준수한다.

항상 예의 바를 것(Calm & Courteous), 항상 신념을 가질 것(Determined), 항상 열성적일 것(Enthusiastic), 항상 확고할 것(Firm), 항상 진실할 것(Genuine)의 Always be(항상 ~하기)의 원칙을 말한다.

③ 판단을 보류한다.

④ 예상하지 못한 행동을 한다.

치료사가 문제라고 인식되는 문제 행동보다는 그 행동 이외의 다른 행동에 초점을 맞춘다면 내담자는 파괴적이거나 공격적인 문제 행동을 하지 않으려고 할 것이다.

⑤ 유머를 사용한다.

⑥ 자신의 진실한 모습으로 내담자를 대한다.

⑦ 자신을 개방한다.

⑧ 은유적 표현에 귀를 기울인다.

⑨ 주제를 파악하기 위해 귀를 기울인다.

⑩ 요약하면서 초점을 맞춘다.

⑪ 결과를 인정하거나 책임을 지게 한다.

⑫ 침묵을 허용한다.

⑬ 윤리적으로 행동한다.

(2) 3가지 금기사항

① 치료사는 내담자를 비판하거나 처벌하지 않으며 내담자와 논쟁하지 않는다. 다만 행동 결과를 인정하게 한다.

② 치료사는 내담자의 변명을 받아들이지 않는다.

③ 치료사는 내담자를 쉽게 포기하지 않는다.

상담환경에서 무엇보다 중요한 것은 치료사와 내담자의 관계를 잘 형성하는 것이다. 이러한 치료사의 진실하고, 따뜻하고 관심어린 관계를 만들기 위한 노력은 무엇보다 중요하다. 내담자가 무언가를 계획할 수 있도록 하기 위해서는 치료 장면에서 치료사와의 유대감이나 우정, 신뢰감이 생겼을 때 가능해진다.

5) 치료목표

Glasser(2000)는 심리적 문제를 정신장애로 진단하는 것에 반대하며 내담자에게 진단적 병명을 붙이지 않아야 한다고 하였다. Glasser는 불행의 주된 이유가 중요한 사람과의 관계에서 비롯된다고 하였고 이것은 그가 제시한 기본욕구 중 사랑의 욕구가 충족되지 않아서 고통을 받기 때문이라고 하였다. 또한 현실치료에서는 자신의 기본적인 욕구에서 비롯된 바람(Want)이 정말 무엇인가를 파악하지 못했을 경우나 파악했다고 하더라도 이를 효과적으로 그 바램을 충족시키지 못하는 경우를 심리적 문제라고 보았다. 따라서 현실치료의 치료목표는 내담자가 정말 원하는 것이 무엇인지 내담자의 기본욕구인 생존, 사랑, 권력, 자유, 즐거움의 욕구를 바탕으로 파악한 후 이를 충족시키기 위한 선택을 할 수 있도록 함으로써 더 행복하고 만족스러운 삶을 살 수 있도록 하는 것이다.

6) 치료과정

현실치료에서의 치료과정은 크게 두 가지로, 치료적 환경 조성(R)과 내담자의 행동 변화로 이끄는 과정인 Wubbolding이 제시한 WDEP 모델을 살펴보고자 한다.

(1) 치료적 환경 조성하기

현실치료의 치료 환경은 내담자가 안전하게 느낄 수 있는 치료적 환경이어야 하며, 내담자에게 아무것도 강요하지 않고 상담자 또한 내담자로부터 어떠한 요구도 강요받지 않는 환경을 의미한다. 내담자가 이러한 환경 속에서 치료사와 성공적인 인간관계를 형성할 수 있게 되고 이러한 만족스러운 경험이 내담자가 자신의 문제를 해결하기 위한 행동변화를 시도할 수 있게 된다. 이러한 치료 환경을 위해서는 앞서 제시한 13가지 권장사항과 3가지 금지사항을 유념해야 한다. 이와 더불어 치료사는 내담자가 자신의 삶을 변화시킬 수 있고 자신의 행동을 선택하고 통제할 수 있는 힘이 있음을 깨달을 수 있도록 도와주어야 한다. 이를 통해 내담자는 자신의 새로운 변화를 위한 노력을 할 수 있게 된다.

(2) RWDEP 모델

다음은 내담자의 행동 변화를 위한 구체적인 과정으로 RWDEP모델을 살펴보고자 한다. 이것은 Wubbolding이 절차요소의 중요한 핵심으로서 내담자와 상담관계 형성(Relationship)과 더불어 욕구(Want), 하고 있는 일(Doing), 자기평가(Self-Evalua-tion), 계획하기(Plan)의 네 가지 큰 틀을 보여주고 있다.

① 1단계: 내담자와 상담관계 형성하기(R)
치료사와 내담자가 친밀한 관계를 형성하는 단계로, 이 단계에서는 내담자와 치료사의 친밀한 관계가 치료 기간 동안 지속이 되어야 치료의 효과가 있을 수 있다. 일방적인 한 쪽의 의존이나 책임을 강조하는 것이 아닌 내담자와 치료사에게 자유롭고 책임 있는 그리고 자율적으로 기능하도록 한다.

② 2단계: 내담자의 소망과 욕구 탐색하기(W)
욕구(바람)탐색하기는 내담자가 무엇을 원하는지를 인식하도록 탐색을 하는 단계이다. 사람들이 자신에게 원하는 것이 무엇인가와 세상을 어떤 시각으로 보는가를 자연스럽고 구체적인 질문을 통해서 묻게 된다. 이 단계에서 상담에 참여하겠다는 의지를 확인하는 것이 매우 중요하다. 여기서 묻게 되는 질문은 다음과 같다.

- 당신은 진정으로 무엇을 원하는가?
- 당신의 삶이 어떻게 되기를 바라는가?
- 당신의 부모가 어떻게 해주셨으면 하는가?
- 당신은 부모 형제들과 어떻게 지내기를 바라는가?
- 당신의 선생님과는 어떻게 지내기를 바라는가?
- 당신의 친구들과는 어떻게 지내기를 바라는가?
- 어떤 세상에서 살고 싶은가?
- 지금 나하고 이야기하고 나면 무엇이 어떻게 바뀌기를 바라는가?
- 지금 바라는 것이 다 이루어지면 결국 무엇을 얻게 될까?

- 만일 기적이 일어나서 모든 것이 다 뜻대로 되었다면, 그 세상이 어떤 것인가?
- 당신이 행복함을 느끼는 좋은 삶의 구체적인 모습은 무엇인가?
- 당신이 과거에 되고 싶었던 사람이 되어 있다면 당신은 어떤 사람이 되어 있을까?
- 당신이 원하는 변화를 가로막고 있는 것이 있다면 그것은 무엇인가?
- 당신이 원하는 것을 가질 수 있다면 당신은 무엇을 갖고 싶은가?

③ 3단계: 현재 행동 탐색하기(D)

내담자가 이러한 욕구를 충족시키기 위해서 현재 어떤 행동을 하고 있는지를 구체적으로 탐색하는 단계이다. 현실치료에서는 내담자의 감정보다는 행동에 초점을 맞추거나 과거보다는 현재에 초점을 둔다. 따라서 치료사는 내담자의 전체 행동에 대해 탐색하도록 하고 자신의 행동을 구체적으로 기술하도록 격려하는 것이 필요하다. 주로 활동에 관해서 당신은 무엇을 하고 있는가를 질문한다. 그리고 전체적인 인생이 지금과 같은 궤도로 굴러갈 때 당신은 무엇을 지향하고 있는지를 질문한다. 이 단계에서는 다음과 같은 질문을 할 수 있다.

- 당신은 지금 무엇을 하고 있는가?
- 지금 하고 있는 것은 무엇을 하고 있다고 생각되는가?
- 계속하고 있는 그 행동은 법에 위배되는 것으로 보이는데 무엇을 하고 있는가?
- 이전에 자유롭게 느꼈을 때 어떤 행동을 했었는가?
- 이전에 보람을 느꼈을 때 어떤 행동을 했었는가?
- 이전에 따뜻하게 느꼈을 때 어떤 행동을 했었는가?
- 이전에 재미있었을 때 어떤 행동을 했었는가?
- 이전에 재미있었을 때 어디에서 누구와 무엇을 하고 있었는가?
- 당신이 현재 관심을 갖고 있거나 추구하고 있는 것에 구체적으로 어떤 노력을 기울이고 있는가?

④ 4단계: 현재의 행동 평가하기(E)

내담자의 현재 행동이 자신의 소망과 욕구를 충족시키는데 얼마나 효과적인지를 평가하는 단계이다. 현실치료에서는 이 단계가 매우 핵심적이고 가장 강조되는 단계이다. 내담자의 자기 행동평가(E)에서는 내담자 자신에게 스스로를 평가해 볼 수 있는 질문을 하는 것이다. 자기평가는 자신이 원하는 것과 행동 사이의 거리를 스스로 돌아 볼 수 있도록 도와준다. 핵심적인 평가질문은 다양하게 제시될 수 있는데, 내담자에겐 지금의 행동이 자신에게 도움이 되는가, 특히 원하는 것을 얻는 데 얼마나 도움이 되는가를 질문한다. 이러한 평가하기 단계는 내담자가 자신의 전행동을 점검해 보고 이대로 있고 싶은지, 변화하고 싶은지를 생각해 보는 계기를 마련해 주는 데 의의가 있다. 그러나 만약 치료사와 내담자가 라포가 형성되기 이전에 평가질문을 하게 되면 내담자가 저항을 일으킬 수 있으므로 주의해야 한다. 이 단계에서는 다음과 같은 질문을 할 수 있다.

- 그런 행동을 계속하면, 어디로 갈 것 같은가?
- 그런 행동을 계속하면, 자기가 원하는 것을 얻게 되고 자기 욕구를 채울 수 있는가?
- 그런 행동을 계속하면, 원하는 것을 얻게 되는데 도움이 되는가, 해가 되는가?
- 현재의 상황을 그렇게 바라보는 것이 당신에게 도움이 되는가?
- 당신이 지금 하고 있는 행동이 당신이 원하는 것을 얻는 최선의 방법인가?
- 당신이 하고 있는 행동이 당신의 가치관이나 신념과 부합하는가?
- 당신이 지금 하고 있는 행동이 다른 사람의 삶에 어떤 영향을 미치고 있다고 생각하는가?

⑤ 5단계: 행동을 계획하고 실천하기(P)

욕구충족과 관련된 내담자의 현재 행동 중에서 비효과적이고 부정적인 것들을 찾아내어 효과적이고 긍정적인 것으로 고칠 수 있도록 새로운 행동을 계획하고 실천하는 단계이다. 5단계에서는 내담자가 스스로를 평가하며 변화하고 싶다는 의지를 보일 때 내담자 중심으로 계획을 짜는 것이 중요하다. 이 계획을 위한 8가지 요령에 대해 Wubbolding은 SAMI2C3로 표현하며 제시하였다.

- Simple: 계획은 단순하고 이해하기 쉬워야 한다
- Attainable: 계획은 내담자의 동기와 능력을 고려할 때 성취할 수 있는 것이어야 한다.

- Measurable: 계획은 성취 여부를 측정할 수 있도록 구체적으로 설정되어야 한다.
- Immediate: 계획은 먼 미래를 위한 것이 아니라 즉각적으로 실행할 수 있는 것이어야 한다.
- Involving: 계획은 내담자가 관심을 지니고 참여할 수 있는 것이어야 한다.
- Controllable: 계획은 내담자가 통제할 수 있는 것이어야 한다.
- Consistent: 계획은 일관성 있어야 한다.
- Committed: 계획은 반드시 실천하겠다는 확고한 결심이 뒷받침되어야 하며 이를 위해서 치료사와 내담자는 실천 사항을 서약서 형태로 약속할 수 있다.

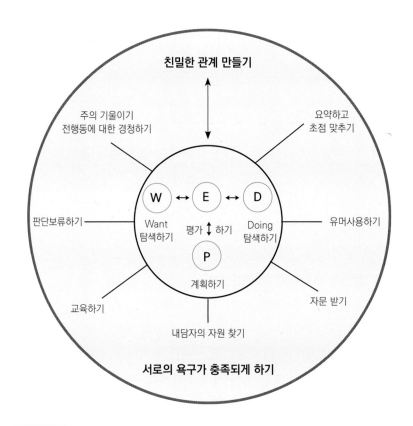

그림 2.18 Wubbolding의 현실요법을 적용한 카운슬링 사이클(김인자 엮음, 2011)

치료사는 내담자와의 계획하기를 하는 데 있어서 이러한 요령을 바탕으로 이것이 이루어질 수 있도록 촉진할 수 있어야 한다. 이 단계에서는 다음과 같은 질문을 할 수 있다.

- 무엇을 언제부터 하면, 당신이 원하는 것을 얻게 될까?
- 무엇을 언제부터 하면, 당신이 가고 싶은 곳으로 가게 될까?
- 당신이 홀로, 바로 할 수 있는 것이 무엇이 있는가?

RWDEP 모델은 상담과정에서 반복적이고 순환적으로 사용될 수 있으며 이러한 과정은 치료사와 내담자의 상호 협력적인 관계 속에서 지속적으로 이루어질 수 있다.

7) 치료기법

(1) 질문하기

현실치료에서 질문하기는 전체 치료과정에서 매우 중요한 역할을 한다. 이는 WDEP모델의 각 과정마다 적절한 질문을 함으로써 내담자가 자신이 원하는 것에 대해 생각하고 자신의 현재의 행동을 자각하여 평가하도록 촉진할 수 있기 때문에 매우 유용한 기법 중의 하나이다. 단, 지나치게 질문에 초점을 두어 진행하다 보면 내담자가 취조받는다는 느낌을 받을 수 있으므로 공감과 지지를 바탕으로 내담자가 충분히 생각하고 대답할 수 있도록 기다려주는 자세가 필요하다.

(2) 동사와 현재형으로 표현하기

현실치료에서는 내담자가 스스로 자신의 삶을 통제할 수 있으며 자신의 행동을 선택할 수 있다는 인식을 갖는 것이 무엇보다 중요하다. 그렇기 때문에 의도적으로 능동태 형태의 동사나 현재형의 단어를 사용하도록 하여 내담자의 행동과 사고뿐만 아니라 감정도 자신이 선택한 것이며 이에 대한 책임의식을 가질 수 있게 할 수 있다. 예를 들면, '우울한', '화가 난', '불안한'과 같은 형용사나 수동형으로 되어 있는 형태를 '우울해 하고 있는', '화를 내고 있는', '불안해하고 있는'과 같은 동사나 '우울하기를 선택하는', '화를 내기로 선택하는', '불안해하기를 선택하는'과 같은 능동태의 진행형 표현으로 바꾸어 말할 수 있도록 격려한다.

(3) 긍정적으로 접근하기

긍정적으로 접근하기는 긍정적인 면에 초점을 두고 내담자가 자신의 행동과 능력에 맞게 긍정적인 행동과 실천을 하도록 격려하는 것을 의미한다. 예를 들면, 내담자가 "직장상사가 다른 사람들 앞에서 제가 일한 것에 대해 엄청 비난을 해서 너무 화가 났어요."라고 치료사에게 얘기를 했다면, 치료사는 "직장상사가 당신을 비난해서 너무 화가 많이 나셨겠군요."라고 반응하기보다는 "직장 상사로 인해 화가 나지 않으려면 당신은 어떤 행동을 선택해야 할까요?"라고 질문을 하는 것이다. 이는 내담자가 직장상사에 대한 자신의 행동을 새롭게 변화시킬 수 있도록 선택하는 것에 초점을 맞추는 것이다.

(4) 은유적 표현 사용하기

현실치료에서는 치료사로 하여금 내담자가 자주 사용하는 은유적 표현에 주의를 기울이도록 하고 내담자에게도 이런 은유적 표현으로 메시지를 전달하는 것을 권장한다. 내담자의 은유적 표현 속에는 많은 정보가 포함되어 있기 때문에 내담자가 제시하는 주제와 비유를 유심히 듣고 이것을 활용해서 치료사가 내담자에게 메시지를 전달하는 것은 치료사와 내담자가 동일한 사고의 틀에서 익숙한 언어로 소통한다는 것을 의미하기도 한다. 예를 들면, 내담자가 낚시를 좋아하고 매번 낚시와 관련된 내용이 반복되어 얘기를 할 경우 치료사가 부적절한 행동을 선택하고 있는 내담자에게 "물고기가 거의 없는 호수에서 미끼도 없이 낚시를 하고 계시는 것과 같군요"라는 비유적 표현을 사용할 수 있다.

(5) 유머 사용하기

현실치료에서는 치료사가 유머를 사용하는 것을 권장하고 있다. 왜냐하면 이것이 내담자와 친밀한 관계를 형성하는 데 도움이 될 뿐만 아니라 치료과정에서 재미나 즐거움의 욕구가 충족될 수 있는 효과로 작용할 수 있기 때문이다. 또한 치료사가 유머를 사용할 경우, 내담자가 자신의 현재 행동의 부적절함을 더 쉽게 인정할 수 있게 되고 자신이 세운 계획을 실천하지 못한 것을 더 편안하게 직면할 수 있게 된다.

(6) 역설적 기법 적용하기

현실치료에서는 내담자의 통제감과 책임감을 증진시키기 위해 역설적 기법을 사용하는데, 이는 계획 실행에 저항하는 내담자에게 사용되며 모순되는 지시를 하는 것을 말한다. 예를 들어, 회사에서 매번 회의보고 때마다 말실수를 할까봐 두려워하는 내담자에게 의도적으로 말실수를 하라고 지시를 하는 것이다. 이를 통해 내담자가 자신의 행동을 통제하고 선택할 수 있다는 것을 인식할 수 있고 또한 내담자가 자신의 문제에 대한 생각을 전환시킬 수 있게 된다.

(7) 직면시키기

현실치료에서의 직면은 내담자가 자신의 말과 행동이 일치하지 않을 경우 치료사가 내담자로 하여금 이를 인식하도록 함으로써 내담자가 자신의 말과 행동에서 책임감을 가지도록 하는 것이다. 직면시키기는 내담자를 질책하기 위한 것이 아니라 내담자가 자신의 무책임한 행동에 대해 변명하지 않고 현재의 실패 행동을 이해할 수 있게 한다. 또한 이를 통해 새로운 행동을 계획할 수 있도록 한다. 그러나 직면시킬 때 내담자의 저항이 일어날 수 있으므로 어느 정도 치료적 관계가 형성되었을 때 사용하는 것이 바람직하다.

1) 개관

현실치료기반 미술치료는 자신이 원하는 것과 현실 세계에서 지각하는 것을 말로 표현하기 어려운 내담자들에게 적용할 수 있는 치료 접근방법이다. 자신의 욕구와 지각된 것을 미술작업을 통해 표현함으로써 어떤 욕구를 충족시키려고 하는지 쉽게 깨닫는 것이 가능해진다. 미술작업을 통하여 자신이 앞으로 욕구 충족을 위해 어떤 선택을 할지를 시각화할 수 있기 때문에 구체적인 행동을 계획하는 데에 도움을 줄 수 있다.

이처럼 현실치료기반 미술치료에서는 개인의 삶이 선택에 기초하며, 선택하는 과정을 통해 자신의 행동방식과 정체감을 변화시킬 수 있다는 인간관을 가지고 작업한다. 즉, 개인이 미술작업을 통해 더욱 현명한 선택을 하게 됨으로써 자신의 삶을 효율적으로 통제하고 사회 속에서 책임감 있게 행동할 수 있음을 통찰할 수 있게 된다는 것이다. 현실치료기반 미술치료에서도 현실치료와 마찬가지로 치료적 환경 조성과 더불어, WDEP모델과 같이 내담자가 원하는 것이 무엇인지, 내담자가 선택한 행동은 무엇인지를 지각할 수 있도록 도와주며, 지금 하고 있는 행동을 어떻게 평가하고 있는지, 앞으로 그 욕구가 실현될 수 있도록 어떻게 해야 하는지를 미술매체를 통해 탐색해 보게 하는 것이다.

현실치료기반 미술치료의 연구대상은 주로 우울한 청소년이나 일탈행동을 하는 비행 청소년, 학습부진, 대인관계에서 어려움을 보이는 아동과 청소년, 양육의 어려움을 보이는 성인 내담자 등을 대상으로 진행되어 왔으며 집단미술치료에도 다양하게 적용되어 사용되어 왔다. 특히 현실치료기반 집단미술치료는 집단 구성원들의 복합적인 상호작용 과정 내에서 생겨나는 역동을 중심으로 진행되기 때문에 집단치료 현장에서 매우 유용하게 활용된다. 현실치료기반 집단미술치료에서의 작업은 비교적 자기표출이 위협적이지 않으므로 아동의 긴장과 불안 증상을 완화시켜주거나 자기통찰에 효과적이며 자아 탐색 및 인식, 사회성 증진, 대인관계 개선, 자기표현, 자기효능감 향상, 양육스트레스 감소와 긍정적인 부모역할 증진은 물론 집단원 간의 상호작용, 감정의 승화 등 정신건강에 관해 긍정적인 효과가 있다는 평가를 받고 있다. 또한 현실치료기반 미술치료가 다른 전통적인 이론에 기반한 미술치료보다 치료 기간을 단축하면서 지속적인 변화를 유지하는데 도움이 되는 특성을 가지고 있기 때문에 현재뿐만 아니라 미래에 대한 긍정적인 시각을 가질 수 있는데 도움이 되는 미술치료임을 알 수 있다.

2) 기법

현실치료기반 미술치료에서는 WDEP에 맞춰 다양한 미술치료 기법을 사용하여 내담자가 자신이 선택과 책임을 가진 존재로서 자기를 인식할 수 있는 기회를 제공하고자 한다.

(1) 내 마음 속 소망나무

① 목표
현실치료에서의 WDEP 모델에서 W인 욕구(Want)를 탐색하여 자신의 욕구를 발견하고 이를 이해하고자 한다.

② 준비물
나무 그림을 그릴 수 있는 폼보드, 작은 타원형 나무판 또는 색종이, 목공용 풀, 유성사인펜 등 다양한 재료 사용 가능

③ 방법
① 조용히 눈을 감고 앉아서 자신의 마음 속에 어떤 욕구들이 있는지 생각해 본다.
② 그 욕구를 하나씩 타원형 나무판에 적는다.
③ 다 적은 후에 가장 우선 순위부터 나열해 본다.

④ 소망 나무 그림 위에 자신이 가장 원하고 이루고 싶은 욕구를 순서부터 붙인다.

⑤ 현재 나의 욕구가 어느 정도인지와 그 실현 가능성 등을 함께 살펴보고 이야기를 나눈다.

④ **임상적용 시 주의할 점**

집단으로 진행 시, 에너지가 많은 사람들의 경우에는 소망나무를 풍성하게 표현할 수도 있다. 그러나 에너지가 적거나 위축되어 있는 집단원의 경우, 상대적인 비교로 인해 더 위축될 가능성이 있으므로 너무 많은 소망을 적게 하기보다는 2~3개 정도 욕구를 찾아도 괜찮다는 것을 사전에 얘기해주고 내담자가 위축되지 않도록 격려하는 것이 필요하다.

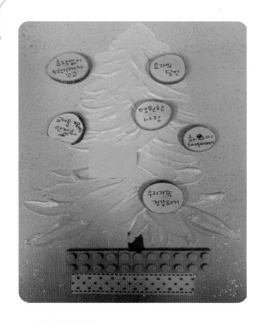

그림 2.19 30대 여성의 Want 탐색

본 사례의 경우, 두 자녀를 키우고 있으면서 직장으로 너무 바쁜 일상을 겪고 있는 30대 여성의 사례이다. 성공을 하고 싶은 욕구와 가족들과 잘 지내고 싶고 자녀들도 잘 키우고 싶은 욕구 등을 표현했다. 일에 매달려 있다보니 가족과의 관계에 대한 생각을 회피하고 살았는데 이 작업을 하면서 자신이 가족과 잘 지내고 싶은 욕구가 있음을 깨달았다고 하였다. 가족과의 관계에서 자신이 노력해야 함을 알게 되어 가족 간의 관계 개선에 노력을 하고 싶다고 하였다.

(2) 현재 자신의 모습을 신체상에 표현해 보기

① 목표
WDEP모델에서의 Doing 탐색단계에서 자신의 욕구를 위해 현재 어떠한 행동을 하고 있는지와 Evaluating 단계에서 자신은 이를 어떻게 평가하고 있고, 다른 사람들은 어떻게 평가하고 있는지를 탐색하고자 한다.

② 준비물
8절지 또는 4절지, 신체 윤곽 이미지, 크레파스, 파스텔, 사인펜 등

③ 방법
① 신체윤곽 이미지를 8절지 또는 4절지에 대고 그린다.
② 자신의 want가 무엇인지 탐색한다.
③ 그 욕구 중 가장 충족되어져야 하는 욕구를 선택한다.
④ 그 욕구를 위해 현재 내가 무엇을 하고 있는지, 그리고 거기에 대해 자신은 어떤 느낌이 드는지와 어떻게 평가하고 있는지를 신체 윤곽 이미지에 표현해 본다.
⑤ 다른 사람들은 자신이 이 욕구를 실현하기 위해 하고 있는 행동에 대해 어떻게 생각하고 있는지를 알아보고 이를 글이나 이미지로 표현해 본다.
⑥ 작업한 작품을 벽에 붙인 후 이에 대해 치료사와 내담자가 함께 이야기를 나눈다.

④ 임상적용 시 주의할 점
에너지 수준이 적은 내담자의 경우에는 크기가 작은 신체윤곽 이미지를 사용하는 것이 좋다. 너무 큰 이미지를 제공할 경우, 에너지 수준이 낮은 사람은 위축되거나 압도당할 수가 있으므로 신체윤곽 이미지 크기를 다양하게 준비하는 것이 좋다. 또한 내담자가 그림을 그리거나 색칠하는 것을 어려워한다면 잡지나 신문에 있는 이미지들을 활용해서 붙이게 할 수도 있다.

본 사례의 경우 휴식과 쉼에 대한 욕구를 가지고 있는 20대 여성의 작품이다. 너무 많은 과제와 더불어 시간에 쫓겨서 해야 할 일에 대한 부담감과 무거움을 탈피하여 자연 속에서 휴식하고 싶다는 욕구를 표현하였다. 왼쪽 부분에는 현재 자신의 욕구를 충족시키기 위해 바깥 구경도 하고 꽃도 보는 등 스스로 환기시키기 위한 행동을 하는데 그것에 대해 초록색으로 긍정적으로 평가하였고 오른쪽 부분에는 시간을 쫓기기는 하지만 힘을 내서 달성을 하면 이런 것들을 누릴 수 있다는 에너지를 표현하였다.

그림 2.20　20대 여성의 신체상에 나타낸 doing과 evaluation

(3) 현재와 미래의 나의 길

① 목표

WDEP에서의 계획하기 단계에서 활용되는 기법으로서, 자신의 욕구(want)가 충족될 수 있도록 어떤 계획을 세울 수 있는지 생각해 볼 수 있는 기회를 제공하고자 한다.

② 준비물

8절지 또는 4절지, 크레파스, 파스텔, 사인펜 등

③ 방법

① 현재 자신의 욕구(want)를 탐색한다.

② 그 욕구 중 가장 필요한 것을 선택한다.

③ 이 욕구가 실현될 수 있는 방법들을 찾아서 길을 만들고 그 길 위에 표현해

본다.

④ 이 중에서 가장 자신의 욕구가 실현될 수 있는 길을 선택한 후 표시한다.

⑤ 그것을 실천하기 위해 선택할 수 있는 행동들에 대한 계획을 세워본다.

⑥ 작업한 작품을 벽에 붙인 후 이에 대해 치료사와 내담자가 함께 이야기를 나눈다.

④ 임상적용 시 주의사항

욕구 탐색이 어려운 내담자인 경우, 현재의 자신의 갈등이 무엇인지에 초점을 맞추고 그 갈등 속에서 욕구가 무엇인지 탐색해 볼 수 있도록 격려하는 것이 필요하다. 그 이후 길 작업을 할 때 자신의 미래에 대한 계획에 대한 선택과 책임이 내담자에게 있음을 인식할 수 있도록 하고 그 길을 선택하는 내담자 자신의 힘과 잠재력에 대한 믿음을 가질 수 있도록 도와주어야 한다.

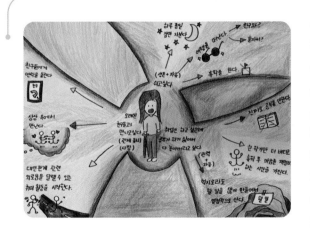

그림 2.21 대학교 4학년 여학생의 planning

본 사례는 대학교 4학년 여학생의 작품이다. 이 학생은 우선 지금의 상황에서 당장 선택할 수 있는 것은 남은 학업을 책임감 있게 마치는 것이라고 했다. 자신이 해야겠다고 다짐한 일을 끈기 있게, 포기하지 않고 수행하는 것은 고생 이후에 가질 휴식의 가치를 더 높일 수 있기 때문이며 이후 휴학을 함으로써 마음의 여유를 되찾고 무너졌던 대인관계의 신뢰를 회복하는 작업도 필요할 것 같다고 하였다.

값진 휴식과 여유를 위해서 현재 내가 해야 하는 일을 충실하고 후회 없이 수행하기로 다짐했고 마음을 한 번 더 다잡게 되는 계기가 되었다고 하였다.

요약

　　현실치료는 전통적인 정신분석 치료에 대한 회의를 느낀 William Glasser
에 의해 선택이론을 기반으로 창시된 이론이다. 현실치료에서는 내담자가 다른
사람의 욕구를 방해하지 않으면서도 자신의 사랑과 가치의 욕구를 완전히 충족
시킬 수 있는 책임있는 행동을 하도록 하는 것이다. 선택이론에서는 다섯 가지
기본욕구, 지각된 세계와 질적인 세계, 전행동을 주요 개념으로 하여 WDEP모델
에 근거한 기법이 적용되어 사용되고 있다. 현실치료기반 미술치료에서는 개인
이 미술작업을 통해 더욱 현명한 선택을 하게 됨으로써 자신의 삶을 효율적으로
통제하고 사회 속에서 책임감 있게 행동할 수 있음을 통찰할 수 있게 된다는 것
이다. 현실치료기반 미술치료는 다른 전통적인 이론에 기반한 미술치료보다 치
료 기간을 단축하면서 지속적인 변화를 유지하는데 도움이 되는 특성을 가지고
있기 때문에 현재뿐만 아니라 미래에 대한 긍정적인 시각을 가질 수 있는 데 도
움이 되는 미술치료 접근이다.

더 읽을거리

김인자 (2005). 현실요법과 선택이론. 서울: 한국심리상담연구소.

박유선, 이미선 (2019). 현실치료를 기반으로 한 집단미술치료가 아동의 일상적 스트레스, 내외 통제성 및 자기효능감에 미치는 효과. 미술치료연구, 26(5), 853-874.

이종신, 김현자 (2017). 현실치료를 병행한 집단미술치료가 양육스트레스와 부모역할행동에 미치는 효과-어린이집을 이용하는 영유아 주양육자를 중심으로-. 미술치료연구, 24(5), 1235-1261.

최경영, 박재황 (2015). 초등학생의 미술 선호도에 따른 현실치료 적용 집단미술치료 효과. 현실치료연구, 4(2), 21-38.

Glasser, W. (2000) Reality Therapy in Action New York: HarperCollins.

Glasser, W. (2004). *Choice Theory: A New Psychology of Personal Freedom.* (김인자 역). 행복의 심리. 서울: 한국심리상담연구소. (원서출판 1998).

Wubbolding, R. E. (1991). *Understanding Reality Therapy: A Metaphorical Approach.* Harper Perennial.

Wubbolding, R. E. (2008). *Using Reality Therapy.* (김인자 역). 현실요법의 적용. 서울: 한국심리상담연구소. (원서출판 1988).

Wubbolding, R. E. (2011). Using Reality therapy. (김인자 역). 현실치료 적용 I. 서울: 한국심리상담소. (원서출판 1988).

Wubbolding, R. E. (2013). Reality therapy. In B. J. Irby, G. Brown, R. Lara-Alecio, & S. Jackson (Eds.), *The handbook of educational theories* (pp. 481-489). IAP Information Age Publishing.

8장

체계론적 가족미술치료

1 체계론적 가족치료

1) 개관

개인의 심리적 문제는 자신을 둘러싸고 있는 가족과의 관계에서 시작되는 경우가 많다. 대부분의 심리치료이론에서 개인에 초점을 맞추어 심리적 문제를 해결하려고 하는 것에 비해 1940년대부터는 개인의 심리적 문제가 가족의 역기능과 밀접한 관련이 있어 가족 변화가 이루어져야 한다는 인식이 증가되기 시작했다. 이러한 인식 속에서 가족을 치료 대상으로 하는 가족치료가 등장하였다.

가족치료의 체계론적 관점에서는 가족문제를 한 사람의 문제로 보기보다는 가족구성원 전체를 상호 연결된 부분의 합인 가족구성원 전체의 문제로 보고, 치료는 개인이 속해 있는 가족의 구조와 소통방식을 변화시킴으로써 이루어진다고 보았다. 따라서 가족치료에서는 가족을 하나의 체계로 보고 가족체계의 변화를 추구하기 때문에 가족치료를 가족체계치료 또는 체계치료라 부른다. 가족체계치료는 개인보다는 그 가족을 대상으로 한 가족치료가 더 효과적이라는 입장이며 가족이라는 공동체 내 상관관계 속에서 개인의 문제를 해결하려는 관점이다.

이러한 관점에서 가족치료는 가족의 중요성이 좀 더 강조되면서 다양한 형태로 발전되어 왔다. 1950년대 후반부터는 대부분 조현병 환자와 가족을 대상으로 가족치료가 이루어지면서 이에 대한 연구가 진행되었다. 캘리포니아 Palo Alto에 있는 정신연구소(MRI:Mental Research Institiute)를 중심으로 조현병 환자 가족들의 의사소통에 대한 연구가 진행되면서 가족치료가 좀 더 발전하게 된 계기가 되었다.

1970년대에 와서는 가족치료에 대한 관심이 고조되면서 체계이론에 입각한 가족치료가 개발되었는데, 체계이론은 가족을 가족 구성원의 관계구조와 상호작용으로부터 발생하는 유기체적 특성을 가지고 있다고 본다. 여기에 대표적인 가족치료로는 Bowen의 다세대 가족치료와 Minuchin의 구조적 가족치료, Hayley와 Madanas의 전략적 가족치료 등이 있다.

1980년대에 이르러 Milton Eriikson에 의해 전략적 가족치료가 황금기를 이루었다. 이 시기에 가족치료는 캐나다, 영국, 이탈리아 등에서 적극적인 훈련프로그램 및 대회개최 등 국제적인 현상의 흐름으로 전문성 향상에 적극적인 기여를 하게 되었다. 그러나 1980년대 말 주류학파들의 영향력이 감소하고 페미니즘과 포스트모더니즘의 비판 등으로 많은 도전을 받게 되었다. 이후 사회구성주의의 관점을 기초로 가족의 구조나 상호작용보다는 개인이 자신의 문제와 가족에 대해 지니고 있는 의미체계를 중시하는 이야기치료와 해결중심치료가 등장하게 되었다.

1990년대 이후부터는 다문화주의가 가족치료에서 주요한 주제로 떠오르게 되었고 치료사들도 내담자들과 상호존중하면서 문화 간의 차이를 탐색하는 협동적인 접근을 대안적인 방법으로 적용하였다. 최근에는 다양한 유형의 가족치료가 활발하게 실시되면서 서로의 강점을 취하는 통합적인 가족치료로 발전되고 있다. 앞서 가족치료의 발전에 영향을 미친 대표적인 가족치료 학자들과 그 이론을 몇 가지 살펴보고자 한다.

2) Murray Bowen(1913~1990)의 다세대 가족치료

다세대 가족치료는 Murray Bowen이 제시한 가족체계이론이다. 그는 정신과 의사로서 정신분열증 환자와 그 가족 간의 특수한 관계, 특히 가족 간의 지나친 융합으로 안해 심리적 어려움이 나타나며 가족 안에서 자기분화가 잘 이루어지지 않았다는 것을 발견하였다. 이를 바탕으로 Bowen의 다세대 가족치료가 탄생하였다.

(1) 주요 개념

① 자기분화

이 이론의 핵심은 가족의 자기분화(differentiation of self)와 융합(fusion)이라고 볼 수 있다. 여기서 보는 가족문제는 가족 성원이 자신의 원가족에서 심리적으로 분리하지 못하는 데서 기인한다고 보았다. 자기분화는 가족의 정서적 융합으로부터 자신이 자유로워지는 과정을 말하며, 가족이 서로 감정적으로 상호의존적인지, 또는 감정의 상호작용에서 얼마나 자유로울 수 있는가에 관련되어 있다. 융합은 가족 구성원이 자신의 원가족에서 심리적으로 벗어나지 못하는 상태를 말하며, 이로 인해 가족의 스트레스에 대해 개인적으로나 정서적으로 대응하는 데 취약한 상태가 된다. 따라서 다세대 가족치료의 핵심목표는 자기분화의 수준을 향상시켜 원가족과 친밀한 관계를 유지하되, 자신의 독립성을 잘 유지할 수 있도록 하여 가족구성원들의 정서적 문제에 덜 휘말리고 감정적으로 반응하지 않도록 돕는 것이다.

② 삼각관계

다세대 가족치료에서 중요한 개념 중 하나인 삼각관계는 가족 구성원 중 한 사람이 해결하기 힘든 문제에 부딪히게 되면 가족 내의 제3자를 끌어들여 문제를 해결하는 것이다. 예를 들면, 부부가 자신들의 갈등을 해결하지 못한 채 자녀를 그 관계 속에 끌어들이는 것이다. 이러한 삼각관계는 부부 관계를 더 악화시킬 뿐만 아니라 제3자로 끌어들인 자녀의 독립성 발달을 저해하기도 한다. 삼각관계 형성은 가족원의 자기분화 수준이 낮을수록 커지며, 관계가 중요할수록 삼각관계 형태가 좀 더 강해지게 된다.

③ 정서적 단절

정서적 단절은 원가족과 관련된 정서적 불편감을 벗어나기 위해 가족을 멀리 떠나거나 대화를 회피하는 것을 말한다. 원가족과 해결하지 못한 정서적 문제는 지속적으로 갈등과 불안을 유발하는데, 이러한 불안을 회피하기 위해서는 정서적 단절을 선택하게 된다. 정서적 단절을 했다고 해서 그 갈등과 불안이 사라지는 것은 아니며 가족 안에서의 미해결과제가 대인관계에서도 전이되어 나타나게 된다. 정서적 단절은 부모와 자녀 간의 융합이 심할 경우 자녀가 부모에게서 멀리 떠나거나 대화를 기피하는 등 거리를 두는 일이 생기게 된다. 예를 들면, 원가족 내에서 정서적인 접촉을 회피하고 충동적으로 결혼을 한 여성의 경우 원가족 내에서 벗어났다 하더라도 융합이 심한 사람은 결혼을 해도 새로운 가족과 다시 융합하여 원가족에서의 문제를 재연시키기 때문에 진정한 독립을 얻은 것은 아닐 수 있다.

④ 가족 투사과정

가족 투사과정은 부모가 자신의 미성숙하고 자아분화가 이루어지지 못한 심리적 문제를 자녀에게 전달하는 과정을 의미한다. 예를 들면, 어머니가 원가족에서 융합된 관계에서의 불안을 지속적으로 가지고 있다면 자녀는 그 어머니에게 불안한 반응을 하고 그 어머니는 이를 자녀의 문제로 인식하게 된다. 이것이 자녀에게 전달되면서 자녀의 심리적 기능을 손상시키거나 심리적 장애에 대한 취약성을 증가시킬 수 있다.

⑤ 다세대 전수과정

다세대 전수과정은 부모가 낮은 자기분화 수준이나 심리적 문제를 가지고 있다면 이것이 여러 세대를 거쳐 후손에게 전수되거나 강화되는 과정을 말한다. 이것은 정서적인 문제가 개인을 넘어서 가족에까지 영향을 미칠 뿐만 아니라 핵가족을 넘어서 여러 세대까지 영향을 미친다는 것이다. Bowen은 조현병을 가지고 있는 자녀가 나오기까지 최소한 3세대가 관련된다고 주장하였다. 그러므로 내담자의 문제를 치료하기 위해서는 최소 3세대의 상호 관계성을 파악하는 것이 필요하다.

(2) 치료목표와 기법

다세대 가족치료의 치료목표는 앞서 살펴본 바와 같이 가족구성원들의 자기분화 수준을 증가시키고 삼각관계에서 벗어날 수 있도록 내담자의 불안과 증상을 완화시키는 것이다. 가족체계에 변화가 일어나도록 하기 위해서는 폐쇄된 가족 유대를 개방하고 삼각관계에서 벗어날 수 있도록 개인의 자율성과 성장을 위한 조건을 만들어주어야 한다. Bowen의 가족치료에서는 자기분화가 치료목표이자 성장 목표가 될 수 있다. 분화되지 않은 가족 집합체에서 자신을 분리 독립시켜 정체감을 형성하고 자기 충동적, 정서적 사고와 행동에서 자유를 획득해 나갈 수 있도록 돕는 것이다. 구체적인 치료목표는 정확한 가계도를 그리게 함으로써 다세대 체계의 맥락 안에서 현재 문제를 파악하는 것, 중요한 가족원들과 접촉하여 그들의 불안과 정서적 동요 수준을 낮추고 체계 전체의 불안수준을 낮추는 것, 그리고 역동적인 삼각관계를 파악하는 것이다.

① 가계도 그리기

가계도는 3세대 이상에 걸친 가족과 가족원들에 대한 정보와 관계성을 도식으로 표시한 그림으로, 가족구성원의 이력, 연령, 출생 및 사망시기, 직업교육수준과 같은 정보와 가족의 역할, 가족의 중요한 가족사건 등을 파악할 수 있다.

② 치료적 삼각관계 만들기

이것은 두 사람 간에 정서적 긴장이 그들 사이에 정서적 쟁점으로 제3자인 치료사를 끌어들여 삼각관계에 치료사를 포함시키는 것이며, 성공적인 치료를 위해서 치료사가 가족이 형성하는 삼각관계에 말려들지 않고 부부와 의미 있는 관계를 맺는 것이 중요하다.

③ 관계성 실험

이 치료기법은 가족원이 체계과정을 알고 그 과정 속에서 자신의 역할을 인식하는 것을 배우게 하는 것으로, 중요한 삼각관계에 구조적인 변화를 가져올 수 있다. 예를 들면, 정서적으로 가까워지기 원하는 어머니에게 심리적 어려움을 보이는 딸이 어머니의 요구를 중단하며 정서적 관계 압박을 줄이도록 도와줌으로써 자신과 어머니와의 관계에 무슨 일이 일어나는가를 보게 하는 것이다

④ 나 입장 전달하기

이것은 다른 사람이 무엇을 하는가 대신에 자신이 무엇을 느끼는가를 말함으로써 자기 입장을 취하도록 하는 것이다. 예를 들면, '당신은 너무 게을러'라고 얘기하기 보다는 '나는 당신이 나를 좀 더 도울 수 있기를 바래.'라고 말하는 것이다.

Bowen의 다세대 가족치료는 정신역동적인 관점과 체계적 관점을 연결하여 가족을 하나의 정서적 관계체계로 이해한 이론이다. 이 이론은 실험적이거나 경험적이라기보다는 다소 이론적이고 과학적이며 가족치료의 이론적 기초에 지대한 영향을 미친 것으로 평가되고 있다.

3) Salvador Minuchin(1921~2017)의 구조적 가족치료

구조적 가족치료는 Minuchin에 의해 개발되었으며, 가족 구성원의 심리적 문제를 유발하는 것이 역기능적 가족 구조로 인한 것으로 보고 이를 변화시켜 건강한 가족구

조를 만드는 것에 초점을 두고 있다. 이것은 개인변화, 가족체계, 가족역동을 이해한 가족치료사의 능동적인 역할을 강조하고 있다. Minuchin은 러시아계 유태인 이민자의 아들로 아르헨티나에서 태어나 성장했는데 처음에는 소아과 의사로 활동을 하다가 1950년에 미국으로 건너와 정신의학을 공부하고 뉴욕의 한 병원에서 정신병을 지닌 아동을 치료하였다. 이때 정신분석적인 접근이 아동치료에 적절하지 않다는 것을 발견하게 되었고 1965년 필라델피아 아동병원 정신과와 아동지도 클리닉 등에서의 경험으로 가족치료가 정신신체질환을 가진 아동들의 치료에 효과적이라는 사실을 발견하였다. Minuchin은 구조적 체계이론을 발전시켰으며 이 이론은 1970년대에 가장 인기있고 영향력 있는 치료 접근법 중의 하나로 자리잡을 수 있었다. 이 접근법은 소년비행, 거식증 가족원이 있는 가족, 약물남용하는 가족원이 있는 가족, 사회경제수준이 낮은 가족, 알코올중독자가 있는 가족 등에게 성공적으로 사용되어 왔다.

(1) 주요 개념

구조적 가족치료에서는 가족을 체계이며 통합된 전체로 보는데, 여기서 지역사회에 속해있는 가족구성원들은 하위체계이며, 하위체계는 가족의 기본적인 구조와 상호교류 유형에 영향을 주게 된다.

① 가족구조

가족구조(family structure)는 가족구성원들이 상호작용하는 조직화된 패턴이며 가족 구성원들이 서로 관계를 맺고 상호작용하는 방식을 결정하는 암묵적인 규칙과 요구를 말한다. 같은 행동이 반복되어질 때 가족들은 지속적인 패턴을 가지게 된다. 이렇게 반복되는 패턴들은 가족 구성원들이 언제, 어떻게, 누구하고 관계할 것인가를 결정한다. 가족구조는 가족 간의 업무 처리를 지배하는 일련의 은밀한 규칙 및 요구와 연관되어 있다.

② 하위체계

가족을 하나의 체계로 보면 개인은 거기에 속하는 하나의 하위체계(subsystems)가 될 수 있다. 가족 내에는 권력의 위계가 존재하며 여기에는 상위에 있는 부모 하위체계와 가장 낮은 수준에 있는 자녀 하위체계와 더불어 부부 하위체계, 형제 하위체계 등이 있다.

③ 경계선

경계선(boundary)이란 보이지는 않지만 개인과 하위체계를 둘러싸고 있는 것으로 가족 하위체계 간에 주로 사용되는 용어이다. 가족치료에서는 개인과 하위체계 간에 접촉과 개입을 허용하는 정도를 의미한다. 경계선은 가족 구성원 간에 정보가 어떻게 흘러가는지와 통제되는지에 따라 결정된다. 상호경계는 다른 사람과의 접촉의 양을 조절할 수 있는 개인과 하위체계를 둘러싸고 있는 보이지 않는 경계이다. 경계선은 가족과 하위체계의 독립과 자율성을 보호하는 정도에 따라 분명한 경계선, 모호한 경계선, 경직된 경계선으로 나눌 수 있다. Minuchin(1974)은 가족 내에서 경계선의 명확성이 가족기능을 평가하기 위한 유용한 척도가 되며, 모든 가족들은 밀착된(모호한) 경계선과 분리된(경직된) 경계선을 양극으로 하는 연속선상의 어느 지점에 위치한다고 보았다. 그러나 밀착된 경계선이나 분리된 경계선을 보이는 가족이 반드시 기능 장애를 초래하는 것은 아니며 그 특성이 극단적으로 나타나거나 가족 안에서의 유연성이 발휘되지 못한다면 역기능적인 가족이 될 수 있다.

그림 2.22　가족 구조내의 경계선

Minuchin의 구조적 가족치료는 가족 기능에 대한 구조적 차원을 개념화하는데 도움을 주는 틀을 제공했다는 점에서 긍정적인 평가를 받고 있으며, 또한 우리나라 문화권의 가족을 설명하는데 유용한 접근으로 평가받고 있다.

(2) 치료목표와 기법

구조적 가족치료의 치료목표는 가족의 구조를 바람직한 방향으로 재구조화함으로써 내담자의 문제를 해결하고자 하는 것이다. 즉, 역기능적인 가족을 기능적 가족으로 변화시키는 것이다. 기능적인 가족의 경우 그 가족 내의 위계질서가 분명하고, 부모는 서로 지지하며 자녀에 대한 통제, 지도, 보호를 제공할 수 있다. 또한, 가족 내에서의 하위체계는 분명한 규칙과 패턴이 존재하며 경계가 명확하다. 반면, 역기능적인 가족은 위계와 경계가 불분명하거나 가족 내의 분명하지 않은 규칙, 밀착, 과보호, 경직성, 갈등해결 능력의 부족과 같은 특징을 보인다. 따라서 구조적 가족치료에서는 역기능적인 상호거래 유형을 변화시키거나 명확하고 융통성 있는 경계를 만드는 일에 집중해서 좀 더 효과적으로 대응할 수 있는 새로운 대안을 발견할 수 있도록 한다. 이 때 치료사는 가족체계의 변화를 촉진해주는 촉진자 역할을 하거나 가족의 분위기를 파악하여 동조하는 합류 기법을 사용하여 치료적 관계를 형성하는 것이 필요하다.

① 상호작용 부각시켜 조정하기

가족들이 가족치료를 받기 위해 상담실에 처음 왔을 때 그들의 상호작용하는 모습을 관찰하면 역기능적인 가족관계를 파악할 수 있게 된다. 이때 치료사는 가족들이 말하는 내용보다는 어떻게 상호작용을 하는지에 초점을 맞추어야 한다. 치료사는 의도적으로 가족 각 구성원이 이야기할 수 있도록 모두에게 기회를 주어야 하며 새로운 방식으로 상호작용을 다르게 해볼 수 있도록 조정자 역할을 하는 것이다. 예를 들면, 17세 딸이 어떤 말을 할 때마다 못마땅한 듯이 자꾸 말을 막는 아버지 때문에 딸이 항상 말을 얼버무리는 패턴을 보였던 가족의 경우, 치료사가 아버지에게 딸의 얘기가 끝날 때까지 말을 하지 말고 기다리라고 제안하게 되면 그 이후 딸은 자신의 말을 분명하게 할 수 있게 된다.

② 실연화

실연화(enactment)는 치료상황에서 가족들의 역기능적인 상호작용을 실제로 해보게 하는 것을 말하는데, 치료사는 실연화 과정을 통해 그 가족들이 어떻게 상호작용을 하는지 좀 더 다양한 상호교류 유형을 직접 관찰할 수 있다. 예를 들어, 치료사는 아내에게 평소 남편에 대한 불만을 한번 치료실에서 얘기해 보라고 하고 남편에게는 이렇게 얘기를 하는 아내에게 어떻게 대답을 할 것인지 실제 상황처럼 얘기해 보라고 한다. 거기에 대답하는 남편의 반응과 행동을 해보게 함으로써 역기능적인 상호작용을 가족들도 직접 목격하면서 자신이 가지고 있는 문제에 대한 관점을 확장할 수 있게 된다.

③ 경계선 설정하기

기능적인 가족이 되기 위해서는 전체 체계로서의 통합성과 각 부분의 자율성이 모두 보장되어야 한다. 가족원의 경계가 지나치게 밀착되어 있는 경우에는 유연하게 변화시키고 개인의 개별성을 강화시켜주며, 경계가 지나치게 경직되어 있는 경우에는 가족의 지지와 통제 능력을 강화시켜 주는 것이 필요하다. 예를 들면, 딸에게 일거수일투족을 항상 공유하고 매일 전화 통화를 하게 하는 엄마에게 1주일에 한 번만 딸에게 전화를 해보게 하고 엄마 자신에게 관심을 가질 수 있는 행동을 하도록 제안할 수 있다.

이 외에도 구조적 가족치료의 기법에는 가족신념에 도전하기, 균형 무너뜨리기, 가족지도 그리기, 과제 부여, 증상활용 등이 있다.

4) Haley와 Madanes의 전략적 가족치료

전략적 치료는 원래 Jay Haley가 Milton Erickson의 관점과 개입방법을 "전략적 치료"라고 명명한 데서 비롯되었으며, Erickson의 전략적 접근을 사용하여 제시된 문제를 해결하는 특성을 갖는 치료모델을 통칭하는 말이다. 이 치료모델은 일반체계 이론과 인공두뇌 이론에 근거를 두고 발전되었다. 이에 속하는 것으로는 MRI(Mental Research Institute)그룹의 Jackson의 의사소통 이론과 Watwlawick의 단기치료, Haley와 Madanes의 전략적 치료, Millan학파의 체계론적 치료 등이 있다. 이 중 Haley와 Madanes의 전략적 가족치료는 증상이 지니는 기능적 측면과 잘못된 긍정적 피드백을 확인하고 상호작용하는 이면에 존재하는 규칙을 강조하였고 가족 구성원들의 행동동기에 관심을 가졌다. Haley는 다른 사람을 통제하고자 하는 권력욕구가 가족의 주된 동기라고 보았고, 반면 Madanes는 사랑하고 사랑받고자 하는 욕구를 더 중요시하면서 체계에 대한 문제의 기능을 가정하였다. 특히 자녀가 부모를 변화시키려고 노력하기 위해 증상을 이용할 때 만들어지는 잘못된 위계에 초점을 두었다.

(1) 주요 개념

전략적 가족치료에서는 가족을 순환적 인과관계로 보기 때문에 가족 안에서의 아버지, 어머니, 자녀 등 세 명 이상의 사람이 관련된 체계에 관심을 보였으며, 특히 가족의 위계질서를 둘러싸고 있는 규칙이 매우 중요한 역할을 한다고 보았다. 이러한 위계질서가 가족이 제대로 기능하지 못하게 만드는 결과를 부추길 수 있기 때문에 이에 대한 단계적이고 전략적인 접근이 이루어져야 한다. 따라서 이들의 가족치료를 '사전에 계획을 세우는 치료'라 부르는 이유이기도 하다.

① 의사소통

이것은 MRI(Mental Research Institute) 상호작용 모델의 핵심개념으로서, 모든 행동은 내용과 관계의 측면을 포함하며 의사소통이 이루어지는 관계는 대칭적이거나 보완적인 관계를 나타낸다.

② 이중구속

이것은 발신자, 특히 권력을 가진 자가 듣는 사람에게 의사전달을 할 때 모순된 메시지를 보내는 역기능적인 의사소통 형태를 말하며, 이를 통해 듣는 사람은 정서적 혼란을 겪게 된다. 예를 들면, 자녀가 80점을 받은 수학시험지를 가지고 왔을 때 부모가 말로는 "괜찮아"라고 얘기를 하지만 미소도 짓지 않고 눈도 맞추지 않는 등 화난 모습을 보인다면 자녀는 '부모님의 진짜 마음은 뭐지?'라고 생각하면서 정서적으로 혼란스러움을 경험할 수 있다.

③ 가족항상성

이것은 가족이 계속 변화하는 가족 내외의 환경에 적용하면서 일관성을 유지하려고 하는 것을 말한다. 병리적인 가족의 경우 안정성을 위해 가족의 엄격한 연쇄과정을 유지하려고 한다. 기존의 방식을 지나치게 집착하여 유지하려고 할 경우, 가족 내에서 일어나는 변화에 대해 이를 성장의 기회로 보기보다는 위협으로 보게 된다.

(2) 치료목표 및 기법

전략적 가족치료에서는 내담자의 증상을 완화하기 위해 가족의 의사소통 방식과 위계구조를 건강하게 변화시키는 것을 목표로 한다. 특히 Haley는 가족을 구조적으로 재조직하는데 목표로 두고 있다. 여기서 치료의 끝은 문제를 만들어 낸

구조적 문제가 해결될 때까지이며 이 때 치료사에게 이러한 변화의 책임이 있음을 강조하고 있다. 반면 Madanes는 삶 속에 조화와 평형을 이루는 것에 치료목표를 두고 있다.

전략적 가족치료는 성찰이나 이해의 변화보다는 행동 변화를 더 관심을 두고 이론보다는 치료기법에 중점을 둔 실용적인 치료이다.

① 지시기법

Haley는 주로 지시를 사용한 기법을 많이 사용하였다. 이것은 가족 내의 상호작용 연쇄를 변화시키는 목표를 가지고 계획되는데 가족의 특성에 맞춰 신중하게 고려된 행동방식을 제안하는 것이다. 지시기법은 문제 및 치료의 목표가 명확하면 할수록 지시를 설계하기가 그만큼 쉬워지며 더 효과적일 수 있다.

② 역설적 개입

이것은 전체가족에 대한 개입을 할 때 변화하라는 메시지와 변화하지 말라는 메시지를 동시에 주는 것을 말한다. 치료사가 내담자나 가족 구성원들에게 문제행동을 오히려 과장하여 표현하도록 하는 것인데, 이를 통해 가족구성원들이 문제행동의 부정적 영향을 더욱 분명하게 인식하게 되며 그 문제행동이 감소되는 효과를 거둘 수도 있다. 예를 들면, 형제 간의 갈등 상황이 있을 때마다 매번 우는 행동을 하는 내담자가 있을 경우, 그 사람에게 이런 갈등 상황이 벌어졌을 때 더 크게 우는 행동을 하라고 요구하는 것이다.

③ 증상처방하기

증상처방하기는 시련처방하기로 불리기도 하는데, 변화를 원하는 사람에게 증상보다 더 고된 체험을 하도록 과제를 주어 증상을 포기하도록 하는 것이다. 이는 증상을 없애기 위하여 증상을 지속하게 하거나, 증상을 과장하게 하고, 자의로 증상을 통제할 수 있도록 하는 역설적 개입전략을 말한다. 예를 들면, 아버지와의 갈등이 심한 자녀에게 오히려 아버지에게 선물을 하거나 같이 나가서 산책을 하게 하는 것이다.

5) Virginia Satir(1916-1988)의 경험적 가족치료

경험적 가족치료는 성장과정의 체험연습, 내담자 가족의 정서적 경험과 의사소통 개선에 중점을 두면서 개인의 심리 내적 과정의 변화로 가족의 성장을 촉진하는 Virginia Satir에 의해 개발된 성장모델이다. 이 치료에서는 지금-여기에서 치료사와 가족 사이에서 매 순간 일어나는 상황과 경험을 중요시하며 경험을 통해 성장한다고 보았다. 그녀는 치료장면에서 역기능적 양육패턴을 초래하여 자녀의 심리적 문제를 유발할 수 있는 가족의 고통을 다루는 것을 일차적 목표로 하였다.

(1) 주요 개념

① 의사소통 패턴

Satir는 가족들의 심리적 건강성이 가족 구성원들이 어떻게 의사소통을 하는지에 달려 있으며 여기에는 기능적 의사소통과 역기능적 의사소통이 있다고 주장하였다. 여기서 의사소통은 언어적 메시지와 비언어적인 메시지를 다 포함하는데, Satir는 이 중에서 가족들 간의 비언어적인 메시지와 표현들에 더 많은 관심을 가졌다. 왜냐하면 표정, 목소리, 눈빛, 태도 등이 상대방의 감정을 상하게 할 수도 있고 자존심을 건드릴 수도 있으며 말과 비언어적 메시지와 같은 행동이 다른 이중적인 메시지로 인해 가족 구성원들은 방어적인 자세를 나타내는 의사소통 패턴을 보일 수 있기 때문이다. 이러한 역기능적 의사소통 패턴은 회유형, 비난형, 초이성형, 산만형이 있는데, 주로 낮은 자기존중감을 가진 부모를 둔 가족에서 나타나며 폐쇄적이고 경직된 소통방식으로 나타난다. 회유형은 주로 내면의 감정을 부인하거나 억압하는 편이며, 비난형은 자기감정을 주로 타인에게 투사하는 형태로 나타나는 반면 초이성형은 내면의 감정을 무시하고 산만형은 자신의 감정을 왜곡시키는 형태로 나타난다. 이러한 역기능적 의사소통과는 반대로 기능적 의사소통인 일치형은 의사소통의 내용과 내적 감정이 일치하는 유형이며, 자아존중감이 높은 사람들에게서 주로 나타나는 의사소통 패턴이다.

② 자아존중감

자아존중감은 인간의 기본욕구로서, 이러한 자아존중감은 부모자녀관계에서 부모가 부적절하게 반응을 하거나 부모의 역기능적이거나 부정적인 의사소통으로 인해서 낮아질 수 있다. 자아존중감은 자기, 타인과 상황에 대한 개념으로 구성되며 치료사는 가족구성원들의 낮은 자아존중감을 회복시켜 자신의 가치를 인정하고 자신의 장점과 자원을 발견하고 활용하여 자신의 문제행동에 대처할 수 있도록 도와주어야 한다.

③ 가족규칙

가족규칙은 가족 내에 존재하는 해야 할 것과 하지 말아야 할 것을 규정한 것으로서, 인간이 원가족 내에서 경험한 것을 내면에 지니게 되는 것을 말한다. 이는 가족구성원 간의 상호작용, 특히 의사소통에 영향을 줌으로써 누가 어떤 상황에서 누구에게 무엇을 말하는지를 결정하게 된다. 비합리적인 가족규칙은 낮은 자아존중감을 유발하므로 가족규칙은 적거나 일관성이 있어야 하며 또한 실천 가능하고 융통성이 있어야 건강한 가족으로서 기능하게 한다. 가족규칙은 건강한 가족으로 기능하기 위해 '~해야만 한다'라는 규칙을 '~할 수 있다', '~할 때 ~할 수 있다'로 바꿀 수 있는 유연성이 적용되는 것이 필요하다.

(2) 치료목표와 기법

경험적 가족치료의 목표는 가족구성원의 자아존중감을 높이고, 자기인생에 대한 선택권을 스스로 갖도록 하며, 합리적이고 현실적인 가족규칙을 만들고 내담자의 의사소통 유형을 일치적으로 만드는 것이다. 이때 치료사는 가족체계가 긍정적으로 변할 수 있도록 촉진하는 것이며, 가족 구성원이 새로운 선택을 할 수 있도록 용기와 희망을 북돋는 것이 필요하다.

경험적 가족치료에서의 기법 사용은 미리 계획 속에서 이루어지기보다는 치료사 자신의 성숙한 태도와 직관력, 창의력을 발휘함으로써 가족 구성원과 신뢰로운 관계 형성이 전제된 후 사용되는 것이 필요하다. 여기서 주로 사용되는 기법은 원가족도표 그리기나 가족조각하기, 가족재구성 등이 있다.

① 원가족 도표 그리기

원가족 도표 그리기에서는 자녀가 IP인 경우, 부모와의 면담에 기초하여 작성하는데, 이때 내담자의 현재 핵가족 1장, 부의 원가족 1장, 모의 원가족 1장씩 모두 그리게 한다. 그리고 난 후 이름, 나이, 종교, 직업, 교육 정도, 역기능적 의사소통 방식 등의 내용을 상세히 기록하는데, 이러한 원가족 도표를 통해 가족 구성원들 간의 관계와 의사소통 구조, 가족들의 성격이나 행동방식, 가족 내의 친밀감과 거리감 등을 이해할 수 있다. 그리고 각 구성원들에게 느끼는 세 가지 특징을 형용사로 표현하게 하며 선을 통해 각 가족관계를 표시하게 한다. Satir는 내담자 IP(Identified Patient) 대신 Star라는 용어를 즐겨 사용하여 표시하였다.

② 가족조각하기

가족조각하기는 어느 시점을 선택해서 그 시점에서의 인간관계, 타인에 대한 느낌과 감정을 동작과 공간을 사용하여 표현하는 비언어적인 기법으로, 가족이 어떻게 기능하는지와 다른 사람들에게 어떻게 보이는지를 인식하기 위해 사용된다. 가족조각은 Star(내담자)의 원가족, Star 부모의 원가족, Star 부모의 결혼, Star의 가족 다시 조각하기 순으로 세대 간의 역동성을 보여주면서 진행된다.

③ 가족재구성하기

심리극과 같은 시연작업을 통해서 내담자가 가족 삼대의 중요사건이 무엇인지 탐색하도록 하는 것이다. 이를 통해 내담자가 원가족으로부터 유래된 역기능적인 패턴을 인식할 수 있게 되어 현재의 상황을 잘 이해하고 변화시켜 자신의 삶에 선택과 자유를 가질 수 있게 된다. 또한 가족재구성을 통해 내담자의 제한된 자각이나 왜곡된 감정이나 사고, 역기능적인 유형을 파악하고 이를 극복할 수 있게 된다.

2 가족미술치료

1) 개관

　　가족미술치료(Family Art Therapy: FAT)는 가족체계이론과 미술치료를 결합한 치료기법을 말한다. 가족미술치료는 1960년대 정신의학분야에서 가족 전체를 대상으로 한 역동적 가족상담기법이 고안되면서 Kwiatkowska(1962)가 Naumburg, Kramer 등에 의해서 확립된 정신분석적 미술치료의 연장으로서 창시되었다. 가족미술치료는 미술을 매개로 활용하여 개인의 문제를 한 개인의 차원으로 보지 않고 가족 전체의 체계 안에서 조망하고 해결하는 치료기법이다(Arrington, 2013). 가족미술치료는 가족이 함께 미술을 도구로 하여 저항 없이 자신을 표현하고 언어화하는 과정을 통해 건강한 의사소통을 향상시키는 데 효과적이다(최외선 등, 2006). 가족미술치료를 통해 양육자와 자녀는 상호작용할 수 있는 기회를 가질 수 있으며 이러한 상호작용으로 인해 긍정적인 가족관계가 가능해 질 수 있다. 미술치료의 창조적 과정에서 가족들이 각자 자신의 감정을 인식하고 가족 관계 내에서의 갈등과 부정적인 감정을 드러낼 수 있는 기회를 통해 가족 내에서의 문제해결력을 향상시킬 수 있게 된다. 가족을 대상으로 한 미술치료는 1950년대 프랑스의 Porot와 Hulse가 환자의 가족에 관한 정보를 파악하기 위해 '가족화(Family Drawing)' 검사를 실시하면서 시작되었다. 가족화 검사는 단일한 인물을 대상으로 했던 인물화 검사에서 발전된 것인데, 이 검사를 통해 환자에 대한 정보뿐만 아니라 가족구성원들 간의 관계를 파악할 수 있기 때문에 Hulse는 이를 가족화 검사(Family Drawing Test: FDT)라고 명명하였다. 단순한 검사로 시작된 가족화에는 개인이 가족에 대해 갖는 감정, 개인이 인지하는 가족 구조와 역동, 가족에 의해 발생한 개인의 트라우마 등이 드러났고, 이것이 동적 가족화나 동그라미 가족화 등 다양한 가족그림검사와 가족미술치료로 발전하게 되었다(Kerr et al., 2011).

　　1970년 전후에는 Burns와 Kaufman이 개발한 동적가족화(Kinetic Family Drawing: KFD), Bing의 합동가족화(Combination Family Drawing: CFD), Wadeson 등의 부부미술치료의 미술적용 기법들이 개발되었다. 이 외에도 Burns가 개발한 동그라미 중심 가족화(Family Centered Circle Drawing: FCCD)가 소개되어 가족미술치료 분야에 사

용되고 있다.

이처럼 가족미술치료는 전체가족을 대상으로 공동 미술 체험을 통해 가족문제를 진단하고 치료할 수 있는 접근방법이다. 가족미술치료에서 미술활동은 이미지 표출 과정에 있어서 비언어적인 의사소통기법으로, 언어적 이미지와 시각적 이미지에서 억제되어 있는 상황이나 상실, 왜곡, 방어 등을 보다 명확하게 표출할 수 있으며 자기 자신의 세계관을 재발견하여 자기 동일화, 자기실현을 달성하게 한다(Wadeson, 1980).

여러 자료들을 종합하여 가족미술치료의 유용성에 대해 정리하면 다음과 같다.

첫째, 가족미술치료는 개인의 문제에 집중하지 않고 가족 전체를 보기 때문에 비용이나 시간 측면에서 효율적이다.

둘째, 가족미술치료는 미술이라는 매개체를 사용해서 상징적 표현을 하게 되는데, 이를 통한 새로운 통찰이 가능하다. 가족들이 통찰하고 인지해야 할 가족의 구조와 역동이 미술 작품으로 나타날 수 있다는 점에서 매우 유용하다. Kerr 등(2011)은 이처럼 미술이 가족의 구조와 문제를 통찰할 수 있는 중간 다리 역할을 해줄 수 있어서 유용한 개입이라고 하였다.

셋째, 가족미술치료는 가족 안에서 미술을 매개로 한 새로운 의사소통을 가능하게 한다. 가족미술치료에서 미술 활동은 자신의 심리적 방어나 상대의 언어적 방어로 인한 왜곡 없이 자기 표현을 할 수 있는 도구(Wadeson, 2012)이기 때문에 비언어적 의사소통 방법이 될 수도 있다.

넷째, 가족미술치료는 가족들의 정서적 안정을 도와주고 가족에게 미술활동을 통해 창조적 에너지를 불러 일으켜 삶의 질을 높이고 치유력을 높일 수 있다(전순영, 2011). 가족들이 미술작업을 함께 함으로써 관계회복을 위한 의미있는 경험이 될 수 있으며 가족 구성원들 각각의 스트레스나 우울감을 감소시켜서 심리적 안정감을 가져올 수 있다(Malchiodi, 2016)

다섯째, 미술활동 결과물이 가족역동성의 증거가 될 수 있으며 결과물의 검증을 통해 변화의 지속성을 확인할 수 있다(최외선 등, 2006).

Kramer(2000)는 결과에 관심을 두는 일반적인 미술교육과 달리 가족미술치료에서는 그 과정이 중요하며 그것이 심리치료의 단순한 도구에 머물지 않고 그 자체로 치료로 간주되어야 한다고 하였다. 그러므로 가족미술치료에서 미술활동은 가족의 경험을 객관화시킬 수 있으며 가족문제를 구체적으로 드러내면서 가족관계를 새롭게 이해할 수 있기 때문에 가족문제 해결에 효과적일 수 있다. 가족미술치료는 가족체계의 변화에 초점을 맞추고 있으며 가족체계의 변화를 통해 가족구성원의 삶을 개선시키려는 것이다.

다시 말해서, 가족미술치료는 가족 관계의 문제 해결을 돕는 전문적 접근 방법이라고 볼 수 있으며 가족을 하나의 체계로 보고 미술활동을 통해 그 체계 속의 상호작용양상에 변화를 줌으로써 가족구성원의 대인관계 기술과 적응능력을 향상시키며 건강하고 기능적인 개인과 가족이 될 수 있도록 도와줄 수 있다.

2) 기법

가족미술치료에서는 가족이 하나의 단위로서의 기능을 가지고 미술작업을 하게 함으로써 치료적 개입이 이루어진다. 미술과정을 통해 가족의 문제가 무엇인지 들여다볼 수 있으며, 구성원들 간의 상호작용을 촉진할 수 있다. 또한 미술작업을 통해 무의식과 의식 수준에서의 의사소통과 가족역동을 파악할 수 있다. 이와 관련하여 몇 가지 기법을 소개하면 다음과 같다.

(1) 물고기 가족화

① 목표
가족 안에서의 관계와 그 관계에서의 정서상황을 파악하고 표현되어진 형태의 색이나 크기 등을 통해 상징적 의미를 이해한다.

② 준비물
크레파스, 색연필, 색종이, 가위, 풀, 어항 모양 자료, 물고기 모양 등

③ 방법
① 자신의 가족 구성원을 생각해본다.
② 물고기 모양 중 각 가족 구성원과 어울리는 물고기와 색을 선택한다.

③ 크레파스나 색연필 등으로 색칠을 하거나 색종이를 활용하여 물고기 모양을 오려 놓는다.

④ 도화지에 어항을 그리거나 어항 모양의 자료를 대고 그린다.

⑤ 어항에 물고기를 직접 그린 후 색칠하거나 자른 색종이 물고기를 도화지에 붙인다.

⑥ 각자 완성한 물고기 가족화를 통해 각 물고기가 가족 중 누구를 의미하고 그 관계는 어떤지 질문한다.

④ **임상적용 시 주의사항**

물고기 가족화를 그릴 때 자신의 원가족을 그릴지, 현재의 가족을 그릴지 정해 보는 것이 좋다. 또한 대상에 따라 발달수준을 고려하는 것이 필요한데, 어린 아동의 경우 가위 사용이 어렵다면 사전에 물고기 모양을 오려가서 준비해 주는 것이 필요하다. 성인에게 적용할 경우, 자유롭게 매체를 선택하고 직접 그려서 색칠할 수 있도록 할 수 있다.

본 사례의 경우, 자녀들이 독립해 있고 남편과 단 둘이 살고 있는 50대 여성의 물고기가족화 그림이다. 그녀는 가족물고기화를 그린 후 왠지 가족 각각 구획이 정해져 있는 것 같아 보인다고 하였으며, 가족이 따로 노는 듯한 느낌이 든다고 하였다. 가운데에 있는 남편이나 자신 물고기는 자꾸 물 위로 가려는 모습이고 자녀 물고기들은 우리들을 떠나려는 느낌이 든다고 하였다. "이제 자녀들이 저희 품을 완전히 떠난 느낌이네요."라고 자신의 감정을 표현하였다.

그림 2.23 50대 여성의 물고기 가족화

(2) 침묵/비침묵 속의 그림

① 목표
가족 안의 비언어적/언어적 소통 방식을 이해하고 상호작용을 점검한다.

② 준비물
전지 2장, 크레파스, 유성사인펜, 파스텔, 스카치테이프

③ 방법
① 가족 구성원들과 함께 각자 의사소통 방식에 대해 이야기를 나눈다.
② 먼저 침묵 속의 그림을 그리기 위해 절대 말을 하지 않고 자유롭게 그린다는 규칙에 대해 이야기를 나눈다.
③ 자유롭게 침묵 속에서 비언어적 소통으로만 진행되며 그림을 순서대로 그린다.
④ 다 완성한 후 가족구성원들과 제목을 정하고 이에 대해 이야기를 나눈다.
⑤ 침묵 속에서 그림을 그리는 것이 어떤지 이야기를 나눈다.
⑥ 다음으로는 소통을 하면서 그림을 그리게 한다. 방법은 침묵 속에서 진행하는 것과 유사하다.

④ 임상적용 시 주의사항
침묵 속의 그림을 시작할 때에는 사전에 그 규칙에 대해 명확히 전달할 필요가 있다. 규칙은 시작과 동시에 아무도 말을 할 수 없으며, 누가 먼저 시작할지에 대해서도 이야기를 나누어서는 안 된다. 또한 가족 구성원들이 한 사람이 끝나면 다른 사람이 그려야 하며, 여러 번을 반복해서 돌아가면서 그린 후 침묵 속에서 비언어적 소통으로만 진행되며 그림의 완성은 가족 구성원 모두 합의를 한 후 조용히 손을 들어 끝낼 수 있도록 한다.

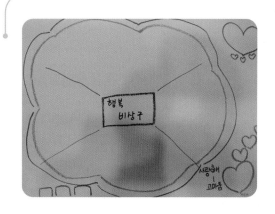

본 사례의 경우, 가족치료를 5회기 진행한 후 가족이 함께 침묵 속의 그림을 그린 것이다. 가족 구성원들 간의 소통의 어려움을 역할극을 통해 표현한 이후 마무리 시간에 침묵 속의 그림을 그렸다. 과거 각자 자기 그림만 그렸던 모습에서 이제는 함께 어울려서 그림을 그렸고 우리 가족의 '행복 비상구'라는 제목을 정하면서 가족 모두 만족스러워하는 모습을 보였다.

그림 2.24 **가족의 침묵 속의 그림**

(3) 합동가족작업(함께 사는 가족 마을)

① 목표

합동가족작업은 초기 치료사와 라포가 형성되고 가족 구성원 개개인의 이슈가 드러나고 가족구성원 간의 상호작용이 어느 정도 이루어진 중기 이후 가족이 함께 작업함으로써 가족유대감과 친밀감을 형성하고 가족 문제를 함께 해결하고자 하는 동기와 의지를 촉진하고자 한다.

② 준비물

우드락, 나뭇가지, 찰흙, 클레이 등 다양한 입체 재료

③ 방법

① 가족 구성원 각각 자신이 꿈꾸는 마을에 대해서 생각해 본 후 가족 구성원들과 이야기를 나눈다.
② A4나 B5 크기로 자른 초록색이나 갈색 등의 우드락을 가족 인원수만큼 준비한 후 나눠준다.
③ 다양한 입체 재료를 활용하여 각자 자신이 꿈꾸는 가족마을을 완성한다.

④ 각 가족구성원이 완성한 조각을 함께 모은다.

⑤ 각자 작업한 가족 마을에 대한 느낌과 이를 합친 가족마을에 대한 느낌을 나눈다.

⑥ 가족이 함께 여기에 더 추가하고 싶은 것을 논의하여 만든 후 전체적인 느낌에 대해 이야기를 나눈다.

④ 임상 적용시 주의사항

공동합동작업으로써 함께 사는 가족마을을 만들 때는 우드락 바탕색을 가족구성원이 함께 논의한 후 정하는게 좋다. 대부분 현실적인 문제와 관련된 가족 이슈의 경우, 갈색이나 초록색을 선호하기도 하며, 내면적 이슈와 관련된 경우에는 분홍이나 노랑 등을 사용하기도 한다. 무엇보다도 가족구성원들이 합의를 통해 바탕색을 정하는 것이 바람직하다.

그림 2.25 **합동가족작업**

이 사례는 성인 자녀를 둔 50대 부부와 그 자녀들이 함께 한 합동가족작업이다. 엄격한 아버지로 인해 소통의 어려움을 호소하는 두 딸들과 남편, 그리고 남편과 자녀들 사이에서 눈치를 보는 어머니가 함께 만들었다. 이들은 의사소통 점검을 통해 각자의 의사소통 방식의 문제점을 인식한 후 역할연습을 하였고 합동가족작업을 통해 기존의 자신의 의사소통 방식에서 벗어나서 상대방의 의견을 들으려고 애쓰는 모습을 보였다. 가족 모두 "가족이 함께 의논하면서 하니까 기분이 좋아요"라는 표현을 하였다.

요약

체계론적 가족치료에서는 가족구성원 전체를 상호연결된 부분의 합으로 보고 가족문제를 한 사람의 문제로 보기보다는 가족구성원 전체의 문제로 보고 가족을 하나의 체계로 보고 있다. 가족치료에는 Bowen의 다세대 가족치료, Minuchin의 구조적 가족치료, Haley와 Madanas의 전략적 가족치료, Satir의 경험적 가족치료 등이 있다. 가족체계치료는 개인 치료보다는 가족을 대상으로 한 가족치료 방식이 효과가 더 크다는 입장이며 가족이라는 공동체 내 상관관계 속에서 개인의 문제를 해결하려는 관점인 것이다.

가족미술치료는 가족체계이론과 미술치료를 결합한 치료기법이다. 가족미술 치료는 1960년대 정신의학분야에서 가족 전체를 대상으로 한 역동적 가족상담 기법이 고안되면서 Kwiatkowska(1962)가 Naumburg, Kramer 등에 의해서 확립된 정신분석적 미술치료의 연장으로서 창시되었다. 가족미술치료는 미술을 매개로 활용하여 개인의 문제를 한 개인의 차원으로 보지 않고 가족 전체의 체계 안에서 조망하고 해결하는 치료기법이다(Arrington, 2013). 가족미술치료는 가족이 함께 미술을 도구로 하여 저항 없이 자신을 표현하고 언어화하는 과정을 통해 건강한 의사소통을 향상시키는데 효과적이다. 가족치료기법에는 물고기 가족화, 침묵/비침묵 속의 그림, 합동가족작업 등이 있다.

전순영 (2011). 미술치료의 치유요인과 매체. 서울: 하나의학사.

최외선, 이근매, 김갑숙, 최선남, 이미옥 (2006). 마음을 나누는 미술치료. 학지사.

Arrington D. B. (2013). (전순영 외 역). 가족미술치료: 그림 안에 가정이 보인다. 하나의
학사. (원서출판 2001).

Hulse, W. C. (1951). The emotionally disturbed child draws his family. *Quarterly Journal of Child Behavior, 3*, 152-174.

Kerr C., Hoshino J., Sutherland J., Parashak S. T., & McCarley L. L. (2011). (오선미 역).
가족미술치료. 서울: 시그마프레스. (원서출판 2008).

Kramer, E. (2000). Art as Therapy: Colleted Papers. UK: Jessica Kingsley Publishing.

Kwiatkowska, H. (1962). Family Art Therapy: experiments with a newtechnique. *In Bulletin of Art Therapy,* New York: Spring Publishing.

Kwiatkowska, H. Y. (1962). Family art therapy: Experiments with a new technique. *Bulletin of Art Therapy, 1*(93), 3-15.

Landgarten, H. B. (1987). Family Art Psychotherapy. New York: Brunner/Mazel.

Malchiodi, C. A. (2016). (임호찬 역). 미술치료 입문. 서울: 학지사. (원서출판 2011).

MInuchin, S. (1974). Families and Family Therapy. Cambridge, MA: Harvard University Press.

Wadeson, H. (1980), *Art Psychotherapy.* New York: John Wiley and Sons Ltd.

Wadeson H. (2012). (장연집, 최호정, 김태은, 김안젤라, 오선미, 윤혜원, 문리학 역). 임상
미술치료학. 서울: 시그마프레스. (원서출판 2010).

미술심리치료의
실제

그림을 활용한
미술심리 진단

01

집-나무-사람

1 개관

집-나무-사람 그림(House-Tree-Person: HTP 이하)검사의 발달 배경을 설명하기 전에, 인물화 그림의 발달 배경을 살펴볼 필요가 있다. Goodenough(1926)는 아동기부터 청소년기까지 규준이 되는 인물화의 발달과정을 연구하였고, 그림이 지능의 발달과 관계가 있다는 것을 강조하였다. Harris(1963)는 그의 연구를 토대로 인물화를 개정하여 '남자 인물상, 여자, 인물상, 자기 자신을 그린 인물상' 등 세 가지를 그리도록 하였다. Machover(1949)는 정신분석 이론에 입각하여 인물화에서 나타난 여러 가지 특징들을 해석하면서, 피검자의 성격특성을 이해하고자 하였다. 그 후에 Koppitz(1968)는 발달에 따른 점수와 체제와 인물화의 분석을 연구하였고, 인물화를 지능에 초점을 맞추기보다 정서와 발달적 측면을 평가하는 것에 중점을 두었다. 이처럼 그림이 개인의 심리상태와 주관적 경험이 나타난다는 인식이 높아지면서, 피검자의 성격을 파악하기 위한 인물화가 먼저 등장하였고 이후 다양한 투사검사들이 개발되었다.

한편 Buck(1948)은 지능을 평가하기 위해 개발된 Goodenough(1926)의 인물화를 확장시켜 HTP 검사를 개발하였다. 그는 인물화와 같은 단일과제의 그림검사보다 HTP를 그리게 하였는데, 이 세 주제를 사용한 것은 집, 나무, 사람이 누구에게나 친밀한 주제이고 모든 연령대의 피검자에게 큰 저항 없이 그려질 수 있고 다른 주제보다 무의식의 활동과 연상작용을 활성화하는 상징성이 풍부하기 때문이다. 이 검사가 초기에는 Buck(1948, 1966)에 의해 지능검사를 보조하는 검사로 만들어졌으나, 이후 피검자의 발달적·투사적인 측면에서 연구되었다. 현재 임상현장에서 피검자의 인지적 측면뿐만 아니라 개인의 심리상태와 성격을 이해하는 검사로 가장 많이 활용되고 있다.

이후 Hammer(1958)는 HTP 검사를 발달적 측면과 투사적 측면이 모두 포함된 평가도구로 정교하게 발전시켰고 투사(projection)기제에 대해 초점을 두면서, 피검자가 자신의 감정이나 욕구 및 갈등을 투사하여 표현될 때 그림에 왜곡이 나타난다고 보았다.

한편 Machover(1949)는 피검자가 자신을 어떻게 지각하는지에 대한 표상이 사람 그림에서 나타나고 검사용지는 그린 사람의 환경이라고 보았다. 또한 '신체상(body-image) 가설'을 제시하며, 사람은 살아오면서 신체와 관련된 각기 다른 다양한 감각, 지각 및 감정 등을 경험하면서 자신의 신체상이 발달하는데, 그림에 자신에 대한 신체상이 투사되어 심리적 갈등, 부적절감, 불안감 등으로 드러날 수 있다고 보았다.

피검자는 대개 자신에게 친숙한 것과 자신과 연관된 상징적이고 의미 있는 것들을 그림에서 표현하기 때문에 HTP 검사에서도 피검자가 그린 그림을 통해 피검자의 심리상태와 성격적인 측면을 더 깊이 이해할 수 있다. 피검자가 그린 집의 벽의 형태가 단단한지, 부서질 것 같은지, 나무 그림에서의 나무가 건강한 나무인지 죽어가는 나무인지, 사람의 경우 표정이 있는지 없는지 등은 피검자에 대한 의미 있는 정보를 제공한다고 볼 수 있다.

2 실시방법

HTP 검사는 표준화된 방법으로 실시해야 한다. 동일한 재료가 제공되고, 일정한 지시와 절차에 의해 진행되며, 피검자가 그림을 그리고 난 후 제시되는 사후질문(Post Drawing Inquiry: PDI 이하)에는 특정한 내용들이 포함되어야 한다.

1) 준비물

A4용지 4장, 연필, 지우개

2) 시행절차

'집-나무-사람' 순으로 그림을 그리게 한다. 첫 번째로 용지를 가로로 제시하면서 "집을 그리세요."라고 지시하고 피검자의 질문에 대해서는 "자유롭게 원하는대로 그리시면 됩니다."라고 어떠한 단서를 제공하지 않도록 한다. 두 번째로, 용지를 세로로 제시하면서 "나무를 그리세요."라고 지시한다. 세 번째로, 용지를 세로로 제시하면서 "사람을 그리세요. 사람은 막대기 모양이 아닌 완전한 사람을 그리세요."라고 안내한다. 네 번째는, "방금 그린 사람과 반대되는 성을 그리세요."라고 지시한다. 예를 들어, 남자를 먼저 그렸다면 그 다음에 여자를 그리도록 요청한다. 용지가 제시된 방향이 있지만 돌려 그리는 경우 원래 방향대로 그리도록 안내하고 그 후에도 반대 방향으로 돌려 그리면 그대로 둔다. 이 과정에서 검사에 대한 저항, 거부적인 태도나 신경학적 문제가 있는지 확인한다. 그림을 그리는 동안 특정 부분을 그리면서 머뭇거리거나 지우기를 반복하거나 몸을 움직이는 등의 특정한 행동이 나타나면 관찰하고 그림을 완성한 시간과 함께 기록해둔다.

3) 질문단계(PDI)

집, 나무, 사람을 다 그린 후 다음과 같은 질문을 통해 그림의 내용과 관련된 정보를 풍부하게 얻어 해석에 활용하도록 한다.

(1) 집 그림

- 누구의 집인가?
- 누가 살고 있는가?
- 이 집의 분위기가 어떠한가?
- 이 집이 있는 곳의 날씨와 계절이 어떠한가?
- 이 집은 무엇으로 만들어졌는가?

- 이 집을 보니 어떤 생각이 드는가?
- 이 집에 필요한 게 무엇인가?
- 나중에 이 집이 어떻게 될 것 같은가?

(2) 나무 그림

- 이 나무는 어떤 종류의 나무인가?
- 이 나무의 나이는 몇 살인가?
- 이 나무는 어디에 있나?
- 이 나무가 있는 곳의 날씨, 계절은 어떠한가?
- 이 나무가 죽었는가, 살았는가?
- 이 나무의 건강은 어떠한가?
- 이 나무 주변에는 어떤 것들이 있는가?
- 이 나무의 소원은 무엇인가?
- 나중에 이 나무는 어떻게 될 것인가?
- 이 나무를 그리면서 생각나는 사람이 누구인가?

(3) 사람 그림

- 이 사람은 누구인가?
- 이 사람은 몇 살인가?
- 이 사람이 있는 곳의 날씨, 계절은 어떠한가?
- 이 사람은 무엇을 하고 있는가?
- 이 사람은 어떤 생각을 하고 있는가?
- 이 사람의 기분은 어떠한가?
- 이 사람의 소원이 있다면 무엇일까?
- 나중에 이 사람은 어떻게 될 것인가?

검사의 해석에 있어 검사자는 사후질문과정(PDI)을 통해 얻게 된 피검자에 대한 풍부한 정보, 다른 심리검사 결과, 행동관찰 및 면담을 통한 정보를 함께 고려하여 검사를 통합적으로 해석하는 것이 필요하다.

1) 구조적 분석

구조적 분석은 형식적 분석이라고도 부르며 피검자가 무엇을 그렸느냐 하는 내용에 대한 분석이 아니고 그림을 어떻게 그렸는가를 분석하여 그림을 해석하는 것을 의미한다. 그림을 그린 위치, 그림의 크기, 필압, 획, 지우기, 세부묘사, 왜곡 및 생략, 대칭성과 투명성을 고려하여 해석한다.

(1) 위치

용지의 윗부분에 그리는 경우 피검자의 기대치가 높거나 현실 세계보다는 공상 세계에서 자신의 욕구를 충족하려는 경향을 시사한다. 용지의 아랫 부분에 그리는 경우는 우울감, 부적절감, 불안함, 낮은 에너지 수준을 의미한다.

(2) 크기

그림은 보통 용지의 2/3 정도가 적당하다. 그림의 크기는 자신에 대한 평가와 관련되며 피검자의 공격성, 충동성, 낮은 통제력, 부적절감, 무기력감 등을 시사할 수 있다. 그림이 너무 큰 경우 피검자의 충동적인 성향, 조절되지 않은 내면의 분노나 통제성의 문제를 나타낼 수 있다. 그림의 크기가 너무 작은 경우 피검자의 열등감, 불안감, 부적절감, 낮은 자아강도 등을 시사한다.

(3) 필압

필압은 피검자의 에너지 수준이나 자신감 혹은 긴장 정도를 드러낸다. 강한 필압은 높은 에너지 수준, 공격성, 충동성 등을 나타내지만, 높은 불안이나 긴장을 통제하기 위한 시도로써 나타나기도 한다. 반면 약한 필압은 불안감, 위축, 두려움, 자신감 없음, 우유부단함 등을 나타낸다.

(4) 획(stroke)

획을 길게 그리는 경우 자신의 행동을 통제하려는 경향이나 과도하게 억제하려는 경향을 나타낸다. 반면 높은 불안으로 인한 긴장을 통제하기 위해 짧고 끊어진 획으로 그리는 경우가 있고 강한 충동성과 낮은 자기조절 능력으로 인해 짧고 뚝뚝 끊긴 획으로 그리는 경우가 있다. 연결되지 않은 선은 뇌의 기질적인 손상을 나타내기도 한다. 곡선으로만 그려진 그림은 피검자의 의존성, 순종적인 경향이나 불안감을 나타낸다.

(5) 지우기

그림을 그리다가 특정 부분을 자주 지우는 경우 그 부분이 피검자에게 특별한 의미가 있을 수 있기 때문에 특정 부분이 피검자에게 어떠한 의미가 있는지 고려해볼 수 있다. 지나치게 여러 번 지우는 경우 피검자의 불안감, 우유부단함이나 자기불만족을 나타내기도 한다.

(6) 세부묘사

그림에서 드러나는 과도하고 자세한 세부묘사는 피검자의 높은 불안감을 방어하기 위한 시도, 강박적 경향성, 과도한 억제로 해석한다.

(7) 왜곡 및 생략

그림에서 특정 부분이 왜곡되었거나 생략된 것이 있다면 그 부분과 관련된 피검자의 내적 갈등이나 부적절한 심리 상태를 유추해볼 수 있다.

(8) 대칭성

대칭성을 지나치게 강조하여 그린 경우 성격적으로 과도한 경직성, 융통성 부족, 강박적 경향으로 해석한다. 불안이 높거나 정서적으로 메마른 피검자의 그림에서도 대칭이 특징적으로 나타난다. 반면 대칭성이 너무 부족하면 정신병적 상태나 뇌기능의 장애를 시사하기도 한다.

(9) 투명성

집 그림에서 실내가 다 보이게 그리거나 사람 그림에서 장기나 옷 위로 신체 부위를 그리는 경우 현실검증력의 문제나, 정신증적 문제를 유추할 수 있다.

2) 내용적 분석

내용적 분석에서는 피검자가 무엇을 그렸는가를 분석하는데, 명백하고 큰 특징을 먼저 다루는 것이 좋으며, 그림에 강조된 부분, 생략된 부분, 왜곡된 부분 등을 고려하여 해석한다. 내용 분석에서는 사후질문과정(PDI)을 통해 피검자에게 직접 확인한 내용들을 토대로 분석한다. 그림 자체에 두드러지는 특징이 없는 경우에도 사후질문과정에서 얻게 된 내용으로 피검자에 대한 이해를 높일 수 있다.

(1) 집

집은 피검자가 성장하여 온 가정 상황을 반영한다. 피검자가 자신의 가정과 가족관계를 어떻게 지각하며, 어떠한 감정과 태도를 가지고 있는지를 나타낸다. 성인의 경우 현재 배우자·자녀와 살고 있는 가정을 그리기도 하고 자신의 원가족을 그리기도 한다. 자신의 원가족을 그리는 경우, 어떠한 이유로 원가족을 그렸는지 질문해볼 수 있다.

① 지붕
지붕은 피검자의 정신생활 특히 공상영역을 상징하는데, 공상적인 사고나 인지

기능과 관련된다. 피검자의 사고활동과 현실검증력이 적절한 경우, 크기가 적절하고 균형있는 지붕이 그려진다. 지나치게 크거나 강조된 지붕은 조현병과 같은 자폐적 공상이나 우울한 내담자의 소망이 공상적으로 표현될 수 있다. 지나치게 작은 지붕은 인지과정이 적절히 이루어지지 않거나 이를 회피하고 억압하는 경향을 나타낸다. 지붕을 그물무늬로 표현하거나 음영처리했다면, 우울, 죄책감, 부정적 공상에 대한 과잉통제가 있는지를 확인한다.

② 벽

벽은 피검자의 자아강도 및 자아통제력과 관련되어 있다. 튼튼한 벽은 건강한 수준의 자아를 나타내지만 얇은 벽이나 약한 벽은 약한 자아, 상처 입기 쉬운 자아를 나타낸다.

③ 문

문은 집과 외부 환경과의 직접적인 상호작용을 하는 부분으로 대인관계에 대한 피검자의 태도를 나타낸다. 문이 어떻게 그려졌는지를 통해 피검자가 대인관계나 사회적 관계에 얼만큼 열려있는지를 확인할 수 있다. 문의 생략은 대인관계의 회피적인 태도, 불편감이나 외부세계와의 교류를 원치 않음을 시사한다. 작은 문은 관계 욕구는 있지만 소극적인 태도나 불편감을 나타낼 수 있으며, 반면 지나치게 큰 문은 관계나 친밀감에 대한 높은 욕구나 의존성을 반영한다.

④ 창문

문이 환경과의 직접적인 접촉이라면 창문은 환경과의 간접적이며 수동적인 접촉을 의미한다. 창문을 안 그렸을 경우 타인 및 외부세계와의 교류에 대한 관심의 결여, 불편감이나 폐쇄적인 사고 등을 나타낸다. 너무 많이 그려진 창문은 관계에서의 높은 인정 및 애정 욕구를 반영한다. 반면 커튼이나 다른 사물로 가려진 창문은 타인과의 교류에 대한 경계적인 태도, 폐쇄적 사고 경향, 교류에 대한 불편감 등을 나타낸다.

⑤ 기타

집 주변에 울타리나, 나무, 꽃, 숲 등을 그리기도 하는데 추가로 그려진 사물은 피검자의 특징적인 부분을 반영하므로 상징하는 의미를 확인해 볼 필요가 있다. 집 둘레에 울타리를 그리는 것은 자신을 방어하는 것이며, 자신의 안전감을 방해받고 싶지 않다는 것을 의미한다. 일부 피검자 중에는 안전감의 결여와 불안에 대한 방어로 숲이나 나무와 같은 요소를 첨가하여 집을 둘러싸는 경우가 있다. 계단과 길은 사회적 상호작용이나 교류에서의 환영을 의미한다.

(2) 나무

나무그림은 사람그림에 비해 좀 더 무의식적인 측면에서 피검자의 '자기상'과 '자기개념'을 나타내며 피검자 성격의 핵심적 측면이 나타난다. 나무그림을 통해서 피검자의 무의식적인 자아상, 심리적 적응과 성숙도 및 현실과의 접촉 능력을 알 수 있는데, Buck(1948)은 나무가 피검자의 기본적인 내적인 힘과 자존감 및 이와 관련된 주관적인 느낌을 나타내며, 가지는 환경적으로 자신의 욕구나 만족을 충족시키려고 외부세계와 접촉하는 능력을 나타낸다고 하였다.

① 기둥

나무기둥은 피검자의 성격구조의 견고함, 자아강도, 내면화된 자기 대상의 힘을 나타낸다. 기둥을 해석할 때는 전체적인 나무 크기와 비율을 고려해야 하는데, 나무 기둥이 나무 전체를 잘 지탱할 수 있는 정도의 굵기가 적당하다. 기둥이 과도하게 크고 넓거나 높게 그려질 경우 낮은 자아강도와 심리적인 힘이 약한 것에 대한 보상의 시도라고 볼 수 있다. 너무 좁고 약한 기둥도 심리적인 힘이 약하거나 위축되고 낮은 자아강도를 의미한다. 나무 기둥에 외상이 있는지를 확인할 필요가 있는데 기둥에 옹이구멍이 그려졌을 경우, 성장과정에서의 심리적인 상흔을 상징할 수 있다. 그러나 장식용으로 옹이구멍을 그리는 경우가 있기 때문에, 장식용으로 그려진 옹이인지를 전체적인 분위기를 고려하여 해석할 필요가 있다. 기둥이 한쪽으로 휘거나 기울어진 경우, 자신이 어떠한 외부적 요인에 의해 손상되었다는 것을 의미하거나 우울감을 나타내기도 한다.

② 뿌리

뿌리는 나무를 지탱해주고, 나무에게 영양분을 공급한다. 뿌리가 어떻게 그려졌

나를 통해 피검자가 자신에 대해 갖는 안정감 정도, 자신의 근본적인 모습에 대한 이해, 과거와의 연결 및 현실에 적응하는 자신의 능력에 대한 지각을 확인해볼 수 있다. 뿌리가 잘 그려지고 나무를 지탱하고 있다면 피검자는 현실세계에 잘 적응하는 것으로 볼 수 있다. 뿌리를 지나치게 강조하여 그린 경우, 불안감에 대한 과도한 보상적인 측면으로 해석할 수 있고 뿌리가 없는 경우 자신에 대한 불안정감을 의미한다. 뿌리는 그리지 않았지만 땅을 그리는 경우가 있는데, 이때는 피검자가 내적 자기와 단절감을 느끼지만 안정감은 있거나 외적요인에서 안정감을 찾는 경우를 의미한다.

③ 가지

가지는 영양분을 흡수하여 성장하고 뻗어 나가는 부분으로 피검자가 현실 세계에서 자신의 욕구를 충족하기 위해 외부와 타인에게 접촉하고 대처하는 능력과 스스로 성취를 위해 노력하는 태도를 반영한다. 가지는 사람그림에서 팔이나 손에 해당하며, 피검자 자신이 소유하고 있는 능력을 어떻게 인지하는지를 나타낸다. 가지가 없는 경우 피검자가 세상과의 상호작용이 단절되었다는 것을 반영하거나 현실 세계에서 필요한 대처능력에서의 무능함을 의미한다. 지나치게 큰 가지는 팽창된 자존감이나 성취욕구가 매우 높은 경우로 볼 수 있다. 반면 너무 작게 그려진 가지는 수동적인 태도와 억제된 상호작용을 의미한다. 일부 우울한 피검자의 그림에서 가지가 아래로 처지는 버드나무를 그리는 경우가 있으며, 강한 스트레스나 혼란을 경험하고 있는 피검자의 가지가 헝클어진 선으로 휘갈겨져 그려지기도 한다.

④ 기타

과일나무는 어린 아동에게서 많이 그려지는 게 일반적이고 나무에 그려진 과일은 사랑과 애정에 대한 욕구를 반영한다. 나무 그림에 새, 열매, 꽃, 둥지 등을 그려 넣는 경우 외부세계와의 접촉에 대한 불안감을 보상하려는 의도로 그려지는 경우가 있고 관심과 인정에 대한 욕구로 그려지기도 한다. 특히 나무 속에 동물을 그린 경우는 애정에 대한 높은 관심과 심리적 의존성을 반영한다. 죽은 나무나 잘린 나무를 그린 경우 현실에서의 부적응 상태에 놓여 있는 경우나 우울한 피검자에게서 그려지기도 한다. 어린 묘목으로 그려지거나 나무의 나이가 자신의 실제 나이보다 더 어리게 표현한 경우, 심리적인 미숙함이나 의존성의 표현일 수 있다. 반대로 나무의 나이가 자신보다 많은 경우 미성숙에 대한 방어를 의미할 수 있다. 또한 나무의 수관과 기둥을 끊이지 않게 하나의 선으로 그린 경우 '열쇠구멍나무'라고 한다. 열쇠구멍나무는 검사에 대한 저항의 표현이기도 하고 우울하고 에너지 수준이 낮은 피검자의 그림에서도 나타난다.

(3) 사람

사람그림에도 '자기상'이 투사되는데, 나무그림에서 무의식적인 자기상이 투사되었다면 사람그림에서는 좀 더 의식적인 수준이 드러난다. 피검자가 그림 속의 신체상(body image)에 자신에게 있는 갈등, 불안이나 충동을 의식적 혹은 무의식적으로 반영해서 그린다는 '신체상 가설'을 근거로 그림을 해석할 수 있다. 또한 자기상뿐만 아니라 이상적인 자기나 자신이 지각하는 대상에 대한 상과 관련된 여러 감정들이나 욕구들이 투사되어 그려지게 된다. 아동의 경우 자신을 그리는 경우도 있지만 부모와 같이 자신에게 중요한 대상이 그려지기도 한다.

① 머리

머리는 피검자의 지적 능력과 공상 활동 및 자기 통제 능력에 대한 정보를 나타낸다. 과도하게 큰 머리는 지적능력이 부족한 것에 대한 보상의 시도로 그려지거나 반대로 지적능력을 과시하고 싶을 때 크게 그려질 수 있다. 일부 공상 활동을 지나치게 많이 하는 경우나 사회적응이 순조롭지 않고 공격적인 성향의 경우에도 머리가 크게 그려질 수 있다. 머리가 너무 작다면 지적인 열등감이나 약한 자아의 표현일 수 있다. 머리가 둥글지 않고 왜곡된 경우 지적 능력의 어려움이나 사고장애를 유추할 수 있다. 대개 아동의 경우 성인보다 비율적으로 큰 머리를 그린다.

② 얼굴

피검자가 외부의 현실세계와 어떻게 접촉하는가를 얼굴을 통해 알 수 있다. 얼굴을 그리지 않았다는 것은, '나'라는 정체성이 혼란스럽거나 심하게 우울한 경우 혹은 현실세계에서의 낮은 자신감과 높은 부적절감을 시사한다. 얼굴을 그리지 않고 뒷모습으로 그린 경우, 외모에 대한 자신감의 부족을 의미하기도 하지만 일반적으로 현실세계와의 접촉에 있어 회피적이고 예민함을 나타내거나 거부적인 태도를 반영한다. 또한 측면으로 그려진 경우 대인관계에서의 소심함이나 회피적인 성향을 나타낸다.

③ 눈

눈은 피검자가 환경과 접촉하고 외부의 자극을 받아들이는 부분이 되며 피검자의 마음의 창이라고도 볼 수 있다. 눈은 피검자의 태도나 기분을 드러내는 역할을 하기 때문에, 눈이 그려지지 않았다면 타인과의 교류에서 높은 불안감을 반영하거나 사고장애를 시사한다. 안경이나 머리카락으로 가려진 눈 또한 외부세계와의 소통에 대한 회피와 위축을 나타낸다. 눈이 강조되어 크게 그려진 경우, 타인과의 관계에서 정서적 교류에 대한 예민함이나 편집증적 성향을 나타내고 너무 작게 그려진 눈은 외부세계보다는 자신에게 더 집중하는 내향성을 반영할 수 있다.

④ 코

아동의 그림에서는 코가 자주 생략되어 그려진다. 코는 얼굴에서 눈 다음으로 눈에 띄는 부분으로 코가 그려지지 않은 것은 자신이 어떻게 비춰지는지에 대해 부끄럽거나 자신 없음을 시사한다. 자신의 외모에 자신이 없고 위축된 경우 코가 작게 그려지기도 한다. 반면 코를 강조해서 크게 그린 경우, 외부에서 오는 자극에 대한 예민함이나 외모에 관심이 많다는 것을 나타낼 수 있다. 일부 남성 성기의 상징이나 권력 욕구의 상징으로 나이든 남성이나 남자 청소년의 그림에서 코가 강조되어 그려지는 경우도 있다.

⑤ 입

입은 음식을 섭취하는 생존과 더불어 타인과 의사소통하는 부분으로 개인의 생각이나 감정을 표현하는 심리적 충족과 관련된다. 이 두가지 측면에서 해석이 모두 가능한데, 입을 강조하여 그린 경우 피검자의 구강기적 특성이나 언어적인 문제를 나타낼 수 있다. 입이 생략되었다면 우울증적 상태나 중요한 대상과의 관계에서의 결핍이나 갈등을 나타내기도 하고 정서 및 애정 교류에 있어 좌절감이나 위축감을 표현일 수 있다. 입을 작게 그린 경우 애정 교류에 있어 방어적인 측면에서 회피적인 태도의 시도로 볼 수 있고 선으로 입을 그린 경우는 애정 교류에 있어 냉담한 태도를 나타낸다.

⑥ 목

목은 신체와 머리를 연결해주는 부분으로 목 부분이 적절히 통합되면 피검자의 적절한 통제감과 조절능력을 의미한다. 목을 그리지 않은 경우, 충동성, 사고장애나 뇌기능 장애를 시사할 수 있다.

⑦ 팔과 손

팔과 손은 나무그림에서 가지와 같이 피검자가 외부 세계와 직접 접촉하는 부분으로 해석할 수 있다. 따라서 팔과 손은 피검자가 외부세계에서 얼마만큼 자신의 욕구나 필요를 상호작용이나 대처능력을 활용하여 충족하는지를 나타낸다.

팔을 그리지 않은 경우, 팔을 몸 뒤로 그려 보이지 않게 그린 경우나 혹은 팔이 보이지 않게 그린 경우나 팔을 한쪽만 그린 경우 외부 세계에서의 대처나 상호작용에 있어서 회피적인 태도를 보이며 심리적인 불편감을 느끼고 있다고 볼 수 있다. 팔이 몸에 지나치게 붙어 있다면 방어적 경향성이나 수동적인 태도를 의미한다. 짧은 팔은 세상과 소통하고 접촉하는 데 있어 부적절감이나 의욕이 부족함을 나타내고 너무 길게 그려진 팔도 부적절감이나 무기력감을 보상하는 시도로서 해석할 수 있다.

손은 팔과 같은 맥락에서 환경에 대한 자신의 통제능력을 좀 더 구체적으로 확인해볼 수 있다. 원모양의 손은 피검자의 의존성과 적응이나 대처에서의 무력감을 나타내고, 뾰족하게 그려진 손, 큰 손이나 주먹을 쥔 손은 경우에 따라 공격성을 나타낸다. 작은 손은 심리적 불안정감이나 무력감을 반영한다. 간혹 팔은 그렸지만 손이 생략된 경우가 있는데, 생략된 손은 환경과 접촉하는 데 있어서의 부적절감이나 두려움을 나타낸다.

⑧ 다리와 발

다리는 개인이 땅을 딛고 서고 일상생활에서 자율적으로 움직일 수 있는 부분으로 안정감과 현실에서의 대처능력을 나타낸다. 다리를 그리지 않거나 한쪽 다리만 그린 경우, 현실에서 스스로 서거나 대처하는 능력의 부족이나 자신감 부족을 나타낸다. 다리가 너무 크거나 길게 그려진 경우, 안정에 대한 욕구와 연관될 수 있고 작은 발은 자신감 부족과 수동적인 태도 및 불안정감을 나타낸다.

발을 그리지 않은 경우에도 자율성의 부족, 불안정감, 위축감을 나타낸다. 큰 발은 자율성을 과하게 강조함으로써 불안정감과 두려움을 보상하려는 시도로 해석할 수 있고, 작은 발은 이에 대한 위축과 자신감 없는 상태를 반영한다. 동그랗게 그려진 발은 의존성을, 뾰족하게 그려진 발은 자율성과 관련하여 적대감과 분노를 느끼는 상태를 시사한다.

⑨ 기타

사람 그림에서 일반적으로 동성의 인물을 먼저 그리지만 7세 이하의 아동들은 어머니가 중요한 대상이 되기 때문에 여성을 먼저 그리는 경우가 있다. 그림의 이성상을 먼저 그리는 경우 이성에 대한 성적 관심이 있거나 의미 있는 이성이거나 그 대상과 심리적으로 밀착된 경우일 수 있다. 반면 성 정체성에서의 혼란을 반영할 수도 있다. 의복을 그릴 때 단추를 그리는 경우 유아적인 성향이나 의존성을 나타내기도 한다.

4 사례

1) 집그림

이 집그림은 ADHD로 진단받고 애정욕구와 관계에 대한 욕구가 높은 초등학교 4학년 여아의 집 그림이다. 이 그림을 보면 우선 집의 크기가 매우 크게 그려져 지면을 벗어난 것이 특징적이다. 또한 획의 흐름이 일정하지 않고 곡선으로 휘어진 것은 주의력이 부족하고 충동적인 피검자의 ADHD 기질적인 특성을 반영

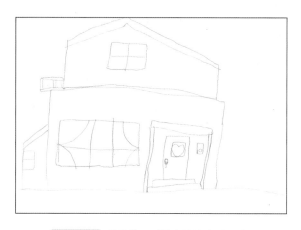

그림 3.1　초등학교 4학년 여아의 집그림

하고 있다. 두 개의 창문이 매우 크게 그려져 있고 문에도 창문이 그려져 있는데 피검자의 접촉에 대한 욕구를 나타내고 있다. 같은 맥락으로 문고리와 초인종이 그려져 있고 집 문으로 이어진 계단의 표현은 타인과의 관계에 있어 매우 개방적인 피검자의 성향을 나타낸다.

2) 나무그림

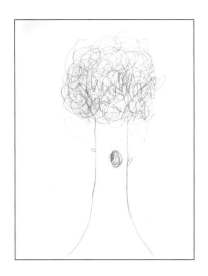

이 나무 그림은 또래 관계의 어려움과 무기력함과 우울함을 호소하는 13세 남아의 나무 그림이다. 그림에서 수관의 표현이 매우 특징적인데, 헝클어지고 낙서하듯이 음영처리된 수관이 마치 잘라진 듯이 짧게 그려진 가지를 가리고 있다.

피검자가 실제 외부세계에서 대처하고 접촉하는 능력이 없는 것은 아니지만, 현재의 심리적인 혼란감으로 인해 전혀 드러나지 않고 있으며, 나무의 크기에 비해 짧게 그려진 가지는 외부세계에서 대처하는 데 있어서의 피검자의 수동성과 태도에서의 억제를 의미한다. 헝클어진 선으로 음영처리된 수관의 모습은 실제 피검자가 느끼는 심리적인 불안정성과 혼란스러움을 나타낸다. 또한 나무기둥의 검게 칠해진 옹이구멍은 자아의 상처로 피검자의 외상경험을 반영한다. 실제 피검자는 초등학교 1학년때 왕따 경험으로 인해 학교 부적응을 경험하였고 그 이후로 타인과 자기에 대해 부정적으로 지각하는 특성을 보여왔다. 이 나무도 뿌리가 그려지지 않고 기둥이 지면 아래까지 이어졌는데, 피검자의 심리적인 불안정성을 반영한다.

3) 사람 그림

〈그림 3.3〉은 충동적이고 공격적인 성향의 15세 남자 청소년의 사람그림이다. 피검자는 평소 또래에게 심한 장난을 치거나 괴롭혀서 또래관계의 어려움이 있었고 선생님과 같은 권위 있는 대상에게 도전하는 경향이 있다. 그림을 보면 인물의 크기가 상당히 큰 것을 알 수 있는데, 피검자의 공격성과 충동성과 행동화(acting out) 가능성을 시사한다.

특히 얼굴에서 마치 상대를 놀리는 듯한 표정의 눈의 강조는 피검자가 부적응적으로 타인과 관계를 맺는 방식에 대한 정보를 주고 있으며, 콧구멍의 강조는 대인관계에서 피검자의 미성숙한 태도와 공격정인 성향을 나타내고 있다. 또한 과하게 강조되어 크게 그려진 입은 상대방으로 하여금 심리적인 불편감을 갖게 하는 피검자의 성향을 보여준다. 손가락이 뾰족하게 그려진 것은 적대적이고 공격적인 행동을 보여줄 수 있음을 나타낸다.

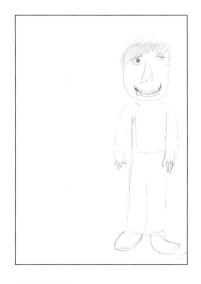

그림 3.3 중학교 2학년 남자
청소년의 사람그림

그림 3.4 초등학교 5학년
여아의 사람그림

〈그림 3.4〉는 불안이 높고 어머니와의 애착문제로 인해 심리적인 미성숙과 또래관계에서의 어려움을 보이는 초등학교 5학년 여아의 사람그림이다. 이 그림에서 피검자는 매우 짙은 필압을 사용하였는데, 검사 시 불안이 높아져 손떨림이 나타나자 손떨림을 통제하고자 강한 필압을 사용하였다. 작은 크기의 사람은 경직된 자세로 좌우 대칭을 이루고 있으며 머리에는 짙은 음영처리가 되어 피검자가 느끼는 높은 불안감이나 경직된 태도를 나타내고 있다.

인물에서 보면 눈이 강조되었는데, 이는 대인관계에서 과하게 경직되고 불편감을 느끼는 피검자의 성향을 나타낸다. 초등학교 5학년 여아의 사람그림이라고 하기에는 그림이 정서적으로 메말라 있는 느낌의 사람그림인데, 높은 불안수준으로 인해 자유로운 자기표현이나 감정표현이 어렵다는 것을 추측해볼 수 있다.

김갑숙, 이미옥, 전영숙, 기정희 (2019). 그림을 통한 심리진단 및 평가 II. 서울: 학지사.

김동연, 공마리아, 최외선 (2006). HTP와 KHTP 심리진단법. 대구: 동아문화사.

신민섭 등 (2003). 그림을 통한 아동의 진단과 이해: HTP와 KFD를 중심으로. 서울: 학지사.

주리애 (2015). 미술심리진단 및 평가. 서울: 학지사.

Buck, J. (1948). The House-Tree-Person technique. A qualitative and quantitative scoring manual. *Journal of Clinical Psychology, 4,* 397-405.

Buck, J. (1948). *The House−Tree−Person technique.* Los Angles: Western Psychological Services.

Buck, J. (1966). *The House−Tree−Person technique: Revised manual.* Los Angles: Western Psychological Services.

Goodenough, F. L. (1926). *Measurement of intelligence by drawings.* New York: Harcourt, Brace, & World.

Hammer, E. (1958). *The clinical application of projective drawings.* Spiringfield, IL: Charles C Thomas.

Hammer, E. (1969). Hierarchical organization of personality and the H-T-P, achromatic and chromatic. In Buck J. N., & Hammer, E. F. (Eds.) *Advances in House−Tree−Person Techniques: Variation and Applications.* Los Angels: Western Psychological Services, 1-35.

Harris, D. B. (1963). *Children's drawings as measures of intellectual maturity.* New York: Harcourt, Brace, & World.

Hulse, W. C. (1951). Childhood Conflict Expressed Family Drawings. *Journal of Projective techniques and personality assessment, 16,* 66-79.

Koppitz, E. M. (1968). *Psychological evaluation of children's human figure drawing.* New York: Grune & Stratten.

Machover, K. (1949). *Personality projection in the drawing of human figure.* Springfield, IL: Charles C. Thomas.

동적가족화

1 개관

동적가족화(Kinetic Family Drawing: KFD 이하)는 가족화(Drawing A Family)에 가족구성원의 움직임을 첨가한 투사화로 Burns와 Kaufman(1970)에 의해 발전되었다. 동적가족화는 가족화에서는 잘 드러나지 않는 가족의 역동성이나 가족구성원에 대한 감정 및 태도 등을 파악할 수 있다는 장점이 있으며, 가족에 대한 지각, 부모와 형제 및 자매에 대한 지각, 자신에 대한 지각 및 가족 내에서 피검자 자신의 심리적인 위치나 역할에 대한 풍부한 정보를 얻을 수 있다는 장점이 있다.

앞서 HTP 그림 검사의 개발 이후 다양한 투사적 그림검사들이 개발되었다. Machover(1949)는 지능뿐 아니라 개인적이며 정서적인 요소도 포함하는 인물화(Draw-A-Person: DAP) 검사를 개발하였으며, 그 후 Hulse(1951)가 DAP와 HTP보다 더 확장되고 수정된 가족화 검사(Family Drawing Test: FDT)를 개발하였는데, 피검자에게 자신의 가족을 그리도록 하여 가족 구성원에 대한 피검자의 지각이나 가정에서의 자신의 위치 및 정서적 지표를 확인하도록 하였다. FDT가 가족에 대한 중요한 정보를 얻는다는 장점을 지니지만 그림이 마치 가족 초상화처럼 가족 구성원들을 일렬로 나열되어 정지된 것처럼 보이는 그림이 그려졌다. 이러한 점을 극복하기 위하여 Burns와 Kaufman(1970)은 Hulse(1951)의 가족화 검사에 움직임을 첨가하여 KFD를 개발하였다.

KFD는 자기 자신을 포함한 가족구성원 모두가 무엇인가를 하고 있는 장면을 그리도록 하여 각 인물들에게 '운동성'과 같은 움직임을 도입하였다. 이러한 시도로 KFD의 가족구성원이 일렬로 나열되거나 가만히 서 있지 않고 어떠한 활동을 하고 있게 그려져, 가족관계의 측면에서 피검자의 감정을 표출하도록 하도록 하였다. 이 검사에서 피검자는 가족화에서 가족에 대한 지각, 즉 가족 구성원 중 자신에게 심리적으로 긍정적이거나 부정적인 영향을 미치는 사람을 드러낸다. 더불어 가족 구성원의 활동과 움직임이 반영되었기 때문에, 가족 구성원의 친밀감이나 단절감 혹은 가족 내의 정서적 역동성이 자연스럽게 드러나게 된다.

이와 같이 KFD는 피검자가 자신의 가족에 대해 어떻게 느껴왔는지에 대한 주관적인 경험과 판단을 반영해주기 때문에 의식적, 무의식적 투사검사로 임상현장에서 가장 많이 사용되는 검사들 중 하나이다.

2 실시방법

1) 준비물

A4용지, 연필, 지우개

2) 시행절차

검사자는 A4용지 한 장과 연필과 지우개를 준비하고 종이는 가로로 제시한다. 피검자에게 "자신을 포함하여 가족구성원이 무엇인가 하고 있는 그림을 그려보세요. 막대기 모양 사람이 아니고 완전한 사람을 그려 주세요"라고 지시한다. HTP검사와 마찬가지로 피검자가 그림과 관련한 질문을 할 경우, 원하는 대로 그리도록 한다. 시간제한은 하지 않으나 대개 20-30분 정도 소요되며, 그림을 완성한 후 피검자가 그림을 그릴 때 걸린 시간을 측정하여 기록한다.

피검자가 검사 시 질문을 할 경우, "원하는 대로 그리면 됩니다."라고 답하며 자유롭게 표현하도록 하되, 무언가를 암시하는 듯한 응답은 피한다. 그림을 완성한 후 그림 속에서 인물상을 그린 순서, 그린 인물상이 누구인지, 무엇을 하고 있는지를 확인하고, 다음 사후질문과정(PDI)에서 이와 관련한 상세한 정보를 얻을 수 있다.

피검자가 그림을 그린 후, 그린 인물이 누구인지, 나이 및 그림에 등장한 인물들의 정보를 충분히 얻을 수 있다. 다음과 같은 질문을 통해 피검자와 가족 구성원에 대해 이해하고 해석을 위한 질문의 내용은 다음과 같다.

- 이 사람은 지금 무엇을 하고 있는가?
- 이 사람의 좋은 점은 무엇인가?
- 이 사람의 나쁜 점은 무엇인가?
- 이 사람의 기분은 어떠한가?
- 이 그림을 보면서 무슨 생각을 했는가?
- 이 그림을 보면 무슨 생각이 드는가?
- 이 그림에 그려진 상황 바로 전에는 어떤 일이 있었을 것 같은가?
- 앞으로 이 가족은 어떻게 될 것 같은가?
- 만일 이 그림에서 무언가를 바꿀 수 있다면 무엇을 바꾸고 싶은가?

3 검사의 해석

KFD의 해석은 '인물의 활동(action)', '그림의 양식(style)', '그림의 상징(symbols)', '역동성(dynamics)' 및 '인물상의 특성(figure characteristics)'의 5가지 영역으로 이루어진다. 각각의 영역은 다양한 임상적 의미를 제공하며 피검자가 무의식적으로 드러내는 가족구성원 간의 역동과 가족관계를 확인할 수 있다.

1) 인물상의 행위

가장 먼저 그림 속 가족 구성원이 어떤 행위를 하고 있는지를 확인한다. 인물상의 행위는 두 가지 관점에서 해석될 수 있다. 먼저, 인물 행위의 상호작용 측면에서 가족구성원 모두가 상호작용하고 있는가, 아니면 일부만 상호작용을 하는가, 상호 작용 자체가 없는가에 따라 가족의 전체적 역동성과 피검자가 지각하는 가족관계 를 볼 수 있다. 또한 인물의 행위는 가족 내 역할 유형을 알아볼 수 있는데, Burns와 Kaufman(1972)은 각 인물상의 행위를 아버지상, 어머니상, 그리고 자기상의 중심으 로 분석하였다. 대개 아버지상은 TV, 신문보기, 일하는 모습, 잠자는 모습으로 많이 나타나고, 어머니상은 가사 일을 하는 모습으로, 자기상은 공부, TV보기, 노는 모습 등으로 그려진다. 최근 그려진 KFD에서는 각각의 구성원이 스마트 폰을 하거나 전 자 매체를 사용하고 있는 모습들도 자주 등장한다. 인물의 활동을 확인할 때, 아래의 그림 양식, 상징 등을 함께 고려하여 전체적인 관점에서 해석하도록 한다.

② 그림의 양식

'그림의 양식'은 피검자가 가족구성원에 대한 감정과 역동 및 신뢰감 등을 인물 상의 접근, 거리를 강조하거나 숨기기도 하며 의식적으로 혹은 무의식적으로 포장하 여 드러내는 형태로 나타난다. 이러한 그림의 양식이 때로는 명확하게 드러나기도 하 지만 이를 드러내지 않으려는 의도에도 불구하고 그림에서 특징적으로 표현되기도 한다. 그림의 양식은 다양하게 나타나지만, 그 특징에 따라 일반적인 양식, 구획화, 포위, 가장자리, 인물하 선, 상부의 선, 하부의 선, 종이접기 등으로 분류할 수 있다.

(1) 일반적 양식

일반적으로 우호적이고 온화한 상호작용을 하고 있는 가족구성원이 표현된다. 이들 간에 복잡한 혹은 명백한 장벽이 없고 거리감이 느껴지지 않으며, 인물들이 한 공간에서 무언가를 함께 하는 모습으로 그린다.

(2) 구획화

가족구성원이 직선이나 곡선을 사용하여 인물들을 의도적으로 구분하거나 분리하는 경우다. 가정에서 긍정적인 상호작용과 정서적인 교류가 이루어지지 않고 감정이 단절되어진 경우 구획화가 나타난다. 구획화의 극단적인 양식으로 아예 검사 용지를 접는 경우가 있고, 용지를 사각형으로 테두리를 둘러서 가족구성원을 각각 그리는 경우도 있다. 이러한 경우 자신과 가족구성원을 분리시켜 감정을 철회하거나 회피하고자 하는 마음이나 피검자의 불안한 마음을 반영한 것으로 해석할수 있다.

(3) 포위

포위는 그려진 인물을 어떤 사물이나 선으로 둘러 싸고 있는 양식으로, 인물들간 사물이 있어서 직접 연결되지 않는다. 이를테면, 인물이 소파 뒤에 앉아 있다든가, 줄넘기의 줄로 사람을 감싸서 포위한 형태이다. 이는 자신을 보호하기 위해 위협적인 인물을 분리하거나 가족구성원 간의 관계에 있어서 마음을 닫는 하나의 표현으로 정서적 단절을 시사하기도 한다. 두 인물을 같이 포위하는 경우도 있는데, 어머니와 자신을 함께 포위한 경우, 어머니와 자신을 동일시하는 경향으로 해석할 수 있다.

(4) 가장자리

검사 용지의 가장자리에 인물을 그리는 것으로, 검사 시 긴장하거나 위축된 경우에도 가장자리 양식이 나타나고, 심리적 저항의 표현이기도 하다. 또한 친밀한 관계에 대한 저항으로 해석할 수 있으며, 문제의 핵심에서 회피하려는 경향으로도 볼수 있다.

(5) 인물하 선

인물 아래 선을 긋는 경우는 특정 가족구성원에 대한 불안감이 강한 경우 혹은 위협을 느끼는 경우를 강조한 것으로 마치 중요한 부분에 밑줄을 긋는 것과도 같은 강한 불안감의 표현이다.

(6) 상부의 선

상부의 선은 불안 또는 걱정이나 공포감이 있음을 의미하는데, 한 선 이상이 전체적 상단을 따라서 그려진 경우가 있고 특정 인물 위에 부분적으로 그려진 경우도 있다.

(7) 하부의 선

하부의 선은 피검자가 가정 내에서 현재 강한 스트레스를 받고 있으며 안정감이 필요하며 도움을 받고 싶은 욕구가 필요할 때 나타난다. 붕괴 직전에 놓인 가정이나 가정에서 많은 스트레스에 노출된 경우 한 선 이상이 전체적 하단을 따라 그려질 수 있다.

3) 상징

KFD에 그려진 모든 사물에 대해 동일한 임상적 의미를 부여하는 것은 적합하지 않고, 그림에 그려진 사물에 대한 해석에 있어 사후질문과정(PDI)를 통해 얻은 정보를 활용하여 통합적으로 해석하는 것이 적절하다. 하나의 상징이 모든 피검자에게 같은 의미를 지닌다고 볼 수는 없으나 임상적으로 의미를 부여할 수 있는 영역은 아래 〈표 3.1〉과 같이 분류할 수 있다.

4) 그림의 역동성

가족 간의 감정을 용지의 전체적 맥락에서 파악할 수 있는 영역으로 그려진 순서, 인물상의 위치, 인물상의 크기, 인물상의 거리, 인물상의 얼굴 방향, 인물상의 생략, 타인의 묘사 등이 포함된다.

표 3.1 · KFD검사의 상징 해석

상징 해석	표현된 내용
공격성, 경쟁심	공, 축구공, 그 외 던질 수 있는 사물, 빗자루, 먼지떨이, 골프채 등
애정, 양육, 희망	태양, 전등, 난로 등과 적당한 양의 열과 빛(빛이나 열이 강력하고 파괴적일 때는 애정이나 양육의 욕구, 적개심을 나타내기도 함), 다림질을 하고 있는 어머니, 요리하는 어머니 * 아동의 그림에서는 태양이 일반적으로 나타나므로 특별한 의미가 없을 수 있음
분노, 거부, 적개심	칼, 총, 방망이, 날카로운 물체, 불, 폭발물 등
힘의 과시	자전거, 오토바이, 차, 기차, 비행기 등(자전거를 제외하고 모두 의존적 요소에 의한 힘의 과시)
우울감	물과 관계되는 모든 것, 비, 바다, 호수, 강 등

(1) 인물 묘사의 순서

KFD에서 인물을 그린 순서는 가족의 서열을 반영하거나 자신에게 정서적으로 중요한 대상의 순서를 나타내기도 한다. 예를 들어, 어머니가 아버지보다 먼저 그려진 경우 피검자에게 아버지보다 어머니가 더 중요한 대상이라는 것을 의미한다. 가장 마지막에 그려진 경우, 그 인물이 가정에서 별로 중요한 역할을 하지 못하거나 피검자에게 중요한 인물이 아닐 수 있다.

(2) 인물상의 위치

인물이 용지에서 어디에 위치해있느냐를 살펴보는 영역으로, 인물상의 위치에 따라 임상적인 의미가 있다. 예를 들어, 용지의 상단에 그려진 인물상은 가족 내에서 가족을 이끌어가는 주도적이고 지배적인 인물일 가능성이 높다. 반면 용지 하단에 그려진 인물상은 우울하거나 에너지가 부족하고 지배를 받는 입장의 인물일 수 있으며, 중앙에 그려진 인물상은 실제로 가족의 중심인물인 경우가 많다. 또한 우측에 그려진 인물상은 활동적이고 적극적인 성향을, 좌측에 그려진 인물은 소극적이거나 침체적인 성향을 지닌다고 해석할 수 있다.

(3) 인물상의 크기

인물상의 크기는 가족구성원의 실제 키를 반영할 수도 있지만, 일부 그림에서 크기는 객관적인 지표가 아니라 주관적인 지표로 볼 수 있다. 인물상의 크기는 피검자가 각 가족구성원에 대해 갖는 감정과 태도를 나타내며, 그 인물이 얼마나 힘이 있고 중요한지를 반영한다. 크게 그려진 인물상은 존경받는 대상이거나 권위적인 대상으로 중심적 위치에 있을 가능성이 높고, 작게 그려진 인물상은 중요도가 떨어지거나 무시의 의미가 될 수 있다.

(4) 인물상의 거리

인물상 간의 거리는 피검자가 지각하고 있는 구성원 간 친밀성의 정도나 심리적 거리를 나타내는 것으로 각각의 인물 간 거리가 가까울수록 친밀한 사이로 볼 수 있다. 만일 인물 간에 서로 사물이나 방해물이 있거나 분리되어 거리가 멀리 그려졌다면 이 둘이 실제 가정 내에서 정서적인 거리감이 존재하거나 친밀한 상호작용이나 의사소통이 소원한 경우가 많다.

(5) 인물상의 방향

인물상이 그려진 방향이 '앞모습', '옆모습', '뒷모습' 중 어느 방향인가에 따라 임상적 의미가 달라진다. 그려진 인물상이 '앞모습'일 경우 피검자가 긍정적인 감정으로 지각하는 대상이며, '옆모습'일 경우 반긍정, 반부정적인 양가적인 감정을 반영한다고 볼 수 있다. 또한 '뒷면'으로 그려진 인물상에 대해서는 부정적인 감정과 태도로 지각한다고 볼 수 있다.

(6) 인물상의 생략

피검자가 가족구성원 중 특정 인물을 그리지 않았거나 그림을 그리다가 지웠을 경우 그 인물에 대해 부정적인 감정이 있거나 양가감정을 느끼고 있다는 것을 반영한다. 가족원의 일부를 용지의 뒷면에 그리는 경우도 간혹 있는데, 이런 경우 그 대상과의 직접적인 갈등을 시사한다.

(7) 타인의 묘사

피검자 자신에게 친밀한 대상이거나 신뢰할 만한 대상인 경우 가족구성원 이외의 인물로 그려진다. 피검자에게 초기 애착 대상인 할머니나 이모가 그려지는 경우가 있고 친구가 그려지는 경우도 있다.

5) 인물상의 특징

KFD에서 해석할 필요가 있는 인물상의 특징은 다음과 같다. 인물상의 특징을 해석할 때, HTP검사의 사람그림 검사에서 다룬 해석과 관련된 부분을 참고하여 해석하도록 한다.

(1) 음영

어떤 인물의 신체 특정 부분에 음영이 그려질 경우 그 신체 부분에 대한 몰두, 고착, 불안을 반영하기도 하며, 음영이 표시된 인물에 대한 부정적인 감정이나 적개심 등의 표현일 가능성도 있다.

(2) 얼굴 표정

얼굴 표정은 직접적인 정서적 반응과 감정을 나타내준다. 그림에서 드러나는 인물의 표정은 실제 가족 내에서 지각하는 정서적 반응일 수도 있고 피검자 자신이 가족구성원에게 느끼는 직접적인 감정이 되기도 한다. 표정을 그리지 않는 경우, 가족 내에서 느끼는 정서적 어려움이나 갈등이 있지만 이를 회피하려는 시도로 해석할 수 있다.

(3) 회전된 인물상

특정 가족구성원만 다른 방향으로 그리거나 기울여서 그리는 경우가 있다. 이는 그 구성원에 대한 거리감, 거부감, 또는 불편감 등을 나타내기도 하지만 경우에 따라서 그림 표현력의 부족으로 회전된 인물상을 그릴 수 있다.

(4) 막대기 모양 인물상

지적장애나 다른 뇌손상이 없는 피검자가 막대기가 아닌 사람을 그리라는 요청에도 막대기 모양으로 그린 것은 가족 간에 정서적 유대감이 부족하거나 부정적인 감정 혹은 갈등을 나타내는 대상에 대한 강한 저항의 표시일 수 있다. 또한 검사 상황이나 검사자에 대한 저항의 표현으로 막대기 모양으로 사람을 그릴 수 있다.

4 사례

그림 3.5 중학교 2학년 여자 청소년의 KFD

이 그림은 외로움과 소외감을 호소하는 한부모 가정의 15세 여자 청소년의 KFD이다. 피검자는 평소 외로움을 자주 느끼며, 우울감을 호소하고 있었다. 어머니는 청소를 하고 있고 자신은 강아지와 놀고 있는 장면을 그렸다. 어머니와 한 공간에 있지만 두 사람 간의 어떠한 교류나 상호작용이 나타나지 않고 어머니는 뒷모습으로 표현되었는데, 뒷모습의 어머니는 피검자가 어머니에게 느끼는 부정적인 정서를 나타낸다고 볼 수 있으며, 두 사람 간의 거리가 멀리 떨어져 있다는 것은 어머니와의 관계에서 피검자가 느끼는 심리적 거리감과 소외감을 반영한다. 어머니 상의 하단에 그려진 하부의 선은 평소 피검자가 지각하는 심리적 불안정감과 정서적 결핍을 나타내며, 피검자가 가정 내에서 심리적 안정감을 느끼고 상호작용을 하는 대상은 어머니가 아닌 강아지라는 것을 반영한다.

이 그림은 또래 및 대인관계의 어려움과 우울 및 불안감을 호소하는 11세 남자 아동이 그린 동적가족화이다. 이 그림은 전형적인 구획화 양식의 그림이며, 가족 구성원을 의도적으로 분리하여 피검자가 가족 구성원에게 느끼는 정서적 단절을 반영하고 있다. 가족들이 매우 작은 크기로 그려졌고, 인물의 표정을 알아볼 수 없게 그려졌는

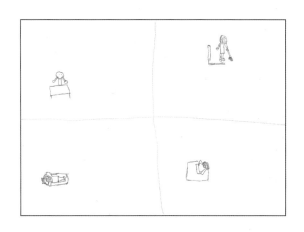

그림 3.6　초등학교 4학년 남아의 KFD

데, 피검자의 심리적 위축 및 낮은 에너지 수준을 반영하는 것으로 볼 수 있다. 왼쪽 상단에 그린 자신은 책상에 앉아서 공부를 하는 모습으로 표현되었고 오른쪽 상단에 그려진 어머니는 청소를 하고 있지만 뒷모습으로 그려졌다. 왼쪽 하단에 그려진 아버지는 마찬가지로 뒷모습으로 표현되었는데, 엎드려 핸드폰을 하는 모습이며, 오른쪽 하단에 그려진 형은 책상에서 게임을 하고 있다. 서로 다른 공간에서 서로 다른 행위를 하는 이 동적가족화는 가족이 함께 상호작용한다는 느낌보다 각자의 행위를 하며 감정적으로 분리 및 격리된 상태라는 것을 보여주고 있다. 특히 부모님이 뒷모습으로 표현되었는데, 평소 자신의 감정이나 어려움에 공감해주지 못하고 정서적으로 분리된 아버지, 어머니에 대한 부정적인 감정을 나타내고 있다.

더 읽을거리

김갑숙, 이미옥, 전영숙, 기정희 (2019). 그림을 통한 심리진단 및 평가Ⅱ. 서울: 학지사.

신민섭 등 (2003). 그림을 통한 아동의 진단과 이해: HTP와 KFD를 중심으로. 서울: 학지사.

주리애 (2015). 미술심리진단 및 평가. 서울: 학지사.

Burns, R. C., & Kaufman, S. H. (1970). *Kinetic Family Drawing(K−F−D): An Introduction to Understanding Children Trough Kinetic Drawing.* New York: Brunner/Maze.

Burns, R. C., & Kaufman, S. H. (1972). *Action, Styles, and Symbols in Kinetic Family Drawing(K−F−D).* An Interpretative Manual. New York: Brunner/Maze.

Hulse, W. C. (1951). Childhood Conflict Expressed Family Drawings. *Journal of Projective techniques and personality assessment, 16,* 66-79.

Machover, K. (1949). *Personality projection in the drawing of human figure.* Springfield, IL: Charles C. Thomas.

03

동그라미 중심 가족화

1 개관

　동그라미 중심 가족화(Family-Centered-Circle Drawing: FCCD 이하)는 가족관계의 특성을 알아볼 수 있는 검사로 Burns(1990)에 의해 개발되었고, 피검자가 자신의 가족에 대해 갖는 감정과 생각을 나타내도록 임상현장에서 활용되고 있다.

　검사자는 원이 그려진 용지를 피검자에게 제공한다. 검사지에 그려진 원은 내담자에게 좀 더 편안한 마음으로 그림을 그릴 수 있게 하고 만다라와 마찬가지로 마음의 균형을 갖게 한다. 또한, 빈 용지가 아닌 원이 그려진 용지는 내담자에게 검사에 더 집중하게 하고 검사에서 안전한 틀을 제공한다. 실제 Burns는 FCCD 검사를 발전시키는 과정 중에 Jung(1953)의 심층심리학과 만다라 기법에서 영향을 받았다. 어느 방향에서 보아도 같은 모양을 보이는 원형은 아주 기본적인 형태이면서 마음의 균형을 갖게 하는 특별한 힘을 지니며 태양, 중심화, 에너지, 우주의 힘과 같은 상징성을 지닌다.

　동그라미 중심 가족화는 크게 두 가지로 분류할 수 있다. 먼저 동그라미 중심 아버지 그림, 동그라미 중심 어머니 그림, 동그라미 중심 자신 그림, 동그라미 중심 부모-자녀 그림으로 먼저 아버지상, 어머니상, 자기상을 각각 하나씩 따로 그리고 원 주위에 상징물을 그리는 FCCD검사가 있다. 이와는 다르게 부모상과 자기상을 동시에 원 안에 그리고, 그 인물의 주위에 인물상과 관련하여 떠오르는 상징물을 그리는 동그라미 중심 부모-자녀 그림(Parents-Self-Centered Drawing: PSCD 이하)이 있다. PSCD는 여러 장의 그림을 그리기 어려워하는 내담자에게 제공될 수 있고, 시간의 제한으로 여러 장을 그리기 어려울 때 한 장에 부모와 자신을 모두 그리게 하는 방식으로 활용할 수 있다.

　FCCD와 PSCD는 원 안의 인물상을 그리고 그 주위에 그 대상 인물을 생각했을 때 떠오르는 상징물을 그리게 한다. 이를 통해 부모와 자신의 관계를 파악할 뿐만 아니라 각각의 인물상에 대한 정보와 더불어 상징과 관련된 내용을 충분히 얻게 된다. 그려진 상징물은 피검자가 부모와 자신의 관계를 어떻게 생각하고 느끼는지 파악하게 하고 그 관계 내에서 자신을 어떻게 인식하는가를 확인하게 하며, 피검자가 평소 의식하지 못하는 갈등이나 관계의 역동을 드러내게 한다. 검사자는 검사 후 실시하는 사후질문과정(PDI)을 통해 좀더 풍부한 정보를 얻게 될 수 있고 그림의 독특성에 주목하며 부모 자녀 관계의 역동에 대한 심층적인 의미를 이해할 수 있게 된다.

2　실시방법

1)　준비물

　A4용지(가운데 그려진 원은 지름이 19-22cm 정도 되는데, 원은 용지 가장자리에서 1cm 정도 떨어지게 하여 지면에 꽉 들어차게 그려 제공한다.), 연필과 지우개

2)　시행절차

(1) 동그라미 중심 가족화(FCCD)의 지시

　"원의 중심에 어머니를 그려 주세요. 원의 주변에는 어머니에 대해서 자유롭게 연상되거나 생각이 떠오르는 대로 상징물을 그려주시면 됩니다. 인물은 막대기 모양의 사람이 아닌 전신의 모습을 그려주세요."

　어머니를 그리고 아버지 그림과 자기상을 그릴 때에도 동일하게 그림을 그리도록 지시한다.

(2) 동그라미 중심 부모-자녀 그림(PSCD)의 지시

"원 안에 부모와 자신을 그려 주세요. 원의 주위에는 부모와 자신과 관련하여 떠오르거나 연상되는 대로 상징물을 그려주시면 됩니다. 인물은 막대기 모양의 사람이 아닌 전신의 모습을 그려주세요."

시간 제한은 없으나 대개 30~40분 정도 소요되며, 다양한 색채재료가 사용될 수도 있다. 검사시 피검자가 질문을 할 경우 검사에 대한 어떠한 단서도 주지 않으면서 "원하는대로 그리시면 됩니다."라고 답을 한다. PSCD는 FCCD보다 시간을 단축할 수 있다는 것과 그림에 그려진 인물들 간의 상대적인 위치, 크기나 거리 등을 비교하며 파악할 수 있다는 장점이 있다.

3 검사의 해석

1) FCCD

FCCD는 동적 가족화나 인물화의 해석기준을 기초로 더 심층적으로 해석을 할 수 있다. 해석은 아래와 같이 인물의 상대적인 크기 비교, 신체상의 생략이나 과장, 얼굴 표정, 인물의 상징을 기준으로 할 수 있다.

(1) 평가요소 및 해석

① 인물의 상대적인 크기 비교
그림에서 인물이 그려진 크기는 실제 그 인물의 크기를 반영하거나 피검자에게 상대적으로 중요한 정도를 나타낼 수 있는데, 중요한 인물은 크게 그려지고 중요하지 않은 인물은 작게 그려질 수 있다. 또한 부모와 자녀의 관계에서 각 인물이 지닌 에너지 정도를 나타내기도 한다. 따라서 각 인물의 크기가 의미하는 바를 고려하며 해석하는 것이 필요하다.

② 신체상의 생략이나 과장

다른 그림검사와 마찬가지로 신체의 어느 부분이 생략되거나 왜곡된 경우 혹은 과장되어서 그릴 경우, 그 신체 부분과 관련된 피검자의 갈등이나 불안을 의미한다. 이 경우 해당 신체부위가 어떤 의미를 시사하는지를 고려하며 해석한다.

③ 얼굴 표정

그려진 인물들 각각의 표정을 확인하면서 어떤 인물의 표정이 밝은지, 어떤 인물의 표정이 어두운지 혹은 무표정인지 살펴본다. 인물의 표정은 각 인물의 내적 상태를 반영하기도 하고 그 인물에 대한 피검자의 마음을 나타내기도 한다. 어머니에 대한 감정이 부정적일 경우, 어머니가 화가 난 표정을 짓거나 무표정하게 그려질 수 있다.

④ 인물의 상징

인물에서 나타난 상징물은 각 인물에 대한 피검자의 감정상태를 반영할 수 있고 해당 인물의 특성을 드러낼 수 있다. 칼이나 몽둥이가 그려진 경우, 이러한 상징물은 공격성을 반영하는 것으로 인물에 대한 피검자의 감정상태를 나타낼 수도 있고 일상생활에서 해당 인물이 보이는 행위의 측면으로 볼 수 있다. 때때로 그 대상의 신분이나 직업적인 특성을 나타내는 상징물이 나타나기도 한다. 예를 들어, 직장에 다니는 아버지의 서류가방이 그려지거나 주부인 어머니는 청소도구로 상징적인 표현이 그려질 수 있다.

자기에게 그려진 상징이 자신과 동일시되는 대상이나 애착대상의 그림에서 똑같이 표현되기도 하는데, 그림의 해석에 있어서 주변의 상징물이 긍정적인지 부정적인지를 확인하며 해석할 수 있다.

기본적으로 FCCD에서 건강한 부모-자녀 관계는 인물에서의 생략, 과장 및 왜곡된 부분이 없고 인물의 표정이 밝고 인물의 신체 부분이 균형을 이루며 인물의 크기가 적절하다. 또한 각 인물 주변에 그려진 상징이 긍정적인 요소를 포함한다고 볼 수 있다.

2) PSCD

(1) 평가요소 및 해석

• 중심에 위치한 인물
• 부모상과 비교한 자신의 상대적 크기
• 인물상의 거리
• 신체의 왜곡 및 과장
• 생략된 인물
• 중심에서 벗어난 인물
• 인물의 상징
  아래와 같은 요소들을 고려하여 해석에 반영한다.

√ 부모상과 비교한 자기상의 상대적 크기: 자기상의 크기가 어떠한가? 자기상
  이 부모와 비교하여 어느 정도의 크기로 그려졌는가? 크게 그려졌는가? 작게
  그려졌는가?
√ 인물의 거리: 자기상은 어떤 인물과 가장 가까운가?
√ 어떤 인물의 신체가 왜곡되거나 과장되어 있는가?
√ 생략된 인물이 있는가? 있다면 누구인가?
√ 얼굴 표정: 어떤 인물의 표정이 화가 났는가? 밝은가? 무표정인가?
√ 자기상이 중심에 위치하는가 중심에서 벗어났는가? 부모상이 중심에 위치하
  는가 중심에서 벗어났는가?
√ 인물상 주위에 있는 상징물은 어떤 것인가?
√ 각 인물상에서 지나치게 강조된 것이 있는가? 있다면 어떤 것인가?

(2) 해석방법

- 건강한 부모-자녀 그림의 특성
• 전체의 인물상에서 생략되거나 왜곡되거나 과장된 요소가 없다.
• 아버지상, 어머니상, 자기상이 적절한 크기와 균형을 이룬다.

- 부모상과 자기상에 눈, 코, 입이 그려져 있고 긍정적인 얼굴 표정이다.
- 자기상이 중심에 있고, 부모상은 대칭을 이루며 자기상 가까이에 있다. 인물이 적절하게 균형을 이루고 있다.
- 각각의 구성원이 지나치게 밀착되지 않고 적절한 거리를 이루고 있다.
- 주위의 상징물들, 특히 부모상이나 자기상 바로 위의 상징물이 긍정적이고 희망적이다.

- 불건강하게 내재화된 부모-자녀 그림의 특징
- 인물상 신체의 각 부위가 생략, 왜곡 또는 과장되었다.
- 어머니상, 아버지상, 자기 상의 크기가 적절하지 않다.
- 얼굴 표정이 우호적이지 않거나 눈, 코, 입이 그려지지 않고 부정적이다.
- 자기상이 중심부에서 벗어나 있고 아버지상과 어머니상이 중심부에 있거나 중심부가 비어 있다.
- 인물들 간에 거리가 과하게 가깝거나 멀리 떨어져 있다.
- 주위의 상징물들이 부정적인 요소들을 포함하고 있다.

4 사례

〈그림 3.7〉은 13세 여아의 PSCD그림이다. 피검자의 PSCD를 살펴보면 아버지상을 왼쪽에 먼저 그리고 조금 떨어져서 어머니와 자신 순으로 어머니와 자신이 손을 잡고 있는 모습으로 그렸다. 이러한 표현에서 피검자와 어머니의 심리적인 거리가 가깝다는 것을 알 수 있다. 아버지와는 그림에서의 거리뿐만 아니라 어머니와의 사이에 골프채를 그려 마치 가족 구성원들이 분리된 듯한 느낌을 준다. 아버지의 표정은 무표정한 표정이며 자신과 어머니는 웃고 있는 표정을 그렸다.

평소 아버지와의 관계에서 소외감과 심리적인 거리감을 느끼고 있는 피검자의 마음 상태를 반영한 것이다. 그림 주변의 상징물을 보면, 아버지의 서류 가방, 책, 회사, 돈, 술과 골프채를 그렸는데 아버지에 대한 상징물이 아버지의 신분이나 일을 나타내는 사물로써 비록 아버지를 나타내는 것이기는 하지만 관계나 감정이 실리지

않은 건조한 표현이라고 볼 수 있다. 다
수의 상징물들이 평소 바쁘고 자신과 시
간을 많이 보내지 않는 아버지와의 소원
한 관계를 나타내고 있는데, 피검자는
여러 상징물을 그리다가 마지막으로 겨
울나무 한 그루를 그리며 아버지를 생각
하면 겨울나무가 떠오른다고 하였다.
'차갑고, 외롭고, 쓸쓸하다'와 같이 피
검자가 아버지와의 관계에서 느끼는 정
서적인 거리감 및 소원함을 상징적으로
보여주고 있다. 어머니의 상징물로는
하트, 따뜻하게 밝혀주는 초, 태양, 장
바구니, 해바라기, 음식을 그렸는데, 피

그림 3.7 초등학교 6학년 여아의 PSCD

검자가 어머니를 연상했을 때 자신의 마음을 따뜻하게 해 주고 사랑하는 대상으로서
의 어머니를 떠올린 것으로 보인다.

자신을 나타내는 상징물로는 하트, 새싹, 강아지와 고양이를 그렸는데 어머니
상징에서 나타난 하트가 다시 표현된 것은 어머니와의 관계가 긍정적이면서 자신
과 동일시하는 모습을 확인할 수 있다. 사랑받고 싶은 자신의 마음과 이러한 욕구
가 어머니와의 관계에서는 충족되고 있으나 아버지와의 관계에서 그렇지 않음을
보여주는 PSCD이다.

〈그림 3.8〉은 ADHD로 진단받은 초등학교 2학년 남아의 PSCD이다. 아동은 주
의력 문제와 언어적 충동성을 지속적으로 보여왔고 이로 인해 가족관계 및 또래관계
갈등을 보여왔다. 아동의 PSCD를 살펴보면, 평소 관계가 소원하고 종종 아동을 무
섭게 훈육하는 아버지와의 거리가 가장 멀고 아버지의 표정과 손과 발이 크게 강조
되었으며 머리 위에 먹구름을 상징으로 표현하였다. 이는 아버지에 대한 심리적 거
리감뿐만 아니라 평소 자신에게 화를 내는 아버지에 대한 피검자의 불만족스러운 마
음 상태를 반영한 것이다. 어머니의 표정 또한 화가 나있고 어머니의 상징을 "야!"
라는 글씨로 표현했는데, 평소 자신을 이해하지 못하고 소리를 지르는 어머니에 대
한 서운함과 심리적 거리감을 표현하였다. 어머니 옆에 동생을 그렸는데, 평소 사이가

그림 3.8 초등학교 2학년 남아의 PSCD

좋지 못하고 자신을 괴롭히는 동생이어서 상징물로 공룡을 그렸고 동생의 신체를 사람이 아닌 괴물로 표현했다. 그래도 가족 중에서는 동생이 자신을 미워하지 않는다고 이야기하며 자신의 옆에 위치시켰다. 피검자는 자신을 제일 마지막에 그렸고 웃고 있는 얼굴로 자신을 표현하였으며, 자신의 상징으로는 비행기를 그렸다. 자신은 언제나 빠른 것을 좋아하고 비행기에 관심이 많다고 하면서, 비행기 장난감으로 놀이를 할 때 기분이 제일 좋다고 하였다. 그러나 자신이 언제나 빠르게 행동하는 것 때문에 부모님과 선생님이 화를 내서 기분이 좋지 않다고 하였다.

김갑숙, 이미옥, 전영숙, 기정희 (2019). 그림을 통한 심리진단 및 평가. 서울: 학지사.

정현희 (2006). 동그라미 중심 가족화를 중심으로 한 미술치료. 한국재활심리학회 연수회, 171-182.

주리애 (2015). 미술심리진단 및 평가. 서울: 학지사.

Burns, R. C. (1990). *A guide to family−centered circle drawings.* New York: Brunner/ Mazel.

Jung, C. G. (1953). *The Collected Works.* Vol. 12, Psychology and Alchemy. London: Routledge & Kegab Paul.

04

모자화

1 개관

모자화(Mother and Child Drawing: MCD 이하)는 1989년 미국의 임상심리학자 Gillespie가 대상관계론의 기본개념을 토대로 고안한 검사이다. MCD는 어머니와 아이 한 명을 그리는 그림검사로 가족의 역동보다 모자 양자관계에 초점을 두어 피검자의 애착과 대상관계를 이해할 수 있다. 또한 MCD 그림에서는 피검자와 모자관계에의 내적 표상이나 타인과의 관계에서의 독특한 관계 양상이 드러난다.

MCD는 대상관계이론을 기초로 개발되었는데, 생애 초기 모자관계는 이후 아이의 정서발달에 중요한 역할을 할 뿐만 아니라 대인관계에도 지속적으로 영향을 미치게 된다고 본다. 아이는 출생 후 어머니의 좋은 부분과 나쁜 부분 모두를 체험하며 어머니와의 관계 속에서 타인과 자기에 대한 인식이 길러진다. MCD에서 표현된 어머니상은 현실의 어머니가 아니고, 생애 초기 어머니와의 관계를 통해 내재화된 마음속의 어머니다. 그렇기 때문에 어머니상도 피검자 자신으로 볼 수 있다.

이와 같이, 대상관계론에 근거한 MCD는 어머니상(像)과 아이상(像)이 내적 세계의 대상과 자기를 표상하고, 이 둘의 교류가 자기와 대상의 교류를 상징한다고 본다(馬場史津, 2003). Gillespie(1994)는 모자상의 크기, 미소, 눈맞춤, 신체 접촉, 손뻗침을 중시하였으며, 특히 모상의 크기를 통하여 어머니와 아이상의 관계를 읽어내는 것으로 피검자의 대상관계를 확인한다.

馬場(2003)은 Gillespie가 제시한 가설을 토대로 어머니상, 아이상, 어머니와 아이상의 관계성 관점으로 모자상의 종류, 아이의 수, 형태, 크기, 표정, 신체접촉, 눈맞춤을 분석지표로 분류하였고, 그림을 더 깊이 있게 이해하기 위해 아이상의 성별,

연령, 모자의 행위, 친근감을 느끼는 대상, 생각하고 있는 것으로 사후질문과정(PDI)을 제시하기도 하였다. 이후 기정희(2018)는 Gillespie와 馬場(2003)의 해석기준을 근거하여 어머니상 평가지표 4개(신체형태, 얼굴형태, 얼굴표정, 신체부위생략)와, 아이상 평가지표 4개(신체형태, 얼굴형태, 얼굴표정, 신체부위생략), 모자상 평가지표 5개(모자상의 크기, 크기비교, 눈맞춤신체 접촉, 손뻗침), 총 13개의 평가지표를 설정하였다.

2 실시방법

1) 준비물

A4 용지, 연필, 지우개

2) 실시절차

피검자에게 연필과 용지를 제공하며, "어머니와 아이를 그려주세요."라고 지시한다. MCD는 2명의 인물을 균등하게 그리기 위해 용지를 가로로 놓고 그리는 경우가 많지만, 피검자가 세로로 놓고 그릴 경우 그대로 둔다. 검사 중 피검자가 질문하는 것에 대해서는 "원하는 대로 그리시면 됩니다."라고 대답한다.

3 검사의 해석

1) MCD의 해석지침

Gillespie(1994)는 MCD 해석이 융합과 분리, 개별화 등 성격 발달을 둘러싼 정신역동적 견해(psychodynamic view)에 준거한다고 보았다. Gillespie(1994)는 MCD에 피검자 현재의 기분, 최근에 경험한 것과 변하지 않는 성격의 부분이 반영되었기 때문에, 그림에 나타난 관계의 양상(mode)에 중점을 둔다. MCD에는 개인을 중심으로 하여 자기와 타인의 관계양상 및 의사소통 특성이 나타나 있으므로 내면화된 모자관계가 표상된다. 따라서 최초의 관계에 대한 내적 개념이 개인에게 어떤 역할을 하는가를 이해하기 위해서는 MCD에서의 개인뿐만 아니라 전반에 걸친 의사소통의 특성에 대하여 확인하는 것이 유용하다.

MCD에서의 전형적이지 않은 표현은 가장 어린 시기의 관계에서 왜곡된 측면이나 현재의 관계에서 계속되고 있는 측면에 대해 가치 있는 정보를 제공해 준다. MCD는 투사적 그림검사로서 자기와 중요한 인물과의 관계를 통한 체험이라는 양자에 대한 메시지를 전달하는 것으로 보았다. 따라서 이러한 것들을 고려한 MCD를 해석하도록 한다.

② 상징의 해석

(1) MCD

MCD에서의 해석 시 아래의 상징에 주목한다. 특히 어머니상과 아이상에서 미소, 눈맞춤, 신체 접촉, 손뻗침 등에 초점을 두고 관계와 결합의 양상이나 결합의 결여에 대한 부분을 확인한다. 이 요소들이 표현된 경우에 모자 관계에서의 긍정적인 의사소통과 표현을 나타내지만 그렇지 않은 경우, 반대로 관계의 부정적인 의사소통이나 부정적인 측면을 시사한다. Gillespie(1994)가 제시한 구체적인 내용은 다음과 같다.

① 미소
MCD에서는 대개 미소가 그려진다. 미소는 인간의 상호관계에서 접촉의 지표로서 기본적이고 평범한 상징이다. 대부분의 인물화에는 미소가 그려지는데, 어머니상과 아이상에서 미소가 드러나면 긍정적으로 해석할 수 있다. 인물의 표정에는 피검자의 마음이 직접적으로 반영되고 대상관계에 있어 공생관계는 미소반응을 통해 예고되며, 사회적인 미소는 관계를 알리는 매우 기본적인 지표라고 볼 수 있다. 그러나 어머니상이나 아이상에서 미소가 없거나 표정을 알 수 없다면 신중한 검토가 필요하다(Gillespie, 1994). 또한 어머니상과 아이상의 표정이 다를 경우, 그 의미를 살펴볼 필요가 있다.

② 눈맞춤

MCD에서 눈맞춤은 긍정적 의사소통을 나타내는 표상으로 볼 수 있다. 대상관계론의 관점에서 모자상이 서로의 눈을 맞추며 응시하고 있을 경우, 성숙한 어머니인 내적 자기와 자기 안에 존재하는 아이와의 친밀한 정서적 교류나 신뢰관계의 상징적인 표현이다. MCD의 어머니와 아이가 따뜻하고 친밀한 관계로 그려지는 것은 피검자 현실의 대인관계를 반영하고 있는 것이다.

③ 신체 접촉

신체 접촉도 긍정적 의사소통의 표상이다. 촉각, 즉 신체 접촉은 다른 감각기관에 비해 정서적인 느낌과 분위기를 가장 잘 전달하는 수단이고 피부 접촉은 애착형성에 있어 매우 중요한 수단이다. 실제 그림에서 신체접촉을 표현하기 위해서는 어머니상과 아이상이 근접하여 그려지게 되기 때문에, 모자상의 신체접촉은 피검자의 마음에 모자상에 대한 기본적인 신뢰가 표현된 것이다. 또한 두 인물상이 신체 접촉에 의해 연결된 것은 내적대상이 결합되어 전체 대상으로 정리되고 있음을 의미한다. 더불어 신체 접촉이 어떤 형태로 접촉하고 있는가에 따라 의미가 다를 수 있는데, 특히 어머니가 아이를 안는 것은 Winnicott(1986)의 안아주기(holding)나 Bion(1962)의 담아주기(container)와 그 안에 포함된 물건의 표상일 수도 있다.

④ 손뻗침

손뻗침은 기본적으로 긍정적 의사소통의 표상으로 여겨질 수 있지만, 어떤 방향과 방식으로 손을 뻗었느냐에 따라 그 의미는 달라질 수 있다. Gillespie(1994)는 필사적으로 정상을 향하여 손을 뻗치는 인물을 예로 들면서 MCD는 양육과 보살핌뿐만 아니라 공격, 경쟁이나 지배와 관련된 이슈도 표현할 수 있다고 보았다. 마치 아이상을 할퀼 것 같은 어머니상의 손가락은 어떤 갈등이나 적개심을 표현할 수 있는데, MCD에서 어머니상이 공격적으로 그려질 경우 피검자의 실제 어머니상을 반영할 수 있다. 또한 내적 표상으로의 비판적이거나 공격적인 어머니는 피검자에게 권위적 관계 형성에 영향을 줄 수도 있다. 따라서 손뻗침이 친밀함과 애정을 담은 손뻗침의 표현인지 공격적이고 적대적인 욕구를 반영하는지 확인해야 한다.

3) MCD의 평가지표

여기에서는 Gillespie(1994)의 연구와 馬場(2003)의 해석기준을 참조하여 구성된 기정희(2018)의 총 13개의 평가지표를 제시하였다. MCD의 평가지표는 점수가 낮을수록 안정애착과 관련되고 긍정적이라고 본다.

표 3.2 · MCD 평가지표

MCD	평가지표	구분	점수	MCD	평가지표	구분	점수
어머니상	신체 형태	전체	1	모자상	크기	큼	1
		부분	2			보통	2
		그리지 않음	3			작음	3
	얼굴 형태	전체	1		크기 비교	어머니 > 아이	1
		부분	2			어머니 ≤ 아이	2
		그리지 않음	3			비교 불가능	3
	얼굴 표정	미소	1		눈맞춤	상호 응시	1
		미소 없음	2			한쪽만 응시	2
		이목구비 없음/뒷모습	3			없음	3
	신체 부위 생략	없음	1		신체 접촉	상호	1
		1개	2			한쪽만	2
		2개 이상	3			없음	3
아이상	신체 형태	전체	1				
		부분	2				
		그리지 않음	3				
	얼굴 형태	전체	1				
		부분	2				
		그리지 않음	3				
	얼굴 표정	미소	1			상호	1
		미소 없음	2		손뻗침	한쪽만	2
		이목구비 없음/뒷모습	3				
	신체 부위 생략	없음	1				
		1개	2				
		2개 이상	3			없음	3

4 사례

이 그림은 만성 우울을 호소하는 42세 여성이 그린 MCD이다. 이 여성은 자신을 잘 돌보지 않고 초등학교 때 자신을 아버지에게 맡기고 떠난 어머니를 기억하며 이 MCD를 그렸다. 어머니에 대한 기억이 거의 없기 때문에 아마 자신이 아주 어렸을 때는 어머니가 이렇게 자신을 업고 생활했을 것 같다며 그림을 표현했다. 어머니는 눈이 가려져 표정을 알아보기 어렵고 입모양을 보면 미소 없이 그려졌다. 아이의 얼굴도 가려져 표정을 전혀 알아볼 수 없고 눈맞춤 같은 긍정적 상호작용이나 정서적인 친밀감은 나타나지 않았다. 아이가 어머니 등에 업혀 있어 신체 접촉은 있지만 아이와 어머니 간의 긍정적인 정서가 느껴지지 않는다. 이 MCD에서 긍정적인 의사소통이나 친밀감의 대표적인 표상인 손뻗침이나 눈맞춤이 없는 것뿐만 아니라 그림의 전체적인 인상이 매우 건조하고 우울하게 느껴져 어머니와 아이와의 관계에서 정서적 친밀감이 매우 부족함을 나타낸다.

사례 채점해보기

모자화	평가지표	점수	모자화	평가지표	점수
어머니상	신체 형태		모자상	크기	
	얼굴 형태			크기 비교	
	얼굴 표정				
	신체 부위 생략			눈맞춤	
아이상	신체 형태			신체 접촉	
	얼굴 형태				
	얼굴 표정			손뻗침	
	신체 부위 생략				

그림 3.9　40대 여성의 모자화

모자화	평가지표	점수	모자화	평가지표	점수
어머니상	신체 형태		모자상	크기	
	얼굴 형태			크기 비교	
	얼굴 표정				
	신체 부위 생략			눈맞춤	
아이상	신체 형태			신체 접촉	
	얼굴 형태				
	얼굴 표정			손뻗침	
	신체 부위 생략				

그림 3.10　20대 여성의 모자화

이 MCD는 어머니와의 관계가 긍정적이고 정서적으로 친밀한 20대 여성이 그린 MCD이다. 피검자는 다소 내성적인 성격이지만 큰 어려움 없이 일상생활에 잘 적응하고 기능하고 있다. 어머니와의 즐거웠던 기억을 떠올리며 이 MCD를 그렸다. 피검자의 어머니는 어린시절에 피검자와 많은 시간을 함께 보냈고, 피검자의 기억 속의 어머니는 따뜻하고 즐겁고 편안한 분이셨다. 그림에는 아이와 어머니가 손벽을 마주치며 놀이를 하고 있는데, 어머니와 아이 모두 즐거운 표정으로 상호눈맞춤, 손뻗침과 신체접촉이 나타나 모녀 간의 친밀한 관계가 나타나 있다. 그림 속에 표현된 어머니와 아이상도 따뜻하고 밝고 유쾌하게 표현되었다.

기정희 (2017). 아동의 애착수준 평가도구로서의 모자화 활용가능성. 미술치료연구, 24(4), 987-1005.

김갑숙, 이미옥, 전영숙, 기정희 (2019). 그림을 통한 심리진단 및 평가. 서울: 학지사.

김미현, 이근매 (2020). 청소년의 교우관계 선별을 위한 모자화(Mother-and child drawings) 타당화 연구. 미술치료연구, 27(4), 837-856.

김은영, 김갑숙 (2019). 미술치료전공자의 초기부적응도식에 따른 모자화의 반응특성. 교육치료연구, 11(3), 357-377.

이근매, 최외선 (2012). 모자화. 서울: 시그마프레스.

주리애 (2015). 미술심리진단 및 평가. 서울: 학지사.

馬場史津 (2003). 母子畵の基礎的硏究-成人版愛着スタイル尺度との關係から. 臨床描畵硏究, 18, 110-124.

Bion, W. R. (1962). *Learning from Experience*. London; Maresfield Reprurts.

Bradshaw, 1. (1990). *Homecoming: Reclaiming and championing your inner child*. New York: Bantam.

Gillespie, J. (1989). Object relations as observed in projective Mother-and-Child Drawings. *The Arts in Psychotherapy, 16*, 163-170.

Gillespie, J. (1994). *The projective use of mother and child drawings: A manual for clinicians*. New York: Brunner/Mazel.

Winnicott, D. W. (1986). *Holding and interpretation: fragment of an analysis*. London: Hogarth Press.

05

빗속의 사람

1 개관

　빗속의 사람 그림검사(Draw-a-Person-in-the-Rain, DAPR 이하) 인물화 검사에 비를 첨가한 것으로, Draw-a-Person-in-the-Rain을 DAPR이라고 부르기도 하고 Person-in-the-Rain으로 PITR이라고 부르기도 한다. 이 검사는 원래 지적인 수준 및 성숙을 측정하는 인물화 검사에 비를 첨가한 것이다. 1924년 Fay가 '빗속에서 걷고 있는 숙녀(a lady walking in the rain)'를 아동에게 그리도록 한 검사에서 이후 Wintsch(1935)가 개정하고 표준화하였으며, 이를 Rey(1946)가 Goodenough(1926)의 채점 체계를 기초로 다시 표준화하였다.

　이후 Abrams는 '빗속에서 걷고 있는 숙녀'라는 지시어를 수정하여 '빗속에 있는 사람을 그려주세요.'라고 지시하였는데, 인물화 검사에서 발전된 형태로 개발되었다(Hammer, 1958). 비가 내리는 상황은 다르게 이해될 수 있으나, 빗속에 있는 상황에서는 우산이나 비옷 장화와 같이 자신을 비로부터 보호할 수 있는 보호물을 가지는 것이 일반적이고 빗속에 있는 것은 스트레스 상황일 것이다. 이 검사에서 '비'라는 요소는 스트레스를 주는 환경 혹은 우울이나 불안을 유발하는 인물의 환경을 의미한다고 본다. 따라서 그림에 표현된 '비'라는 요소를 확인하여, 피검자가 얼마나 많은 스트레스를 경험하는지와 스트레스 상황에서 어떻게 자기 자신을 보호하고 스트레스로부터 자신을 지키는지를 확인할 수 있다. 더불어 피검자의 스트레스에 대한 대처자원과 대처능력뿐만 아니라 스트레스 환경을 통제할 수 있는 자아강도나 심리적인 힘은 어느 정도인지를 살펴볼 수 있다.

1) 준비물

A4용지, 연필과 지우개

2) 시행절차

이 장에서는 국내에서도 많이 활용되고 있는 Lack(1996)의 실시방법을 소개하고자 한다.

(1) 빗속의 사람 그림검사(DAPR)의 지시어

"빗속에 있는 사람을 그려주세요."라고 지시한다. Lack(1996)은 이 검사에서 용지의 방향을 어떻게 제시하는지에 대해서는 설명하지 않고 있기 때문에, 피검자가 종이의 방향을 물어볼 경우, '원하는 방향'으로 그리도록 한다.

(2) 그림 완성 후 대화과정

피검자가 그림을 완성한 후 사후질문과정(PDI)을 통해 그림에 대해 질문하며 피검자와 이야기를 나눈다. 검사자가 피검자가 그린 그림의 내용과 관련된 궁금한 부분에 대해 추가로 질문하여 그림을 채점하거나 해석에서 활용한다.
- 이 사람은 몇 살입니까?
- 이 사람은 무엇을 하고 있습니까?
- 이 사람의 현재 기분은 어떨까요?
- 이 사람에게 필요한 것은 무엇일까요?
- 이 사람은 비에 젖어 있습니까?
- 바람이 불고 있습니까?

- 이 그림을 보면 어떤 느낌이 듭니까?
- (사람이 여러 명일 경우) 주인공은 누구입니까?

등과 관련된 질문을 한 후 피검자의 반응을 두고 이야기를 한다.

3 검사의 해석 ●

DAPR의 평가기준 및 해석방법은 내용적 평가방법과 평가기준표를 활용한 객관적 평가방법이 있다.

(1) 내용적 평가

DAPR은 비와 사람을 중심으로 스트레스와 스트레스에 대한 대처자원을 보는 것이므로 이를 중심으로 살펴보면 다음과 같다.

① 비(비의 양과 비의 모양)

비는 피검자의 스트레스를 나타낸다. 따라서 그림에 그려진 비의 양이 얼마나 많은지 혹은 적은지, 어떤 모양과 종류의 비가 그려졌는지를 확인한다. 비의 모양을 하나의 선이나 점으로 표현하기도 하지만, 비를 원이나 긴 선으로 다양하게 표현하기도 한다. 비의 양이 많고 모양이 다양하다면 그만큼 스트레스가 많다는 것을 의미한다. 비를 해석하는 데 있어 비가 피검자에게 혹은 피검자가 속한 지역이나 문화에서 어떤 의미를 갖는지 확인하는 것이 필요한데, 열대 몬순 기후에 속하는 베트남에서는 사람들이 비를 맞는 것에 대해 기부감이 없고 오히려 일상생활에서 비를 맞는 것에 익숙하다(정지혜, 2013). 또한 아열대권에 속하고 강수량이 많은 제주 지역에서도 사람들이 비에 대해 '시원하다'와 같이 긍정적인 반응을 보이기도 한다(박은미, 박경미, 이지현, 2011).

스트레스에 대한 대처자원으로는 우산, 비옷, 장화와 같은 직접보호물과 나무, 처마 밑, 건물 안 등의 간접 보호물이 있다. 그림 속 사람의 표정, 나무, 비를 피할 수 있는 공간이나 사물 등도 대처자원으로 평가할 수 있다. 해석 시 유의할 점으로, 우산이 없는데 행복한 표정일 경우에는 피검자가 스트레스가 많다고 해석하기 어렵다. 또한 실내에서 밖을 보는 사람과 같이 건물 안에 있는 사람을 그렸을 경우, 스트레스 상황에 대한 피검자의 회피적인 마음이 반영된 것일 수도 있다. 얼굴이 드러나지 않은채 우산으로 얼굴이 가려질 경우, 어려운 상황에서 숨어 버리는 성향을 나타내기도 한다. 간혹 우산이 있지만 우산을 쓰지 않는 경우도 있는데, 이는 피검자가 대처자원을 활용할 수 있는 능력이 부족하다는 것을 나타내기도 한다.

② 사람

사람은 피검자 자신을 나타내기 때문에 인물화의 채점 기준에 맞추어서 해석하면 된다. 그림 속 사람이 우산을 쓰거나 비옷을 입고 장화를 신고 있는 경우 또는 처마나 나무 아래에서 비를 피하고 있는 경우는 적절한 대처자원이 있는 것으로 볼 수 있으며, 인물의 얼굴이 다 드러나 있고 표정이 밝은 경우에도 대처자원이 있다고 볼 수 있다. 그림에서 그려진 사람이 그려진 형태 및 인물이 그려진 특성을 고려하여 해석한다.

③ 구름, 물 웅덩이, 번개, 바람 등

그림에 그려진 구름이나 물웅덩이, 번개 및 바람 등은 스트레스를 나타내는 또다른 표현 방식으로 볼 수 있다. 그림에 큰 구름이 여러 개 그려졌거나 물웅덩이가 많고 번개가 치고 있고 바람이 많이 분다면 스트레스가 아주 많다고 볼 수 있다. 해석에서 유의할 점으로, 각각의 요소가 피검자에게 어떤 의미가 있는지를 확인하는 것이 필요하다. 번개가 일부 어린 아동에게 '번개파워'와 같이 힘의 상징으로 표현되기도 하며, 물웅덩이나 구름이 많이 그려졌더라도 인물에게 여러 대처자원이 있거나 표정이 밝고 기분이 좋다면 스트레스로 해석하기 어렵다. 해석시 그림을 단편적으로 해석하기보다는 여러 요소들을 고려하고, 사후질문과정 및 피검자의 보고를 토대로 종합적으로 분석한다.

(2) 객관적 평가

Lack(1996)의 평가기준을 중심으로 객관적인 평가방법은 스트레스 척도 16개 항목과 자원척도 19개 항목으로 총 35개 항목으로 이루어져 있다. 먼저 스트레스를 측정하는 16개 항목으로, 이중 S1~S8의 점수는 0점과 1점, S9~S16의 점수는 0점, 1점,

2점, 그 이상의 점수로 해석한다. 스트레스 점수는 S1~S16의 점수를 합한 값이다.

자원척도는 피검자가 스트레스 상황에서 활용 가능한 자원과 자아의 힘을 나타낸다. 자원 점수로 R1~R16의 점수는 0점과 1점, R17~R19의 점수는 0점, 1점, 2점, 그 이상의 점수로 채점한다. 총 자원 점수는 R1~R16의 합에서 R17~R19의 합을 뺀 점수이다.

피검자의 스트레스 점수가 높을수록 검사상에서 스트레스와 관련된 것을 많이 표현하였다고 볼 수 있으며, 자원 점수가 높다는 것은 스트레스를 다루는 자원이 풍부하다고 볼 수 있다. 대처능력 점수는 자원점수 총점에서 스트레스 점수를 뺀 것으로 피검자의 대처자원을 확인할 수 있다. 아래의 〈표 3.3〉은 Lack(1996)이 개발한 검사에 대한 평가항목, 평가기준지표, 그리고 채점방법에 관한 것이다.

표 3.3 · Lack(1996)의 스트레스 척도, 평가항목, 평가기준지표, 채점방법

스트레스 척도			
평가항목	평가내용	평가기준	점수
S1	비가 없음	0-비가 있음, 1-비가 없음 • 눈, 우박, 선, 점, 원을 흐리게 그린 것도 비가 있는 것으로 계산 　(1점이면 S7로 감)	
S2	비가 있음	0-비가 없음, 1-비가 있음	
S3	폭우	A4용지 한 칸이 1인치(2.54cm)인 8X11칸으로 구성된 채점판 사용 • 비가 차지한 공간(R): 비가 차지하고 있는 박스의 수를 셈, 박스의 한 부분만을 채우는 비도 전체 박스로 계산함 • 사람이 차지한 공간(P): 사람이 차지하고 있는 박스의 수를 셈, 우산, 모자, 가방도 사람의 부분으로 계산함 • 비가 차지한 공간(R)-사람이 차지한 공간(P)x1.5=결과가 음수(-)=0, 결과가 양수(+)=1	
S4	비의 스타일	0-비가 점으로 묘사 1- 비가 원, 선 등으로 묘사	
S5	비의 방향	0- 비가 무질서하거나 고르게 퍼져 있음 1- 비가 특정인물 위에 직접 내리고 있음	
S6	비의 접촉	0- 비가 어떤 사람의 어떤 부분(우산, 모자, 가방)과 접촉되지 않음 1- 비가 어떤 사람의 어떤 부분(우산, 모자, 가방)과 접촉됨	
S7	젖음	0- 사람이 젖거나 마른 상태 1- 사람이 젖을 것 같거나 젖음	
S8	바람	0- 바람이 없음 1- 바람이 있음	

		S9~S16은 0점, 1점, 2점, 그 이상의 점수로 항목의 수와 동일한 숫자의 점수를 받음	
S9	물웅덩이	0- 물웅덩이가 없음(S11로 감) 물웅덩이 1개당 1점	
S10	물웅덩이에 서 있음	0- 물웅덩이가 없거나 물웅덩이에 서 있지 않을 때 사람과 접촉하고 있는 물웅덩이마다 1점	
S11	다양한 비 스타일	0- 비가 없거나 점으로만 되어 있음. 비를 표현하는 형태마다 1점 점이 아닌 추가되는 스타일(선, 원)마다 1점을 줌 예: 점+선=1점, 선+원=2점을 줌	
S12	다양한 강 수/강설	0- 비만 묘사되어 있음 종류에 따라 1점(우박, 눈)	
S13	번개	0- 번개가 없음(S15로 감). 번개마다 1점	
S14	번개 강타	0- 번개나 번개 치는 것이 없음 사람, 우산, 혹은 사람의 어떤 부분을 강타하는 번개마다 1점을 줌	
S15	구름	0- 구름이 없음 크기에 상관없이 구름마다 1점	
S16	먹구름	0- 먹구름이 없음, 1-먹구름마다 1점	
		총 스트레스 점수 = S1~S16	

표 3.4 · Lack의 자원척도

자원척도			
평가항목	**평가내용**	**평가기준**	**점수**
		R1~R16= 0점, 1점	
R1	보호물이 있음	0- 보호물이 없음(R10으로 감) 1- 보호물이 있음 보호물: 나무, 처마, 선반, 우산, 우비, 장화 등	
R2	우산이 있음	0- 우산이 없음(R4로 감) 1- 우산이 있음(접혀져 있는 것도 가능)	
R3	들고 있는 우산	0- 우산을 이상하게 들고 있을 때 1- 우산을 적절하게 들고 있을 때	
R4	다른 보호 장비	0- 우산과 비를 피하는 장비 1- 우산과 비를 피하는 장비 외의 다른 보호 장치가 있음	
R5	적절한 크기 의 보호물	의복이 아닌 보호물의 너비 측정 0- 보호물의 폭 ≤ 인물의 폭 1- 보호물의 폭 > 인물의 폭	
R6	완전한 보호물	0- 보호물이 손상됨 1- 보호물이 완전하며, 비로부터 사람을 보호하는 데 기능적으로 도움이 됨	

R7	비옷	0- 인물이 비옷을 입고 있지 않음 1- 인물이 비옷을 입고 있음	
R8	비닐 소재의 모자	0- 인물이 모자나 머리를 보호하는 것이 없음 1- 인물이 비닐 소재의 모자나 머리를 보호하는 것이 있음	
R9	장화	0- 인물이 장화나 보호할 수 있는 부츠를 신고 있지 않음 1- 일반 신발이 아닌 장화나 다른 보호할 수 있는 부츠를 신고 있음	
R10	옷	0- 사람이 나체이거나 부분적으로 옷을 입지 않음. 막대기 형태의 사람 그림은 나체로 채점함. 1- 사람이 어떤 형태의 옷이든 입고 있음	
R11	얼굴 전체	0- 얼굴이 모자나 우산으로 가려지거나 옆모습이나 뒷모습으로 그려짐 1- 얼굴 전체가 보임	
R12	미소	0- 얼굴에 미소가 없음, 표정이 없음, 다른 표정 1- 얼굴에 미소가 있음	
R13	중심에 있는 인물	0- 중앙을 벗어남 1- 중앙에 위치 전체 인물과 인물의 확장된 부분이 전체적으로 용지의 주심에서 상하좌우 각 2인치(5.08cm) 범위 내에 있으면 중심에 위치한 것으로 채점	
R14	인물의 크기	0- 인물이 6인치(15cm)보다 크거나 2인치(5cm)보다 작음 1- 인물이 2인치(5cm)이상, 6인치(15cm) 이하	
R15	전체 인물	0- 인물이 측면, 뒷면, 막대기 형태의 사람 그림, 머리만 혹은 부분적으로 그려짐 1- 인물이 머리에서 발끝까지 앞면을 보고 있음	
R16	선의 질	0- 선의 질이 다양하거나 스케치풍. 진하고-가늘고, 밝고-어둡고, 끊어진 선 1- 선의 질이 균일하고 부드러움, 연속적이고, 일관성 있게 밝거나 어둡고, 두껍거나 얇음	
R17~R19 = 자원의 부분 합계로서 공제됨. 각각은 0점, 1점, 그 이상의 점수			
R17	나체	0- 인물이 어떠한 방식으로든 옷을 입고 있음 1- 인물이 나체인 경우	
R18	몸의 일부가 생략	0- 인물이 완전하게 표현되어 있음 머리, 뜬 눈, 코, 입, 목, 몸통, 팔, 손, 손가락, 다리, 발이 완전하게 표현됨 빠진 것 하나당 1점: 머리, 눈, 코, 입, 목, 몸통, 팔, 손, 손가락, 다리, 발 보이지 않거나 주머니에 있는 손은 빠진 것으로 계산함. 옆에서 본 모습이라면, 원래 보여야 하는 부분이 빠진 것이 아니라면 계산하지 않음	
R19	치아	0- 치아가 보이지 않음 1- 치아가 보임	
총 자원 점수 = 자원 소계(R1~R16의 합)-(R17~R19의 합)			

대처능력 = 총 자원 점수 – 총 스트레스 점수

+: 스트레스를 처리하고도 + 만큼 자원이 확보되어 있음

–: 음수만큼 스트레스가 쌓이고 있음

그림 3.11　여대생의 DAPR

〈그림 3.11〉은 23세 여대생이 그린 DAPR로, 대처 점수가 매우 낮은 사례이다. 인물은 비가 쏟아지는 가운데 비를 맞는 중이며, 외롭고 쓸쓸한 느낌이라고 한다. 아무도 없는 곳에 혼자 있지만, 누구와 함께 있는 것 보다 혼자 있는 게 편안하다고 하였다. 평소 이 피검자는 스트레스 상황에서도 문제를 회피하거나 누군가에게 도움을 요청하거나 자신의 자원을 잘 활용하지 못하는 편이다. 이 그림을 Lack(1996)의 척도로 채점해 보면 스트레스 점수 8점, 자원 점수 -4점, 대처능력 점수는 -12점으로 피검자가 느끼는 스트레스에 비해 자원이 충분하지 않으며 적절한 대처능력을 갖고 있지 않다고 볼 수 있다.

표 3.5 • 사례 채점해보기

스트레스척도			자원척도		
항목	평가항목	점수	항목	평가항목	점수
S1	비가 없음		R1	보호물이 있음	
S2	비가 있음		R2	우산이 있음	
S3	많은 비		R3	들고 있는 우산	
S4	비의 스타일		R4	다른 보호 장비	
S5	비의 방향		R5	적절한 크기의 보호물	
S6	비의 접촉		R6	완전한 보호물	
S7	젖음		R7	비옷	

S8	바람		R8	비닐 소재의 모자	
S9	물웅덩이		R9	장화	
S10	물웅덩이에 서 있음		R10	옷	
S11	다양한 비 스타일		R11	얼굴 전체	
S12	다양한 강수/강설		R12	미소	
S13	번개		R13	중심에 있는 인물	
S14	번개 강타		R14	인물의 크기	
S15	구름		R15	전체 인물	
S16	먹구름		R16	선의 질	
			R17	나체	
			R18	몸의 일부가 빠짐	
			R19	치아	
스트레스 점수	S1 + S16	자원 점수	(R1~R16의 합) – (R17~R19의 합)	대처능력	총 자원점수 – 총 스트레스 점수

이 그림은 14세 여자 청소년의 DAPR 그림으로, 대처능력 점수가 높은 사례이다. 그림을 보면, 자신이 기분 좋게 봄비가 내리는 중에 자신이 좋아하는 우비를 입고, 장화를 신고, 우산을 들고 친구를 만나러 가는 중이라고 한다. 이 피검자는 평소 스트레스를 받지만 그때마다 자신만의 방법으로 스트레스를 풀고 대인관계에서 스트레스 상황을 마주할 때는 적절하게 자신의 감정과 생각을 표현하는 편이라고 하였다. 이 그림을 Lack(1996)의 척도로 채점해 보면 스트레스 점수 4점, 자원 점수 16점, 대처능력 점수는 12점으로 스트레스에 비해 자원을 충분히 갖추고 있어 대처능력이

그림 3.12 여자 청소년의 DAPR

우수하다고 할 수 있다.

│ 표 3.6 • 사례 채점해보기

스트레스척도			자원척도		
항목	평가항목	점수	항목	평가항목	점수
S1	비가 없음		R1	보호물이 있음	
S2	비가 있음		R2	우산이 있음	
S3	많은 비		R3	들고 있는 우산	
S4	비의 스타일		R4	다른 보호 장비	
S5	비의 방향		R5	적절한 크기의 보호물	
S6	비의 접촉		R6	완전한 보호물	
S7	젖음		R7	비옷	
S8	바람		R8	비닐 소재의 모자	
S9	물웅덩이		R9	장화	
S10	물웅덩이에 서 있음		R10	옷	
S11	다양한 비 스타일		R11	얼굴 전체	
S12	다양한 강수/강설		R12	미소	
S13	번개		R13	중심에 있는 인물	
S14	번개 강타		R14	인물의 크기	
S15	구름		R15	전체 인물	
S16	먹구름		R16	선의 질	
			R17	나체	
			R18	몸의 일부가 빠짐	
			R19	치아	
스트레스 점수	S1 + S16	자원 점수	(R1~R16의 합) – (R17~R19의 합)	대처능력	총 자원점수 – 총 스트레스 점수

김갑숙, 이미옥, 전영숙, 기정희 (2019). 그림을 통한 심리진단 및 평가. 서울: 학지사.

박은미, 백경미, 이지현 (2011). 초등학생의 자기효능감과 빗속의 사람그림 특성에 관한 연구. 미술치료연구, 18(6), 1225-1246.

양윤정 (2020). 베트남 유학생의 문화적응 스트레스 정도에 따른 '빗속의 사람(PITR)' 그림검사 반응특성 연구. 예술심리치료연구, 16(3), 125-142.

이선화, 김정은 (2021). 빗속의 사람 그림 검사를 활용한 아동·청소년 스트레스 연구동향 분석. 인문사회21, 12(1), 2447-2454.

정영인 (2020). 대학생의 빗속의 사람 그림검사에 나타난 성격 특성에 관한 연구. 미술교육논총, 34(4), 75-106.

정지혜 (2013). 미술치료에서의 빗속사람그림(Draw-A-Person-in-the-Rain: DAPR) 검사에 대한 이론적 고찰. 심리치료, 13(1), 177-188.

주리애, 하정희 (2019) 육군 사병의 빗속의 사람 그림 반응특성에 따른 지각된 스트레스와 스트레스 반응 및 정신건강에 관한 연구. 미술치료연구, 26(6), 1119-1134.

함정심, 정영인 (2019). 아동의 공격성 선별도구로서 "빗속의 사람(PITR)" 그림 활용 가능성 연구, 미술과교육, 20(1), 175-197.

Fay, H. M. (1924). *Le depistage des arrieres à l'école. [The tracking of school underachievers].* La Medecine Scolaire, Décembre, 282-290.

Goodenough, F. L. (1926). A new approach to the measurement of the intelligence of young children. *The Pedagogical Seminary and Journal of Genetic Psychology, 33*(2), 185-211.

Hammer, E. F. (1958). *The clinical application of projective drawing.* Springfield, IL: Charles C. Thomas.

Lack, H. S. (1996). *The person−in−the rain projective drawing as a measurement of children's coping capacity; A concurrent Validity study using Rorschach, Psychiatric, and Life History Variables.* unpublished doctoral dissertation, california school of psychology, Alameda.

Rey, A. (1946), Epreuves de dessin temoins du development mental (Drawing as evidence of mental development). *Archives de psychologiem Decembre,* 369-380.

Wintsch, J. (1935). Le dessin comme temoin du development mental. [Drawing as a witness of mental development]. *Zeitschrift fur Kinderpsychiatrie, August.*

06

사과나무에서 사과를 따는 사람

1 개관

사과나무에서 사과를 따는 사람 그림검사(Person Picking an Apple from a Tree: PPAT 이하)는 1998년에 Gantt와 Tabone이 『The Formal Elements Art Therapy Scale』이 란 저서에서 소개한 검사이다. 이미 다양한 투사적 그림검사들이 피검자에 대한 풍 부한 정보를 제공하며 임상현장에서 실시되고 있었지만, 투사적 검사들의 신뢰도 와 타당도 입증에는 한계가 있었고 과학적 연구 결과를 얻어내는 데 한계가 있었다. PPAT는 이러한 제한점을 보완하기 위해 평정자 간 신뢰도를 얻어 더 과학적인 그림 진단도구를 제공하기 위해 고안된 검사이다.

Gantt와 Tabone(1998)은 "The Formal Elements Art Therapy Scale(FEATS) Rat‐ ing Scale Manual'에서 PPAT를 소개하면서 그림에서 나타난 형식적 특성을 통해 DSM‐IV(Diagnostic and Statistical Manual of Mental Disorder 4th edition, American Psychiatric Association: APA, 1994)에 제시된 진단적 범주를 구분할 수 있을 것이라고 보았다. 이 를 위해 정신병원에 입원한 조현병 환자, 양극성 장애, 지적장애인, 주요 우울증 환 자 5000명을 대상으로 수집한 그림을 토대로 PPAT를 개발하였다. 이 검사는 피검자 의 임상적 상태를 진단하는 데 유용한 검사이며, 반복측정을 통해 치료가 진행되면 서 피검자의 변화과정을 확인할 수 있다. 또한 임상집단이나 다양한 연령 혹은 성별 의 집단에서 여러 집단 간 차이를 확인하는 데 적절하다. 사과나무라는 주제가 비교 적 누구에게나 친숙하게 다가오는 주제이고 연령의 제한 없이 적용 가능한 검사이다.

특별히 이 검사에서는 '사과를 따는 사람'에서 동작성이 부여되기 때문에 피검자 의 문제해결 방식을 확인할 수 있고, 사과를 얻기 위한 방식은 피검자가 현재 당면한 문제와 관련되며, 그림을 통해 피검자 삶의 문제해결 양식을 볼 수 있다. 또한 색채를 사용하기 때문에 피검자의 정서적인 측면도 함께 확인할 수 있다는 장점이 있다.

2 실시방법

1) 준비물

8절지, 마커 12색(빨강, 노랑, 주황, 밝은 파랑, 파랑, 연두, 녹색, 갈색, 고동, 분홍, 보라, 검정) - 검사 시 마커를 사용하기 때문에 수정이 어렵고, 색채 사용에서 피검자의 정서적 특징에 관한 정보를 확인할 수 있다.

2) 실시절차

피검자에게 8절 도화지와 12색 마커를 제공하며 "사과나무에서 사과를 따는 사람을 그리세요."라고 제시한다. 다른 그림 검사와 마찬가지로 피검자가 질문할 경우, 원하는 대로 자유롭게 그리도록 안내한다.

3 검사의 해석

PPAT검사는 형식적 분석과 내용적 분석으로 나누어 평가하며, 평가 기준은 다음과 같다.

(1) 형식척도: FEATS(The Formal Elements Art Therapy Scale)

FEATS는 총14문항으로 구성되어 있으며 0~5점으로 이루어진 6점 척도이다.

표 3.7 • 형식척도의 구성요소

번호	항목	번호	항목
1	색칠 정도	8	문제 해결력
2	색의 적절성	9	발달 단계
3	내적 에너지	10	세부묘사와 주변 환경
4	공간	11	선의 질
5	통합	12	사람
6	논리성	13	기울기
7	사실성	14	반복성

① 색칠 정도(Prominence of Color)

그림에서 채색을 어느 정도 했는지를 확인한다. 대상의 윤곽에만 색을 사용했는지, 안이나 배경에도 채색했는지 정도를 측정한다.

```
그림을 전혀 그리지 않음 ............................................................ 0
형태의 테두리에만 색 사용 ........................................................ 1
한 가지만 채색이 됨 .................................................................. 2
두 가지 이상의 항목에 채색됨 .................................................... 3
모든 대상에 채색됨 .................................................................... 4
배경까지 채색됨 ........................................................................ 5
```

② 색의 적절성(Color Fit)

그림에 사용된 색이 적합한지를 확인한다. 한 가지 색으로 그림을 그린 경우에 밝은 파랑, 보라, 주황, 노랑, 분홍색을 사용한 경우는 1점, 빨강, 연두, 초록, 갈색, 고동, 검정색으로 그린 경우는 2점으로 채점한다

```
그림을 전혀 그리지 않음 ............................................................ 0
한 가지 색 사용 - 밝은 파랑, 보라, 주황, 노랑, 분홍색 ..................... 1
한 가지 색 사용 - 빨강, 연두, 초록, 갈색, 고동, 검정색 ................... 2
몇 가지 색이 적합하게 사용됨 .................................................... 3
대부분 적합하게 사용됨 ............................................................ 4
모든 색이 적합하게 사용됨 ........................................................ 5
```

③ 내적 에너지(Implied Energy)

피검자가 그림을 그리는데 사용된 에너지의 수준을 평가한다. 채색의 정도, 선의 질, 공간의 사용 등을 통합적으로 분석한다.

그림을 전혀 그리지 않음	0
최소한의 에너지	1
적은 에너지	2
보통 에너지	3
상당한 에너지	4
지나친 에너지	5

④ 공간(Space)

그림 그릴 때 사용한 공간의 양을 확인한다.

그림을 전혀 그리지 않음	0
25% 미만의 공간 사용	1
25%~50%의 공간 사용	2
50% 이상의 공간 사용	3
75% 이상의 공간 사용	4
100% 사용함	5

⑤ 통합(Integration)

각각의 구성요소들이 어느 정도 통합되었는지를 평가한다. 각 항목의 구성요소들이 전체적으로 관련성이 있고 조화를 이루는지를 확인한다.

그림을 전혀 그리지 않음	0
전혀 통합되지 않음	1
최소 2가지 요소가 가깝지만 관련성이 없음	2
2가지 요소간의 분명한 관계가 있음	3
3가지 이상 분명하게 관련이 있음	4
전체적으로 잘 통합됨	5

⑥ 논리성(Logic)

그림의 요소가 논리적인지 비논리적인지를 평가한다. 이 항목은 피검자의 추상적 사고력의 손상 정도를 평가하는데, 사과나무 대신에 크리스마스트리를 그리는 것이 이에 해당한다. 그렇지만 피검자가 의도적으로 유머스럽게 표현한 경우에는 채점에 포함시키지 않는다.

그림을 전혀 그리지 않음	0
적절하지 않은 대상 4개 이상	1
적절하지 않은 대상 3개	2
적절하지 않은 대상 2개	3
적절하지 않은 대상 1개	4
적절하지 않은 요소가 없고 논리적임	5

⑦ 사실성(Realism)

각 항목이 사실적으로 그려진 정도를 평가한다.

그림을 전혀 그리지 않음	0
대상을 알아볼 수 없음	1
각 항목에서 무엇이 그려졌는지 구분 가능하나 단순한 단일 선으로 형태만 그림	2
대상이 어느 정도 구체적임(예: 줄기, 가지, 잎을 가진 나무)	3
대체로 사실적임(예: 나무가 뚜렷한 줄기, 가지, 잔가지, 잎과 줄기에 나뭇결 표시가 있음)	4
3차원적인 대상의 표현(예: 3차원 줄기를 나타내는 양감의 표현이 있음)	5

⑧ 문제해결력(Problem Solving)

그림 속의 사람이 나무에서 사과를 따기 위해 어떠한 방식을 사용하는지 평가한다. 이는 피검자가 일상생활에서 주어진 과제를 해결하는 개인의 방법과 문제해결능력을 나타낸다.

그림을 전혀 그리지 않음 0

사과를 따지 못함 1

사람이 사과를 손이나 바구니에 가지고 있으나 어떻게

　　따는지 알 수 없으며 사람이 사과나무를 향하고 있지 않음 2

사과를 가지고 있거나 땄으나 비현실적인 해결책을 사용함 3

사람은 땅에 있거나 다른 현실적인 받침(사다리, 바위)이 있고, 사과를 향하고 있음 4

현실적인 방법으로 사과를 따며 사과에 손이 닿음 5

⑨ 발달 단계 (Developmental Level)

Lowenfeld의 발달단계에 따라 그림의 발달수준을 평가한다.

그림을 전혀 그리지 않음 0

난화기 1

전도식기: 기저선이 없고, 사람의 팔이 머리에서 나오고, 기하학적인 사람 표현 2

도식기: 기저선이나 하늘선이 보이고 대상은 기저선 위에 있음 3

청소년기: 대상은 실제 크기이고, 다른 대상과 관계가 있으며 겹쳐지기도 함 4

성인기: 예술적인 세련됨이 보임 5

⑩ 대상물의 세부묘사와 주변 환경(Details of Objects & Environment)

대상물의 세부묘사와 주변 환경이 얼마나 다양하게 묘사되었는지를 평가한다.

그림을 전혀 그리지 않음 0

단순하게 그려진 사람, 나무, 사과만 있음 1

사람, 나무, 사과 이외에 기저선이나 풀이 있음 2

사람, 나무, 사과가 있고 지평선이나 한 두 개의 부가적 첨가물이 있음

(예: 꽃, 해, 나비 새 등) 3

주요 항목에 부가물이 있고, 많은 주변 환경묘사가 표현됨

(예: 구름, 새, 다른 나무) 4

주요 항목에 부가물이 있고, 풍부한 주변 환경을 묘사

(울타리, 집, 모자, 특별한 장식의 옷) 5

⑪ 선의 질(Line Quality)

선이 얼마나 잘 통제되었는지를 평가한다.

그림을 전혀 그리지 않음	0
산만하고 조절되지 않은 선	1
선의 떨림이 느껴지는 선	2
부분적으로 끊겼거나 짧게 그은 선	3
잘 조절된 선	4
유연하게 흐르듯 잘 그은 선	5

⑫ 사람(Person)

신체상의 왜곡이 있는지 여부를 평가한다. 왜곡되거나 생략된 부분이 없는 3차원의 신체상을 그린 그림이 건강하다고 본다.

그림을 전혀 그리지 않음	0
사람의 형태로 인식하기 어려움	1
신체의 일부만 단순하게 그림	2
최소한 동그라미 머리 형태를 가진 막대기 형태의 사람(표정없음)	3
일부 손상된 신체상, 막대기 형태의 사람(표정있음)	4
생략된 부분이 없는 3차원적인 신체상	5

⑬ 기울기(Rotation)

나무나 사람의 표현에 있어서 어느 정도 기울어져 있는지를 평가하는 것이다. 더 많이 기울어진 요소를 아래의 그림에 해당하는 기울기로 채점을 한다.

사람 또는 나무가 없음	0
나무나 사람이 거꾸로 있거나 수직축에 90° 기울었음	1
축이 65-70° 기울었음	2
축이 45° 기울었음	3
축이 20-25° 기울었음	4
회전이 없음: 사람과 나무가 모두 수직임	5

⑭ 반복성(Perseveration)

보속성이라고 불리기도 한다. 하나의 요소를 여러 번 반복적으로 묘사한 경우이다. 점이나 원 등을 계속적으로 그리거나 상동적인 행동을 반복하는 정도를 평가하는 것이다.

그림을 전혀 그리지 않음	0
그림의 반복성이 심함(종이에 구멍이 생길 때까지 반복하여 선을 그림)	1
상당한 정도의 반복성이 있음	2
어느 정도 반복성이 있음(하나의 사과 혹은 하나의 영역에 반복성이 있는 것)	3
반복성이 조금 있음	4
반복성이 전혀 없음	5

(2) 내용척도(The Content Scales)

그림에서 그려진 내용을 질적으로 분석하는데, 어떤 색을 사용했는지 혹은 어떤 세부묘사가 있었는지를 구체적으로 평가한다. 평가항목은 〈표 3.8〉과 같다.

표 3.8 • 내용척도의 구성요소

번호	항목	번호	항목
1	그림의 방향	8	나이
2	전체 그림에 사용된 색	9	옷
3	사람의 유무	10	사과나무
4	사람에 사용된 색	11	사과나무의 색
5	사람의 성	12	주변 환경의 묘사
6	사람의 실제적인 에너지	13	다른 형태들(기타 형태의 삽입)
7	사람의 얼굴 방향		

① 용지의 방향(Orientation of Picture)

- 가로
- 세로

② 전체 그림에 사용된 색의 수(Color Used in the Whole Picture)

빨간색	노란색	주황색	밝은 파란색	파란색	연두색
녹색	갈색	고동색	분홍색	보라색	검은색

③ 사람(Person): 사람이 그려지지 않았을 경우에는 10번으로 넘어감
- 사람 없음
- 사람 있음

④ 사람에 사용된 색(Color used for person)

빨간색	노란색	주황색	밝은 파란색	파란색	연두색
녹색	갈색	고동색	분홍색	보라색	검은색

⑤ 사람의 성(gender)
- 평가할 수 없음(애매모호하거나 막대기 모양의 그림)
- 분명한 남성
- 모호한 남성
- 분명한 여성
- 모호한 여성

⑥ 사람의 실제적인 에너지(Actual Energy of Person)
- 엎드려 있음
- 앉아 있음
- 땅에 서 있음
- 사다리(받침대)에 서 있음
- 사과나무를 향함
- 둥둥 떠 있음
- 매달려 있음
- 뛰어오름
- 뛰어내림
- 기어오름
- 날고 있음
- 기타

⑦ 사람의 얼굴 방향(Orientation of Person's Face)
- 평가할 수 없음
- 정면-눈코입 없음
- 정면-눈코입 있음
- 옆모습
- 얼굴의 3/4 보임
- 뒷모습

⑧ 나이(Approximate Age of Person)

- 평가할 수 없음
- 아기, 어린이
- 청소년, 성인

⑨ 옷(clothing)

- 모자
- 옷이 없다(막대기 모양 사람)
- 나체
- 옷으로 추측됨
- 잘 그려진 옷(사람과 다른 색으로 표현된 옷)
- 옷의 세부묘사

⑩ 사과나무(apple tree)

- 사과나무나 가지, 줄기가 분명하지 않음
- 한 개의 사과만 있음
- 나무줄기는 없고 한 가지에 사과가 한 개 달림
- 나무줄기, 수관이 있으면서 사과가 한 개 달림
- 2~10개의 사과
- 10개가 넘는 사과
- 수관의 가장자리에 사과가 달림

⑪ 사과나무의 색(color of apple tree)

- 나무줄기: 갈색(황토색), 고동색, 검은색, 기타
- 수관: 연두색(진초록색), 기타
- 사과: 빨강, 노랑, 주황색, 연두색(진초록색), 두 가지 색 이상, 기타

⑫ 주변 환경의 묘사(environmental details)

- 없음
- 자연물: 해, 달, 잔디, 지평선, 꽃, 다른 나무, 구름, 비, 바람, 산, 언덕, 호수, 시냇물, 강, 무지개, 기타
- 동물: 개, 고양이, 새, 소, 양, 농장동물들, 나비, 기타
- 상상의 항목, 기계 혹은 특별한 동물, 기타

- 무생물: 울타리, 표지판, 집, 길, 도로, 자동차, 트럭 사다리, 바구니, 상자, 컨테이너, 사과 따는 기구, 막대기, 기타

⑬ 다른 형태들(other features)

- 글쓰기(서명 혹은 사인 이외의 것)
- 기하학적인 형태
- 기타
- 숫자
- 외견상 무질서한 기호들

4 사례

그림 3.13 20대 남성의 PPAT

사례 채점해보기

번호	항목	점수
1	채색 정도	
2	색의 적절성	
3	내적 에너지	
4	공간	
5	통합성	
6	논리성	
7	사실성	
8	문제해결력	
9	발달단계	
10	세부묘사와 주변환경	
11	선의 질	
12	사람	
13	기울기(회전성)	
14	반복성(보속성)	

이 그림은 우울감과 회피적인 성격특성을 보이는 20대 남성의 그림이다. 이 남성은 만성 우울감을 호소하고 있으며 대인관계의 어려움뿐만 아니라 일상생활에서의 낮은 에너지 수준 및 학업에서의 주의력 문제를 호소하고 있다. 먼저 그림의 크기가 매우 작고 25%가 되지 않는 공간 사용과 채색이 한 알의 사과에만 되어있다는

것이 특징적으로 피검자의 낮은 에너지 수준을 반영하고 있다. 또한 인물 묘사와 더불어 그림의 주변 환경이 매우 빈약한데 전체적으로 함축된 에너지가 낮고 활력이 부족해 보이며 정서적으로도 메마르거나 위축된 것으로 보인다. 사과나무에는 사과가 한 알만 그려졌는데 이마저도 딸 수 없다고 이야기한 것은 피검자가 목표를 성취하기 위해 노력하는 데 어려움을 느끼고 있는 것과 피검자의 낮은 기대수준을 반영하는 것으로 보여진다.

사례 채점해보기

번호	항목	점수
1	채색 정도	
2	색의 적절성	
3	내적 에너지	
4	공간	
5	통합성	
6	논리성	
7	사실성	
8	문제해결력	
9	발달단계	
10	세부묘사와 주변환경	
11	선의 질	
12	사람	
13	기울기(회전성)	
14	반복성(보속성)	

그림 3.14 초등학교 5학년 남아의 PPAT

이 그림은 12세 ADHD 남아의 그림이다. 피검자는 평소 충동성과 과잉행동으로 인해 관계의 문제가 두드러졌고 자기중심적이고 목표지향적인 행동으로 인해 또래관계의 갈등이 잦은 아동이었다. 이 그림에서 보면 사과나무에서 사과를 따는 사람은 없고 트랙터 두 대가 사과를 빨아들이고 있는 모습으로 표현된 것이 매우 특징적이다. 자신이 원하는 것이 있다면 주변 상황이나 타인을 고려하지 않고 성취하거나 얻어내려고 하는 아동의 성향을 핵심적으로 반영하고 있다.

김갑숙, 이미옥, 전영숙, 기정희 (2019). 그림을 통한 심리진단 및 평가. 서울: 학지사.

김현숙, 김정은 (2020). 정신건강에 관한 사과 따는 사람 그림검사 연구동향. 인문사회21, 11(5), 143-154.

이미경, 이근매 (2018). 청소년의 사회적 문제해결력 예측을 위한 사과 따는 사람 그림검사 (PPAT)타당화 연구. 미술치료연구, 25(5), 647-669.

주리애 (2015). 미술심리진단 및 평가. 서울: 학지사.

최혜린, 김선희 (2019). 학업스트레스가 높은 초등학교 고학년 아동의 자기효능감 수준에 따른 나무에서 사과따는 사람 그림(PPAT) 검사 반응 특성. 미술치료연구, 26(3), 445-465.

American Psychiatric Association (1994). *Diagnostic and Statistical Manual of Mental Disorders (Fourth ed). Arlington,* VA: American Psychiatric Publishing.

Gantt, L. & Tabone, C. (1998). *The formal elements art therapy scale: the rating manual.* Morgantown, WV: Gargoyle Press.

Potchebutzky, H., Bat Or, M., Kourkoutas, E. E., & M. Smyrnaki. (2020). The Subjective Experience of Children with Disruptive Behavior Problems as Reflected in 'Person Piching an Apple From a Tree' Drawings. *Journal of Creativity in Mental Health, 15*(1), 2-16.

IV

미술치료 매체

미술치료에서 매체는 내담자가 작업하고 내면을 표현하는 데 필수적인 도구이다. 이러한 매체는 치료사와 내담자를 만나게 하며, 내담자가 안전하게 자신을 담아내면서 긍정적인 변화를 경험하도록 한다. 내담자는 다양한 매체를 통해 자신을 표현하면서 자신에 대해 인식하고 통찰해나가며 카타르시스를 느낀다. 따라서 미술치료사는 내담자와 만나기에 앞서 다양한 매체의 치유적인 요인, 매체 고유의 특성 및 매체 사용에 대해 알고 충분히 경험해보아야 한다. 치료사가 만나는 내담자의 증상에 따라 매체 선정이 다를 수 있고 내담자의 심리적 혹은 신체적 상태에 따라서도 매체 선택이 달라질 수 있다. 또한 치료사 자신이 선호하거나 능숙한 매체를 사용하려고 하는 경향이 있기 때문에, 치료 진행에 앞서 치료사 이에 대해 주의할 필요가 있다.

1 매체의 종류와 활용

1) 종이 매체

그림을 그리는데 쓰이는 종이를 말하는 것으로, 미술치료에서 가장 흔히 쓰이는 종이 매체는 켄트지이다. 종이의 무게가 무거울수록 더 두껍고 종이가 두꺼울수록 물감을 칠했을 때 종이의 손상이 적다. 종이의 크기는 1절, 2절, 4절, 8절과 같이 다양한 크기로 사용될 수 있으며, 다양한 색상을 활용할 수 있다. 켄트지는 표면이 매끈하고 연필, 사인펜, 매직이나 크레파스, 파스넷, 물감, 목탄 등을 사용하여 활용된다. 도화지는 종류가 다양해서 올록볼록하고 두께감과 재질에 차이가 있다. 두께감이 있는 종이 매체는 종이 자체에 색이 탈색되지 않아 장기 보존할 수 있다는 장점이 있다.

색종이의 경우 크기와 색에 따라 다양하게 사용할 수 있고 채색하기 싫어하는 내담자들에게 선명한 색상의 표현을 가능하게 한다. 한지는 한국인 정서가 담긴 매체로 쉽게 자르거나 찢을 수 있고 뭉치기, 접기, 꼬기, 덧붙이기, 번지기 등의 표현이 가능하다. 한지를 만지면서 편안함을 느낄 수 있기 때문에 심리적 이완 및 긴장 완화의 효과를 불러일으킨다. 성인이나 노인에게는 향수와 친근감을 주는 매체이기도 하다.

골판지는 입체재료 및 공작재료로 사용되는데, 입체적인 재질감을 갖는 특성이 있다. 마분지는 두껍고 빳빳한 느낌을 주는 재료로 만들기나 입체재료로도 자주 사용된다. 이 외에도 우드락 보드, 신문지, 서류봉투, 쇼핑백, 시트지, 티슈 페이퍼, 포장지, 잡지, A4용지, 알루미늄 호일, 기름종이 등과 같은 매체도 미술치료 목표에 맞게 다양한 활용이 가능하다.

② 소묘 매체

미술치료에서 많이 활용하는 매체로서 연필의 장점은 대상을 불문하고 누구에게나 익숙하고 쉽게 구할 수 있고 친숙하게 활용될 수 있다. 보관이나 정리 및 휴대가 간편하고 작업을 할 때 밑그림이나 크로키, 드로잉, 소묘 등에 다양하게 사용될 수 있고 독립적인 작품을 만들어낼 수 있다. 미술활동 중에 연필은 지우개로 얼마든지 수정 가능하며, 연필로 그린 뒤 채색 재료를 사용하여 다양한 효과를 낼 수 있다. 그러나 누구에게나 매우 익숙한 재료이기 때문에 특별한 호기심을 자극하는 매체는 아닐 수 있다. 연필심은 굳기에 따라 쓰임새가 다르며, 가장 딱딱한 9H에서 부드러운 8B까지 나누어지는데, H(Hard)와 B(Black)의 숫자가 높다는 것은 그 특성이 두드러진다는 것을 뜻한다. 연필은 두께가 얇고 가늘어서 내담자가 손의 움직임에 집중하게 만들어 발달적, 감각적인 면에서 눈과 손의 협응 및 집중력 향상에 도움을 준다. 연필의 필압은 내담자의 성격이나 특성 등을 파악할 수가 있어 진단검사에 사용된다. 통제성이 가장 강한 재료로서 연필 사용에 대한 좌절감과 부담감을 갖는 내담자가 있을 수 있으며, 불안이 높은 내담자를 심리적으로 위축되거나 경직되게 만들 수 있다. 그러나 주의력이 산만하거나 과잉행동을 하는 아동에게는 통제성이 강한 연필과 같은 매체가 불균형적인 감정과 행동을 조절할 수 있게 하며, 난화나 선화(drawing)를 선호하는 아동에게는 촉진적인 매체가 된다.

색연필은 연필과 마찬가지로 친숙한 매체이고 간단한 작업을 하거나 그리기 활동에 대한 흥미를 높이고 창의적인 표현이 가능하도록 활용되는 매체이다. 색연필의 종류는 수성과 유성으로 나뉜다. 색연필도 쉽게 구할 수 있고 휴대가 간편하며, 종류에 따라서 크레파스보다 덜 번지면서 더 무르기 때문에 섬세하고 정교한 표현이 가능하다는 장점이 있다. 그러나 진하거나 강한 색의 표현은 어렵기 때문에, 내담자에게 작품 완성도가 떨어진다는 느낌을 준다. 색연필은 자기조절 능력이나 운동감각을 필요로 하는 통제적인 매체이지만 다양하고 풍부한 색상에서 정서적인 경험의 표현을 가능하게 하거나 정서를 불러일으키는 매체이다.

파스텔은 어떤 매체보다도 부드러운 느낌을 표현할 수 있고 소묘와 회화의 성질을 함께 지닌 매체로써 손의 감각을 직접적으로 전달해주는 채색 도구이다. 파스텔을 겹쳐 칠하거나 문질러 표현이 가능하고 다양한 색채가 골고루 퍼지는 표현이 가능하기 때문에 내담자에게 창조성을 자극하고 예술적인 느낌을 더할 수 있다. 파스텔로 표현한 다양한 색채는 내담자의 감성을 자극하고 이완시키면서 감정을 자연스럽게 표현하게 한다. 다른 채색 매체보다 힘이 덜 들어가며 빠른 시간에 넓은 면적을 채색할 수 있고 문지르기 기법을 활용할 때는 손가락 끝을 사용하거나 티슈, 페이퍼, 붓, 토션(종이 연필) 등을 활용할 수 있다. 특히 손가락으로 문지르는 동안 파스텔 고유의 독특한 촉감을 직접 경험할 수 있기 때문에 촉각을 가장 직접적으로 경험하게 하는 매체이다.

파스텔은 선명한 색감을 원하는 내담자나 손에 묻는 것을 싫어하는 내담자에게 좌절감을 줄 수 있고 색을 지나치게 덧칠하면 탁하고 어두워지거나 잘 부서지는 것에서 좌절감을 경험할 수 있다. 또한 파스텔 자체에 접착력을 주는 성분이 첨가되지 않았기 때문에 내구성이 떨어지므로, 작품 완성 후 정착액(Fixative)을 뿌려 보관하는 것이 좋다.

크레용과 크레파스는 내담자가 사용하기에 매끄럽고 부드러워 사용이 용이하고, 채색과 그리기가 동시에 표현 가능한 매체이다. 크레용은 착색력이 좋고 크레파스와는 달리 뭉개짐이 적어 가는 선의 표현이 용이하며, 세밀한 표현도 가능하다. 작업 시 긁어서 표현하거나 녹는 성질을 활용하여 녹여서 표현이 가능하기도 하다. 반면 색조가 흐려 크레파스보다 채색의 분위기가 선명하지 않아 내담자의 만족도가 떨어진다.

크레파스는 크레용보다 진하며 착색이 잘되고 부드러워 혼색을 만들거나 덧칠이 가능하다. 또한 크레파스는 거친 질감을 내는 작업이 가능하며 색을 섞거나 긁어내기, 문지르기 등의 기법을 활용할 수 있다. 그러나 크레파스는 손에 잘 묻고 도화지가 지저분해질 수 있으며 수정이 어렵고, 잘 부러진다는 단점이 있다. 또한 크레파스는 작업 시 진한 색 위에 연한 색을 덧칠하는 것이 어렵고, 색이 번질 수 있기 때문에 연한 색부터 점차 진한 색의 순으로 채색방법을 택하는 것이 적합하다.

크레파스를 사용할 시 주의점은 손에 잘 묻고 힘을 주어 쓰다보면 잘 부러지기 때문에 내담자가 좌절감을 느낄 수 있다. 또한 강박적인 성향의 내담자나 지저분해지는 것이나 더러워지는 것에 대해 불편감을 느끼는 내담자에게 제공할 때에는 주의해야 한다.

사인펜/마커는 금속 펜보다도 촉감이 부드럽고 색상이 선명하며, 통제가 용이한 매체이다. 색채 면에서 수성 사인펜이 더 부드럽고 선명하며 유성 사인펜은 색이 가라앉는 듯한 느낌을 준다. 사인펜은 가볍게 그려지는 매체의 특성을 지니기 때문에 그리기 활동에 많이 사용되며, 사인펜으로 그릴 때는 되도록 표면이 매끈한 도화지를 사용하는 것이 좋다. 특히 수성 사인펜은 물이나 수채물감이 닿으면 번지는 효과를 나타낼 수 있어서 다양한 표현이 가능하다. 사인펜은 끝이 뾰족하기 때문에 정밀한 표현이 가능한 반면 명암 표현은 어려울 수 있다. 마커는 사인펜보다 더 굵은 촉을 가진 펜이지만, 시중에는 사인펜만큼 가는 촉이 판매되기도 한다. 마커는 색이 겹치면 진해져서 명암표현이 가능하지만, 사인펜과 마커로 그린 그림은 쉽게 탈색되는 경향이 있고, 칠하는 즉시 건조되는 반면 수정은 불가능하다. 사인펜/마커는 미술치료 현장에서 그리기와 꾸미기 재료로 다양하게 사용되며, 콜라주, 난화, 글쓰기, 스케치 등의 작업에서 활용될 수 있다.

③ 회화 매체

수채화 물감은 물에 함께 사용하고 색조를 물의 양으로 조절할 수 있으며, 겹치기, 뿌리기, 번지기 등 다양한 기법 등을 활용할 수 있다. 또한 수채화 물감은 마른 후에는 그림이 더 밝아지고 수채화 특유의 투명한 느낌과 맑고 경쾌한 느낌의 회화적 특성을 지닌다. 더불어 수채화 매체의 특성상 한 번에 여러 색을 섞거나 여러 차례 겹쳐 칠하는 경우 색감이 탁해지고 수정이 어렵다. 또한 수채화 물감의 농도, 물의 양을 조절하지 못할 경우 자신이 의도한 방향으로 작품이 나오지 않을 수 있다. 미술치료 장면에서 불안이 높거나 위축된 아동에게 치료 초반에 수채화 물감을 사용하게 하면 심리적 좌절을 경험할 수 있다. 이런 경우 데칼코마니나 구슬·실그림 그리기 등과 같이 예상하거나 의도하지 않아도 완성도가 높은 활동을 하는 것이 좋다. 미술치료에서 수채화 물감을 밀가루풀이나 핑거페인팅, 면도크림, 비눗물 등에 섞어 색채표현이 가능하게 할 수 있고 평면작업이나 입체작업에서 배경색이나 채색 작업에도 사용 가능하다. 미술매체의 특성에서 수채화 물감은 낮게 통제되는 것으로 알려져 있지만, 사실적인 표현과 섬세한 표현으로 들어갈 경우, 상당히 높은 통제력 이 요구된다. 이처럼 수채화 물감을 다른 매체와 결합하거나 찍기, 뿌리기, 번지기 등과 같은 기법을 활용할 경우 내담자의 불안과 긴장을 낮추고 흥미를 높이며 자연 스럽게 자기표현을 촉진시킬 수 있다.

아크릴 물감은 수채화 물감과 유화 물감의 장점을 동시에 가지고 있으며 빠르게 건조되는 수용성 물감이다. 접착성이 강해 캔버스 외에도 다양한 매체 위에 채색이 가능하고 사용이 간편하며 유화처럼 자극적인 냄새가 없다. 아크릴 물감은 물을 섞어서 사용할 경우 수채화의 느낌을 살려 표현할 수 있고 물을 섞지 않으면 유화처럼 두꺼운 질감의 표현도 가능하다. 아크릴 물감은 매우 빠르게 건조되는데, 건조된 후에 바탕색 위에 덧칠이 가능하고, 빨리 마르는 특징으로 작업시 집중력이 요구되며 즉각적인 감정이나 생각의 표현이 가능하다. 아크릴 물감의 장점으로 내담자가 작업을 하는 중에 실수를 하더라도 덧칠이 가능하고 수정이 가능하기 때문에 실패에 대한 좌절감이 적은 매체이다. 아크릴 물감은 이전에 매체에 경험이 부족하거나 처음 접해보는 내담자라 할지라도 매체 자체로 충분히 호기심을 불러일으킬 수 있고 자유롭게 작업이 가능하다.

4) 조소매체

점토는 내담자의 감정을 환기시키는 데 중요한 역할을 하는 매체로, 점토 작업 은 원초적이고 감각적인 성질이 강한 매체이기 때문에 내담자의 퇴행을 촉진한다. 내담자는 점토를 손으로 만지고 주무르면서 자신의 감정과 느낌을 대상물로 구체화 시키거나 경험을 재구성할 수 있으며 점토를 만지고 주무르는 것만으로도 감각을 자극하여 에너지를 불러일으킨다.

점토는 내담자 자신의 감정을 이해하고 부정적이고 억압된 정서를 자극하고 그러한 감정적 배출을 창조적인 방향으로 전환시키도록 돕는다. 점토는 어린 유아나 발달지연을 보이는 내담자뿐만 아니라 일반 아동의 소근육 발달, 의사소통 능력, 자기표현 능력을 촉진시키고 억압된 정서나 긴장을 해소시키며 창의성을 불러일으킨다.

점토는 내담자의 생각과 감정을 자연스럽게 표현하게 하고 붙이거나, 떼어내기, 파내기 등이 가능하며 촉감이 뛰어난 특성을 지닌다. 미술치료 장면에서 내담자는 점토를 던지고, 두드리고, 주무르는 등의 활동을 통해 긴장해소, 에너지 표출 및 심리적인 자유를 경험하면서 신체적인 에너지가 발생하여 창조적인 표현이 가능하다. 점토는 뭉치거나 늘이거나 비비는 등의 형태를 변화시키는 활동과 자르거나 쌓거나 깎아내는 등의 활동이 기본이 되며, 표면에 다른 물체를 찍어 흔적을 남기거나 긁어서 표면의 느낌을 표현하는 활동, 여러 가지 꾸미기 재료를 사용하여 다양한 조형 가능성을 체험하는 활동을 제공할 수 있다. 점토 작업 후 그대로 대기 중에서 건조시킬 경우 작품이 깨지거나 부서질 수 있기 때문에 적당한 수분을 주고 비닐로 싸 놓아야 한다. 또한 입체 작업에서 도화지 위에서 작업을 한 후 건조시킬 경우 도화지가 변형될 수 있다.

이 외에도 점토와 유사한 점토로는 지점토, 밀가루, 컬러 점토, 아이클레이 등이 있다.

석고가루는 주로 물과 석고가루를 1:1의 비율로 섞어서 사용하고 석고가루가 굳으면 조각칼로 내담자가 원하는 모양을 만들어낼 수 있다. 석고붕대는 석회가 혼합된 거즈로 제조되었고, 크림 타입의 섬유로서 조형이 용이하다. 미술치료에서 사용할 경우, 원하는 길이만큼 잘라 물에 적셔서 사용하는데, 석고붕대는 건조가 빠르며 건조 후에는 단단하게 변한다.

석고붕대를 물에 적셔 사용할 경우 차가운 온도감에 내담자가 놀랄 수 있다. 석고가루와 마찬가지로 석고붕대는 건조되면서 열이 발생하는데, 차가운 온도감에서 따뜻해지면서 단단하게 변하는 석고붕대의 속성은 미술치료에서 치유적인 기능을 한다.

석고매체는 내담자의 호기심을 자극하고 흥미와 주의집중을 높일 수 있는 매체이다. 미술에서 석고는 물에 개거나 가루로 그대로 사용할 수 있는 재료로서 내담자가 원하는 형태를 만들어낼 수 있는데, 손 본뜨기, 손 맞잡고 뜨기, 얼굴 본뜨기 등을 적용할 수 있다. 대개 신체를 본뜰 때는 누군가와 상호작용해야 하는 경우가 많아 신체적인 접촉과 돌봄과 긍정적인 상호작용을 경험할 수 있는 매체이다. 석고 본뜨기 작업에서는 치료사가 적극적으로 작품제작을 도와야 할 필요가 있으며, 건조된 석고를 떼어낼 때 피부가 자극될 수 있기 때문에 석고작업을 시작하기 전에 로션을 바르는 것이 필요하다.

⑤ 비정형매체 및 기타매체

자연물은 주변의 자연에서 쉽게 구할 수 있는 매체로, 모래, 돌, 나뭇가지와 같은 자연 세계의 소재들과 다양한 곡물들이 포함된다. 자연 매체는 형태와 크기가 다양하고 주변에서 쉽게 구할 수 있으며, 누구에게나 친숙한 재료로 삶 속에서 쉽게 접할 수 있고 정서적인 안정감과 편안함을 제공하는 매체이다. 또한 자연물을 만지고, 보고, 느끼고, 냄새를 맡아보는 매체 탐색 활동만으로도 내담자의 감각을 자극하고 활성화시키며, 내담자의 호기심을 자극한다.

내담자는 자연 매체 탐색 과정 중에 어린 시절의 기억이나 특정한 시점의 기억을 떠올리기도 하거나 상상력을 재구성하는 경험을 하고 자신의 생각과 느낌을 자유롭게 표현하며 창의성을 유발시킨다. 미술치료에서 자연 매체를 활용할 경우 자연적 친근감을 느낄 수 있고 꾸미기 재료를 활용하여 풍부한 표현이 가능하다.

밀가루풀과 면도크림은 미술치료에서 촉감놀이를 할 때 자주 사용되는 매체로 밀가루 풀은 농도를 진하게 하면 풀로도 사용 가능하지만, 끈적거리는 속성이 있어 내담자의 선호도에 맞게 사용하는 것이 필요하다. 밀가루와 풀을 투명해질 때까지 끓여서 사용하고 사용 방법에 따라서 농도를 조절할 수 있다. 밀가루 풀은 내담자의 긴장 이완, 치료사와의 라포형성, 스트레스 해소 및 상호작용을 촉진시키는 데 도움이 되며 부드럽고 미끈거리는 느낌을 준다. 영유아 내담자나 발달지연 및 장애 내담자의 경우 매체를 입으로 가져가는 특성이 있는데, 이때 밀가루풀에 식용색소를 넣어 사용하면 일반 핑거페인팅 매체를 사용하는 것보다 안전하다. 밀가루 풀은 풀이 마르고 나면 종이가 변형되기 때문에 작업 시 우드락 같은 두꺼운 재료를 사용하는 것이 좋다.

면도크림은 신나게 짜거나 거품으로 놀이하고 물감을 함께 사용하여 색을 만들면서 다양한 감각적인 놀이를 할 수 있는 매체이다. 이는 긴장 이완 및 호기심을 자극하는 매체이지만, 밀가루 풀이나 핑거 페인팅과는 다른 느낌을 전달해줄 수 있다. 면도크림은 피부에 크게 자극을 주지 않지만, 특유의 향이 있어 내담자에 따라 선호도가 다르다. 특히 피부가 약한 내담자나 면도크림의 향을 선호하지 않을 경우 적합하지 않을 수 있는데, 이때는 생크림을 대신 사용하는 것이 좋다.

밀가루 풀, 면도크림은 통제력이 낮은 매체이기 때문에 감정을 이완시키고 친밀한 치료적 관계를 형성하거나 감정표현을 용이하게 해주면서 치료에서의 자발성을 촉진하는 데 도움이 된다.

종이상자는 오늘날 중요하게 다루어지는 매체 기법 중 하나이다. 종이상자는 외부와는 구별되는 내부공간을 창조해낼 수 있는 하나의 틀로서, 미술치료에서 내담자가 표현한 작업의 내용물과 내담자를 보호하며 비밀을 저장하는 공간의 역할을 한다. 또한 내담자 내면의 양가적이고 모순된 것들을 통합하는 기회를 제공하기도 한다.

종이상자는 내담자에게 안전하게 보호받는 공간으로 자유롭게 자신을 드러낼 수 있게 만들면서 내담자의 사적 공간을 지켜줄 수 있다. 이러한 사적인 공간에서 자신을 창조적으로 표현하도록 돕는 과정을 활용해 내담자가 방어하거나 드러내고 싶지 않은 것들을 안전하게 담아내는 장소로 작업하도록 한다. 미술치료에서 자주 사용하는 'self-box'는 내면을 '내가 보는 나' 외면을 '남이 보는 나'로 상징적인 표현이 가능하다. 이는 내담자 내부의 자기와 가면(페르소나) 둘 다를 이해하고 통합하도록 치료에서 이끌 수 있고 '나의 장점과 단점 찾기'나 주제별로 나만의 은유적인 공간으로 창조될 수 있다.

인형매체를 성인 내담자에게 사용하면, 자신의 어린 시절 감정을 불러 일으켜 당시에 주로 어떠한 감정 양식을 갖고 있는지 이해할 수 있다. 치료사와 내담자는 인형을 함께 만들어보며 특정한 감정이나 사건 및 사고 등을 떠올릴 수 있으며 만들어진 인형의 재현을 통해 감정을 치유할 수 있다.

인형은 헝겊이나 천으로 만들 수 있는데, 부드러운 매체는 내담자의 감각을 자극시켜 부드러움을 표현하도록 도와주면서 돌봄을 경험하게 해준다. 바느질을 통해 만드는 인형 만들기는 집중해서 만드는 과정 자체가 치유적인 기능을 하기도 한다. 조용히 집중해서 반복하는 바느질 작업은 내담자에게 자신과의 자기대화가 일어나게 하며, 인형을 마치 자신이나 자신에게 중요한 인물로 대상화하면서 자기이해와 자기발견을 돕는다. 특히 천이나 솜으로 만들어진 포근한 느낌으로 사람의 형상과 비슷한 인형은 친근한 특성을 갖기 때문에 긍정적이고 따뜻한 방식으로 자신을 바라보게 한다. 특히 대상관계의 어려움을 느끼는 내담자에게 적절한 미술치료접근법이다.

아동 내담자에게 미술치료에서 인형을 만들고 활용해서 인형극을 진행하는 것은 자기표현이나 사회적 기술 등이 부족한 내담 아동의 사회성 증진을 돕는다. 또한 인형을 통한 상징적인 놀이 과정에서 자연스럽게 촉진되는 상호작용이나 언어적 표현은 아동의 자기감정과 생각을 표현하는 자극과 동기를 유발하기도 한다. 더불어 또래관계나 가족관계의 어려움을 겪는 아동은 인형 만들기를 통해 간접적으로 자신의 감정이나 의사를 전달할 수 있게 되고 친밀감을 경험하며 대안적 자기표현이나 의사소통 수단을 치료사를 통해 모델링 할 수 있다.

인형 매체를 사용할 때 바느질이 익숙하지 않은 내담자나 인형의 몸통이나 얼굴 등을 만들어가는 과정에서 완벽성을 추구하려는 내담자에게는 좌절감을 주는 매체일 수 있기 때문에 내담자의 수준과 특성을 고려하여 적용할 필요가 있다. 또한 너무 어린 아동이나 바느질이 서툰 내담자들은 치료사가 인형 만들기에 함께 참여하거나 이미 만들어진 인형매체를 사용하는 등 대안 매체를 사용할 수 있다.

그 밖에 꾸미기 재료로 뽕뽕이, 깃털, 솜 등의 부드러운 속성은 그 자체로 내담자들에게 미치는 영향이 큰데, 부드러운 촉감각 때문에 어머니를 연상시키고 위안을 주는 특별한 대상이 되기도 한다.

구슬이나 단추 스팽클 등의 재료는 평면작업이나 입체작업에서 사용하기 좋다. 내담자의 창의성을 자극하고 꾸미기 재료로 적합하다.

끈재료로는 털실, 노끈, 종이끈, 장식끈, 모루, 빵끈 철사, 공예 철사등이 있다. 이들은 각각 굵기별, 색상별로 다양하게 사용 가능하다.

그 외에도 우드스틱, 나무조각, 스티로폼과 같은 다양한 꾸미기 재료들은 내담자의 호기심과 창의성을 자극하고 작업의 완성도를 높이며 작업이 더 풍성해지도록 사용할 수 있기 때문에 회기 내에서 다양한 방법으로 이들을 활용할 수 있다.

2 내담자 특성과 미술 매체

　매체의 특성에 따라 '통제'에 영향을 주는 매체와 '촉진'을 통해 감정을 이완시키는 매체가 있다. 따라서 매체의 선택에서 이 두 가지를 고려해야 한다. 내담자의 자발성을 촉진하기 위해서는 충분한 작업공간과 아울러 다양한 색상과 충분한 크기의 종이와 점토 등이 제공되어야 한다. 매체에 대한 내담자의 욕구는 매우 다르기 때문에 미술치료사는 내담자 개인의 욕구에 민감하게 반응하여야 한다.

　미술 매체별 특징을 통제성이 높고 낮은 매체로 나눈 것(Landgarten, 1987)으로 봐서 매체가 정서적인 반응의 특성을 갖는다고 볼 수 있다.

　통제의 정도가 낮은 매체는 임상치료 초기에 감정을 이완하고 친밀감을 조성하며 라포를 형성하는 데 도움이 되며, 통제의 정도가 높은 매체는 세밀하고 정교한 작업과 집중도를 요구하기 때문에 치료 시 초기에 사용하기보다는 어느 정도 회기가 진행된 후에 사용하는 것이 바람직하다.

　연필은 통제 기능이 강해 내담자에게 긴장을 줄 수 있는 반면에 조작하기가 쉬워 충동성을 통제하기 용이하고, 젖은 점토나 그림 물감을 감정이완과 퇴행을 촉진시키는 매체의 특성으로 경직되고 저항적인 내담자에게 적용하기에 적합하다. 즉, 하나의 매체가 미술치료에서 적용하는 주제나 기법에 의해 그리고 대상 및 상황에 따라 촉진적 또는 통제적인 매체가 될 수 있다. 따라서 치료사는 내담자의 주호소, 기능 수준 및 매체의 특성을 고려한 매체선택이 필요하다.

젖은 점토	그림 물감	부드러운 점토	오일 파스텔	두꺼운 켄트지	콜라주	단단한 점토	얇은 켄트지	색연필	연필
1	2	3	4	5	6	7	8	9	10

← 가장 낮은 통제　　　　　　　　　　　　　　　　　　　　　가장 높은 통제 →

그림 4.1　미술매체의 특성(Landgarten, 1987)

나의 나무: 검정색 도화지, 파스텔, 오일파스텔

화산: 파스넷

자연매체: 자연물, 수채화 물감, 한지

나의 화산: 점토, 플라스틱 컵, 도화지

자연매체: 커피, 돌, 나뭇잎, 고물, 열매, 지점토, 도화지

케이크: 아이클레이

요약

　미술치료에서 매체는 내담자가 작업하고 내면을 표현하는 데 필수적인 도구이다. 내담자는 다양한 매체를 통해 자신을 표현하면서 자신에 대해 인식하고 통찰해나가기 때문에, 미술치료사는 내담자와 만나기에 앞서 다양한 매체의 치유적인 요인, 매체 고유의 특성 및 매체 사용에 대해 알고 충분히 경험해보아야 한다. 미술치료에서 사용되는 다양한 매체 중, 종이 매체로는 캔트지, 색종이, 한지, 골판지, 마분지, 우드락 보드, 신문지, 서류봉투, 쇼핑백, 시트지, 티슈 페이퍼, 포장지, 잡지, A4용지, 알루미늄 호일, 기름종이 등이 사용된다. 소묘 매체로는 연필, 색연필, 파스텔, 크레용, 크레파스, 사인펜, 마커 등이 있다. 회화 매체로 수채화 물감, 아크릴 물감이 있고 조소매체로 점토, 아이클레이, 컬러점토, 지점토, 밀가루, 석고와 석고붕대 등이 활용 가능하다. 또한 비정형매체 및 기타매체로 자연물, 밀가루풀과 면도크림, 박스, 인형 그 외의 다양한 꾸미기 재료를 내담자의 특성과 미술 매체별 '통제와 촉진'의 특성을 고려하여 사용하여야 한다.

김미진, 이근매 (2015). 미술치료의 치료적 요인별 효과적인 미술매체에 관한 질적연구: 전문가 인터뷰를 중심으로. 미술치료연구, 22(4), 1085-1110.

주리애 (2010). 미술치료학 개론. 서울: 학지사.

전순영 (2011). 미술치료의 치유요인과 매체. 서울: 하나의학사.

정하욱, 김갑숙 (2019). 미술치료사의 매체 사용현황 및 인식에 관한 연구. 미술치료연구, 26(2), 407-425.

최인혁 외 (2014). 매체 in 미술치료. 파주: 양서원.

Landgarten, H. B. (1987). *Family Art Psychotherapy: a clinical guide and casebook.* New York: Brunner/Mazel.

V

미술치료 윤리와 실제

본 내용은 한국미술심리치료연구학회, 한국미술치료학회, 한국상담심리학회 등에서 요구하는 심리치료사와 심리상담사의 자격과 자세에 관한 지침을 바탕으로 구성하였다. 여기에서는 미술심리상담사라는 용어를 통일하여 사용하였다.

1 미술심리상담 윤리의 개념

미술심리상담 윤리란 미술심리상담을 수행하는 과정에서 선한 목적을 이루고 비윤리적 행위를 하지 않도록 도와주기 위한 것이며, 미술심리상담자에게 무엇이 필요한 행동이며 어떠한 행동을 하지 말아야 하는지를 말해준다. 미술심리상담사 윤리의 핵심은 미술심리상담자가 내담자의 어려움을 감소시키기 위한 태도와 기술을 충분히 가지고 있는가이다. 따라서 전문성이 부족한 미술심리상담은 내담자와의 신의에 어긋나며 내담자에게 해를 줄 가능성이 크기 때문에 미술심리상담 전문성은 가장 중요한 윤리적 의무이기도 하다. 미술심리 상담 능력 유지를 위해, 미술심리상담사 자신을 먼저 돌보지 않으면 내담자를 보살피고 돌볼 수 없기 때문에 미술심리상담사의 자기보호 또한 매우 중요하다.

윤리기준은 일종의 전문가로서의 품행과 책임에 대한 지침으로서, Welfel(2006)은 상담전문가로서의 네 가지 직업윤리에 대해서 언급하였다.
① 효과적인 상담에 활용할 수 있는 충분한 지식, 기술, 판단력을 가진다.
② 인간의 존엄성과 내담자의 자유를 존중한다.

③ 상담자의 역할에 내재해 있는 힘을 책임감 있게 사용한다.

④ 상담자 집단 전체에 대한 일반인의 신뢰감을 촉진하는 방식으로 행동한다.

미술심리상담 윤리는 미술심리상담, 연구, 교육, 슈퍼비전 등에서 원칙 윤리로서 필요하며, 분별력, 존중, 성실성, 명민함 등 또한 미술심리상담사로서의 '덕'윤리로서 필요한 내용이기도 하다. 윤리규정이 제공되고 있지만 실제 미술심리상담 장면에서의 윤리적 결정은 미술심리상담사 개개인의 윤리발달 정도에 따라 달라질 수 있다. 또한 미술심리상담사가 어떠한 가치를 가지고 있느냐도 이에 중요한 영향을 미칠 수 있다. 이와 관련하여 미술심리상담사의 가치에 대해서 살펴보면 다음과 같다.

① 미술심리상담사의 가치는 윤리적 갈등상황에서 대처방식에 중요한 영향을 미칠 수 있다.

② 미술심리상담사는 자신의 배경, 욕구, 가치가 어떻게 상호작용하는지를 이해하는 것이 중요하며 이러한 것들이 미치는 영향에 대해 개방성, 솔직성, 객관성을 유지하며 가능한 한 편견이 없도록 해야 한다.

③ 미술심리상담사는 자신의 가치가 무엇인지 정확히 알고, 이것이 미술심리 상담과정에서 어떻게 영향을 주는지도 명확하게 인지하고 있어야 한다.

미술심리상담사의 가치점검 목록

낙태, 성 정체성, 혼전 성관계, 혼전 임신, 혼외 성관계, 배우자 폭력(학대), 이혼, 양육권 소유, 입양, 아동학대(방치), 자녀훈육, 죽음, 자살, 안락사, 종교적인 신념 등

④ 내담자에게 미술심리상담사의 가치를 받아들이도록 강요하지 않아야 하며, 자율성을 존중해 주어야 한다. 비록 내담자가 여러 가지 정서적, 행동적 어려움을 겪고 있을지라도, 내담자 자신이 어떻게 살 것인지에 대한 관점과 신념을 스스로 결정할 수 있도록 해야 한다.

⑤ 미술심리상담사가 감당할 수 없을 정도의 가치 갈등이라면 다른 미술심리상담사에게 의뢰하는 것이 더 윤리적이다.

학회 등에서 제시하고 있는 윤리강령은 미술심리상담사들이 모든 내담자의 존엄성과 잠재능력을 존중하고, 다양하고 전문적인 원조 활동을 통해 내담자의 삶의 질을 향상시킬 수 있도록 돕는 데 지침을 제공하게 된다. 이러한 지침은 미술심리상담사나 전문가들이 도움이 필요한 내담자를 위해 전문적 지식과 기술을 개발하고, 전문가로서의 능력과 자질을 향상시키며, 내담자들의 복지를 최우선 순위에 두는 데 초점을 둔다. 미술심리상담사는 내담자들을 위해 항상 최상의 정신건강 서비스를 제공하기 위한 모든 준비와 노력을 기울여야 한다. 이와 관련해서 구체적으로 살펴보면 다음과 같다.

▣ 미술심리상담사

I. 태도

전문가로서의 태도는 미술심리상담사로서 기본적으로 취해야 할 전반적인 태도들 및 지향되어야 할 행동들에 관한 내용들을 포함한다.

1. 전문적 능력

1) 능력의 경계
미술심리상담사는 자신의 능력의 경계 내에서만 실무를 해야 한다. 능력은 정규 교육, 실습 및 훈련, 슈퍼비전을 받은 상담 경험, 학회의 자격 취득, 그리고 그 외의 전문적 경험 등에 기반을 두어야 한다.

2) 전문성 향상
미술심리상담사는 적절한 교육, 훈련, 그리고, 슈퍼비전 받은 상담 경험을 쌓아 반드시 전문성을 향상시켜야 한다.

3) 자격의 명시
미술심리상담사는 자신이 가진 능력 이상의 것을 주장하거나 암시해서는 안 되며, 타인에 의해 능력이나 자격이 잘못 명시되었을 때에는 수정해야 할 의무가 있다.

4) 지속적인 교육과 연수

미술심리상담사는 자신의 활동분야에 있어서 최신의 과학적이고 전문적인 정보와 지식을 유지하기 위해 지속적인 교육과 연수의 필요성을 인식하고 참여해야 한다.

5) 자기반성과 평가

미술심리상담사는 전문인으로서의 능력에 대한 지속적인 자기반성과 평가를 해야 하며, 자신의 능력을 향상시키기 위해 지도감독을 받을 책임과 의무가 있다.

6) 윤리 규정의 준수

미술심리상담사는 윤리강령과 시행세칙을 준수할 책임이 있다. 미술심리상담사는 윤리적 책임이나 전문적 실무에 관한 의문점들에 대해 지식과 경험이 풍부한 전문가의 의견을 들어야 한다.

7) 자격 있는 미술심리상담사 채용

상담기관은 적합한 자격과 전문적인 능력을 갖춘 미술심리상담사를 채용해야 한다.

2. 성실성

1) 상담에 대한 정보 제공

미술심리상담사는 자신의 신념체계, 가치, 제한점 등이 상담에 미칠 영향력을 자각하고, 내담자에게 상담의 목표, 기법, 상담의 이점, 한계점, 위험성, 상담자의 강점과 제한점, 심리평가와 보고서의 목적과 용도, 상담비용 및 지불방법 등을 명확히 알려야 한다.

2) 전문인으로서의 가치와 권위 유지

미술심리상담사는 개인의 이익을 위해 상담전문직의 가치와 권위를 훼손하는 행동을 해선 안 된다.

3) 적합한 대안 모색

미술심리상담사는 능력의 한계나 개인적인 문제로 내담자를 적절하게 도와줄 수 없을 때에는 상담을 시작해서는 안 되며, 다른 미술심리상담사나 정신건강전문가에게 의뢰하는 등의 도움을 제공할 수 있는 최선의 방법을 강구한다.

4) 상담 중단 시의 대처

미술심리상담사는 자신의 질병, 죽음, 이동, 기관의 폐업 등과 같은 요인에 의해 상담이 중단될 경우, 이에 대한 적절한 조치를 취해야 한다.

5) 종결에 대한 대처

미술심리상담사는 종결 시 내담자의 관점과 요구에 대해 의논해야 하며, 다른 전문가를 필요로 할 경우에는 적절한 과정을 거쳐서 의뢰해야 한다.

6) 동료에 대한 태도

미술심리상담사는 내담자나 학생, 연구 참여자, 동료가 피해를 입지 않도록 조치를 취해야 한다.

7) 오용에 대한 대처

미술심리상담사는 자신의 기술이나 자료가 다른 사람들에 의해 잘못 사용될 가능성이 있는 활동에 참여해서는 안 된다.

II. 사회적 책임

1. 질 높은 치료를 제공하기 위한 책임감

1) 치료의 효과성 점검

미술심리상담사는 전문가로서 치료 진행에 대한 효과성을 점검하기 위해 전문적으로 표준화된 평가방식을 활용해야 하고, 진행되는 치료의 효과를 향상시키기 위해 그에 적합한 훈련, 교육, 슈퍼비전을 받으며, 연구·실천하는 노력을 해야 한다.

2) 지속적인 교육과 연구

미술심리상담사는 새로운 연구방법을 개발하고, 그들이 만나는 다양하고 또는 특별한 인구집단에 대한 경향에 주목하면서, 미술치료에서 최근 조사연구에 대한 지식을 유지하기 위해 지속적인 교육을 받는다. 미술심리상담사는 내담자의 다양성에 대한 새로운 연구방법 및 모형에 대한 지식을 실천하고 능력을 유지시켜야 한다.

3) 치료사의 건강상 결함

미술심리상담사는 그들의 신체적, 정신적, 또는 정서적 문제들이 내담자나 타인에게 해를 끼칠 수 있을 때, 미술치료 상담을 중단하거나 다른 전문가에게 의뢰해야 한다.

2. 자격 취득

1) 승인된 자격증

대부분의 학회에서 인정하는 자격증은 미술심리상담사 2급, 미술심리상담사 1급, 미술심리상담 전문가, 미술심리상담 교육전문가이다.

2) 자격 취득 지침

미술심리상담사는 학회에서 규정한 자격취득 지침을 준수해야 한다.

3) 자격 취득의 허위 기재

미술심리상담사는 자격취득 내용을 절대 허위로 기재해서는 안 된다.

4) 타 분야에서 받은 박사학위

미술심리상담사는 타분야에서 받은 박사학위 명칭을 미술치료 임상현장에서 사용해서는 안 된다.

3. 홍보

1) 개인정보의 표시

미술심리상담사는 자격, 학력, 경력을 정확히 표시해야 한다.

2) 자격증

미술심리상담사는 자격증을 부당하게 취득하거나 악용해서는 안 된다.

3) 잘못 표시된 문구의 시정

미술심리상담사는 미술치료에 관한 문구들이 잘못 진술된 경우, 즉시 시정해야 한다.

4) 지위남용 금지

미술심리상담사는 지위를 남용해서 부당한 이득을 취해서는 안 된다.

5) 전문가 활동에 참여

미술심리상담사는 미술치료의 발전과 향상을 촉진시키는 지역, 전국, 국제 조직에 적극적으로 참여해야 한다.

4. 공적 책임감

1) 차별 금지

미술심리상담사는 연령, 문화, 장애, 성별, 종교, 성적 취향, 또는 사회경제적 지위에 근거하여 또는 어떤 법적 이유 때문에 부정적 영향을 미치는 방식으로 내담자, 학생, 슈퍼바이지를 차별해서는 안 된다.

2) 개인 의견의 진술

공적인 상황에서 개인 의견을 제시하게 됐을 때, 미술심리상담사는 그 내용이 자신의 관점이며, 전체 미술심리상담사를 대표하는 의견이 아님을 명확히 해야 한다.

3) 매체를 활용한 발표

미술심리상담사가 공적인 강연, 발표, 매체를 활용한 프로그램들을 통해 조언이나 의견을 제공할 때 근거를 밝혀야 한다.

4) 착취 및 악용

미술심리상담사는 부당한 이득을 얻기 위해 내담자를 착취 또는 악용해서는 안 된다.

▣ 미술치료 활동

I. 내담자

1. 내담자 복지에 대한 위임과 책임감

1) 일차적 책임감

미술심리상담사의 일차적인 책임감은 내담자를 존중하고, 독특한 개성을 인식하며, 복지를 증진시키는 치료를 수행하는 것이다. 미술심리상담사는 내담자의 가족 역시 내담자의 삶에 중요하다는 점을 인식하여 가족의 이해와 참여를 얻기 위해 노력한다. 특히, 내담자가 아동일 경우 내담자에게 최상의 도움이 되도록, 아동의 삶에서 주요 성인을 대상으로 교육 및 부수적 치료(부모상담, 부모교육, 부부상담 등)를 포함시킬 수 있다.

2) 최적의 성장과 발달

미술심리상담사는 미술과 미술의 치료적 개입을 통해 내담자의 심리사회적 발달 및 정신건강의 향상을 촉진함으로써 내담자의 건강한 삶을 영위하도록 양육자의 역할을 담당해야 한다.

3) 치료 계획

미술심리상담사는 내담자(아동일 경우 내담자의 부모)에게 적합한 치료 계획을 내담자(아동일 경우 내담자의 부모)가 충분히 이해할 수 있는 방식으로 설명한다. 치료 목표들의 범위 내에서 내담자의 성장능력, 효과 및 내담자에 대한 지속적 지지와 아동일 경우 내담자의 부모 참여를 확인하기 위해 치료계획을 정기적으로 검토해야 한다.

4) 기록 보관

미술심리상담사들은 내담자의 회기 과정을 다음의 내용을 반영하도록, 사실대로 기록해야 한다.

- 현재의 발달 상 기능 수준(예: 인지, 미술발달, 정서 발달 등의 기능수준)
- 치료개입의 장단기 목표
- 행동 및 목표와 연관된 회기 내의 언어 표현
- 관찰된 미술주제 및 사용된 미술도구
- 내담자의 행동 및 목표와 관련된 사실적인 이미지

- 사고과정, 정서, 미술주제, 그리고 행동에서의 변화

- 주요 다른 성인에 대한 개입(예: 부수적인 치료, 의뢰 등)

- 자살이나 타살의 의도나 상상

- 주요 다른 성인들이 관찰한 내용

- 가족 기능의 수준과 가족 환경

- 종결 상황

2. 내담자의 권리와 존엄성에 대한 존중

1) 차별대우를 하지 않음

미술심리상담사는 연령, 성, 장애, 종교, 사회 경제적 지위, 성적 선호, 문화 등을 이유로 내담자에 대한 차별을 조장하거나 관여하지 않는다.

2) 개인적 특성에 대한 존중

미술심리상담사는 문화적, 민족적, 사회경제적 정체성이 치료개입 및 치료 철학에 어떻게 영향을 미칠지 인식해야 한다. 미술심리상담사는 내담아동의 다양한 배경을 염두에 두고 적극적으로 개입하며, 내담자의 문화와 문화적 정체성을 지지하고 유지하도록 적절한 노력을 해야 한다.

3) 미술심리상담사 개인의 특성에 대한 인식

미술심리상담사들은 자신의 고유한 가치, 태도, 신념, 행위를 알아야 한다. 또 그것이 다양한 사회에서 어떻게 적용되는지를 깨닫고, 내담자에게 자신의 가치를 강요하지 않는다.

3. 내담자의 권리

1) 공개할 내용들

미술심리상담사는 내담자를 존중한다. 내담자에게 이해 가능한 언어로 치료서비스의 목적, 목표, 기법, 절차의 한계점, 잠재적 위험요인과 장점들을 알려줘야 한다. 미술심리상담사는 내담자(아동의 경우 보호자)에게 진단의 의미, 심리검사와 보고서의 목적, 비용과 납부방식을 이해하도록 돕는다. 내담자는 비밀보장의 권리 및 한계(꼭 필요한 성인들, 수퍼바이저, 치료 팀에게 치료내용을 공개하는 것을 포함)에 대한 설명을 들을 권리, 사례기록에 대한 분명한 정보를 얻을 권리 및 발달 수준에 적합한 치료계획 진행에 참여할 권리를 갖는다.

2) 선택의 자유

내담자가 아동일 경우 아동은 치료를 받을 것인지, 누구에게 받을지 선택할 자유를 항상 가질 수는 없다. 그러므로 미술심리상담사는 미술치료를 설명하고 치료를 시작할지, 어떤 전문가가 아동에게 최상의 도움을 제공할 수 있을지 판단할 수 있도록 법적 보호자에게 알려주어야 한다. 또한 내담아동의 선택에 수반된 제한점들을 충분히 설명해야 한다.

3) 내담자의 최상의 이익

미술심리상담사는 구체적인 정보에 근거한 자발적인 동의를 할 수 없는 미성년 아동이나 다른 내담자들과 작업하는 데 있어서 내담자의 최상의 이익을 위해 행동해야 한다.

4. 다양한 자원들에 의해 도움을 받는 내담자들

미술심리상담사는 내담 아동이 다른 정신건강 전문가, 교육 전문가 또는 의료전문가들에게 서비스를 받고 있는 중이라면, 아동의 복지와 치료개입을 신중하게 고려해야 한다. 법적 보호자에게 허락을 받았다면, 미술심리상담사는 아동의 혼란을 방지하고 갈등을 줄이며 분명한 협력관계를 발전시킬 수 있도록 다른 전문가들에게 자문을 제공하거나 그들의 의견을 들을 수 있다.

5. 치료사의 욕구와 가치

1) 치료사 개인의 욕구

치료관계에서 미술심리상담사는 내담자를 존중할 책임이 있으며, 내담자의 희생으로 치료사의 개인적 욕구를 충족시키려는 행동을 삼가해야 한다.

2) 치료사 개인의 가치

미술심리상담사는 내담자의 취약성을 알고, 그에게 치료사 개인의 태도와 신념을 강요해선 안 된다. 이는 치료사가 자신의 가치를 버리고 치료를 수행해야 한다는 뜻은 아니다. 미술심리상담사는 내담자의 행동이 그 자신이나 타인들에게 위험하다고 판단될 때 제한을 설정한다. 미술심리상담사는 내담자의 행동이 그 자신의 욕구 충족을 막거나 그의 욕구를 충족시켜주려는 타인들의 능력을 결정적으로 방해하는 경우, 내담자의 행동이 제대로 방향을 잡을 수 있도록 돕는다. 미술심리상담사는 치료에서 치료사로서의 가치판단과 의사결정을 하는 체계나 근거에 대해 내담자(아동일 경우 아동과 보호자)에게 매순간 전달하려고 노력해야 한다.

6. 이중 관계

1) 고려할 점

미술심리상담사는 개인적, 사회적, 조직적, 정치적, 또는 종교적 관계를 통해 전문적 판단을 손상시킬 수 있고, 내담자에게 해를 끼칠 수 있는 내담 아동 및 그와 연관된 중요한 성인들과의 다중관계에 대해 경계한다. 미술심리상담사는 피할 수 없는 다중관계에 처했을 때는 구체적 정보에 근거한 동의(기록), 자문, 슈퍼비전 및 정확한 기록 보관을 통해서 전문적인 예방책을 마련한다.

2) 상위/하위의 관계

미술심리상담사는 경영상의 관계, 슈퍼비전 관계, 평가하는 관계에 있는 선배 또는 후배, 상사 또는 부하직원의 자녀들의 경우 가능하면 내담자로 받아들이지 않는다.

7. 성적 친밀감

1) 성적 괴롭힘

미술심리상담사는 절대로 성적 착취를 조장하거나 참여하지 않는다. 성적 착취는 바람직하지 못한 성적 접근, 성적인 동의, 구걸, 원하지 않는 신체적 접촉, 성적 유혹, 명백하게 또는 은근하게 나타나는 성적인 신체 접촉 및 언어적이거나 비언어적인 성적 행위들로써 정의된다. 이런 행위들은 다음의 ①, ②의 경우들 중 하나에 해당된다.

① 이런 행위들은 원치 않고, 불쾌하고, 반복적으로 일어나거나 개인의 치료나 업무 수행을 방해하고, 악의 있는 장소나 치료적 환경을 만들며, 미술심리상담사가 이를 알고 있다.

② ①의 상황에서 이성적인 제3자에 의해 착취임이 감지된다. 성적 착취는 일회성이거나 심각한 행위로 나타날 수 있고, 또한 다양하게 지속적이거나 만연된 행위로 나타나기도 한다.

2) 현재 및 이전 내담자에 대한 태도

미술심리상담사는 내담자와 어떤 형태의 성적 친밀감도 가져서는 안 되고, 미술심리상담사와 성적 관계를 가져왔거나 가지고 있는 사람의 자녀를 상담하지 않는다. 미술심리상담사는 그런 관계가 내담자 또는 예전의 내담자에게 불리한 영향을 줄 수 있을 때, 내담자, 내담자의 부모, 주양육자, 법적 보호자와 성적 친밀감을 결코 갖지 않는다.

3) 친밀감의 조장

미술심리상담사는 내담자 또는 내담자와 관계 맺는 중요한 사람과 부적합한 친밀감을 조장하지 않는다.

4) 양육에 대한 요구

미술심리상담사는 양육에 대한 내담자의 자발적인 요구에 대해 전문적이고 믿을 수 있는 반응을 한다.

5) 치료적인 신체 접촉

미술심리상담사는 치료 장면에서 효과적인 개입 중 하나로 비성적 신체접촉의 한 형태인 치료적 신체접촉의 중요성을 안다. 그러나 미술심리상담사는 내담자(아동일 경우 보호자)의 분명한 동의 없이는 과도한 신체접촉을 하지 않는다.

6) 내담자에 의해 발생된 치료사의 부적절한 신체접촉

미술심리상담사는 내담자가 부적절한 신체접촉을 일으킬 수 있음을 인식해야 한다. 내담자에 의해 부적절하게 신체접촉을 했을 때, 미술심리상담사는 "모든 사람의 몸은 소중하고, 사람들을 불편하게 만들거나 사회에서 일반적으로 부적절하다고 생각하는 방식으로 신체접촉을 해선 안 된다"는 것을 미술치료시간에 아동에게 설명해주어야 한다. 그런 사건과 그에 대한 개입은 사실대로 기록한다.

8. 다수의 내담자들

미술심리상담사가 서로 관계있는 2명 이상의 내담자(형제관계, 부모자녀관계 등)에게 치료를 제공하는 경우에는, 치료 초기 각 내담자와의 관계의 특성을 명확히 한다. 만약 미술심리상담사가 잠재적으로 상충된 역할을 수행해야 한다면, 내담자 각각에게 구체적으로 알린 후, 역할을 명확히 하고, 조정 또는 철회할 수 있다.

9. 집단 치료

1) 사정

미술심리상담사는 그 필요성이 치료과정 및 각 내담자의 복지에 부합하고 도움이 되는 집단 미술치료를 위해 내담자를 선별한다.

2) 내담자를 보호하기

집단미술치료를 실시하는 미술심리상담사는 신체적 및 심리적 상처로부터 내담자를 보호함에 있어서 합당한 예방책을 갖는다.

3) 집단에서의 비밀보장

미술심리상담사는 집단치료 내용에 관한 비밀이 보장됨을 내담자에게 설명한다.

10. 비용 지불

1) 비용 계약

미술심리상담사는 내담자와 치료적 관계에 들어가기 전, 비용을 지불할 당사자와 상담 비용에 대해 명확히 한다. 여기에는 수납된 상담비용 또는 무료 상담에 대한 법적 비율 등을 포함할 수 있다.

2) 비용 구조

미술심리상담사는 법적으로 지불책임이 있는 당사자의 재정 상태와 지역사회 안에서 일반적으로 수용되는 서비스 비용을 고려한다. 상담 비용이 지불 책임 있는 내담자, 아동의 경우 부모 및 보호자에게 적합하지 않다면, 이에 상응하는 치료 서비스를 찾도록 돕는다.

3) 물물교환

미술심리상담사는 비용을 지불하는 당사자로부터 물건이나 서비스를 받는 것을 삼간다.

11. 종결과 의뢰

1) 포기

미술심리상담사는 자신이 맡고 있는 내담자를 포기하지 않는다. 치료 중단이 미술심리상담사 때문이라면 포기하지 않도록 적합한 조정을 한다. 그러나 아동의 경우 부모나 보호자에 의한 것이라면 미술심리상담사는 치료중단이 초래할 위험에 대해 법적 보호자에게 충분히 설명하고, 대안적인 의뢰나 치료개입을 할 수 있는 기관정보를 제공해준다.

2) 내담자를 돕는 능력의 부족

미술심리상담사는 특정 내담자에게 적절한 도움을 줄 수 없음을 알게 되기도 한다. 이런 경우에 미술심리상담사는 적절한 의뢰 기관을 안내해야 한다.

3) 종결

미술심리상담사는 다음 경우에 치료관계를 종결할 수 있다.

① 내담자가 수혜를 더 이상 받지 않아도 되는 합당한 이유가 확실할 때

② 내담자의 욕구나 이익을 위해 더 이상의 미술치료가 필요하지 않다고 판단될 때

③ 기관이나 시설이 치료적 관계를 중단하도록 제한할 때

④ 비용 지불 책임이 있는 당사자가 해당 비용을 지불할 수 없을 때

Ⅱ. 부모와 가족

1. 부모

1) 갈등이 있는 부모

미술심리상담사는 내담자가 아동일 경우 내담자와 가족, 아동과 부모의 관계가 내담아동의 치료 효과와 복지를 방해할 때, 갈등관계에 있는 부모를 돕도록 법적 지침과 특별지침들을 따른다.

2) 보호자인 부모와 보호자가 아닌 부모

내담자가 아동일 경우 법이나 규정에 따라, 보호자인 부모와 보호자가 아닌 부모는 자녀의 복지에 대한 권리와 책임을 다르게 가질 수 있다는 것에 대해서 미술심리상담사는 잘 알고 있어야 한다.

2. 가족

1) 가족의 참여

미술심리상담사는 내담자의 가족 및 주요 타인들과의 관계가 내담자의 심리사회적 성장과 발달에 영향을 미칠 수 있음을 알아야 한다. 그리고 미술심리상담사는 적절하고 치료계획에 부합하는 방식으로 긍정적 지지를 줄 수 있는 중요한 성인들의 이해와 참여를 얻기 위해 노력해야 한다.

2) 가정방문 치료

미술심리상담사는 가정방문 치료 회기동안 내담자의 사생활을 보장해야 한다.

3) 가족 개입

미술심리상담사는 구체적 정보에 근거한 동의 없이, 특정 가족구성원에 관한 정보를 다른 가족구성원에게 공개하지 않는다.

Ⅲ. 심리평가

1. 일반적 원칙

심리평가는 임상적으로 가치 있는 객관적 평가도구를 사용하여, 내담자의 복지와 이익을 추구한다. 미술심리상담사는 자신의 능력 한계를 인식하고, 훈련받은 검사와 평가만을 실시하며, 그의 일차적인 자격취득/자격인정 학회의 윤리적 기대를 준수한다. 미술심리상담사는 평가결과와 해석을 오용해서는 안 되며, 검사결과에 따른 내담자의 알 권리를 존중한다. 미술심리상담사는 규정된 전문적 관계 안에서만 평가, 진단, 서비스 혹은 개입을 한다.

2. 사전 동의

미술심리상담사는 심리평가 전에 그 평가의 특성과 목적, 그리고 결과의 구체적인 사용에 대해 내담자나 부모가 이해할 수 있도록 설명해야 한다.

3. 유능한 전문가에게 정보 공개하기

미술심리상담사는 검사 결과나 해석을 포함한 평가 결과를 오용해서는 안 된다. 그리고 특별한 경우를 제외하고, 내담자(아동의 경우 아동과 보호자) 동의가 있을 경우에만 그 내담자의 신분이 드러날 수 있는 자료(예를 들면, 계약서, 상담이나 인터뷰 기록, 혹은 설문지)를 공개한다. 그와 같은 자료는 자료를 제대로 해석할 만한 능력이 있는 전문가에게 소개되어야 한다.

4. 검사의 선택

심리검사를 선택할 때 타당도, 신뢰도, 검사의 적절성, 제한점 등을 신중히 고려한다.

5. 검사점수화와 해석

검사 시행과 해석에 있어서 나이, 인종, 문화, 장애, 민족, 성, 종교, 성적 기호, 그리고 사회경제적 지위의 영향을 고려하고, 다른 관련 요인들과 통합 비교하여 검사결과를 해석한다. 기술적 자료가 불충분한 평가도구의 경우 그 결과를 해석할 때 신중해야 하며, 그러한 도구를 사용하는 특정한 목적을 내담자에게 명백히 알려주어야 한다.

6. 정신장애에 대한 적절한 진단

1) 적절한 진단

미술심리상담사는 정신장애에 대한 적절한 진단을 제공하기 위해 특별한 주의를 기울인다.

2) 개인차와 집단차에 대한 민감성

미술심리상담사는 문화, 성별, 발달단계 및 생활연령이 내담자의 증상을 정의하는 방법에 영향을 미침을 알아야 한다. 지적, 발달적, 교육적 장애를 진단하는데 내담자의 생활 경험을 고려해야 한다. 미술심리상담사는 내담자의 생활 맥락과 증상 발현에 있어서 개인차와 집단차의 영향 둘 다에 민감해야 한다.

▣ 미술치료 정보의 보호와 비밀보장

I. 사생활에 대한 권리

1. 비밀 보장

1) 미술심리상담사는 사생활에 대한 아동의 권리를 존중한다. 미술심리상담사의 관심은 오로지 내담자(아동의 경우 아동과 보호자)의 최상의 이익에 두고 내담자(아동의 경우 아동과 보호자)의 치료에 불리하게 영향을 미칠 수 있는 비밀보장 정보의 불법적이고 부당한 공개는 삼간다.

2) 미술심리상담사는 고용인, 슈퍼바이저, 사무보조원, 그리고 자원봉사자들을 포함한 직원들에게도 내담자(아동의 경우 아동과 보호자)의 사생활과 비밀이 보호되도록 주지시켜야 한다.

3) 미술심리상담사는 공개적인 사례발표 등을 통해 알게 된 다른 상담사의 상담 정보에 대해서도 비밀을 보장할 의무가 있다.

2. 최소한의 공개

1) 서면보고, 구두보고, 자문 등 비밀보장 정보의 공개가 필요한 상황이 발생했을 때, 의사소통 목적과 관련된 필요한 정보만을 공개한다.

2) 치료적 관계, 자문관계, 연구 참여자, 고용인들에 대한 평가자료 등에서 얻은 정보는 학문적 목적이나 전문적 목적을 위해서만 사용하여야 한다.

3. 비밀보장의 예외

미술심리상담사는 내담자의 안전에 의심이 가는 경우, 또는 법원이 비밀을 보장해야할 정보를 공개하라고 요구할 때, 내담자의 법적 보호자로부터의 허락 없이 정보를 제공할 수 있다.

4. 전자 정보의 비밀보호

1) 컴퓨터를 사용한 자료의 보관은 정보의 보호와 관리에 있어 한계가 있다는 사실을 알아야 한다.

2) 내담자(아동의 경우 아동과 보호자)에 대한 기록이 전자 정보 형태로 보존되어 제 3자가 내담자(아동의 경우 아동과 보호자)의 동의 없이 접근할 수 있을 때, 미술심리상담사는 적절한 방법(패스워드 설정 등)을 통해 내담자의 신상이 드러나지 않도록 조치를 취한다.

3) 미술심리상담사는 컴퓨터, 이메일, 팩스, 전화, 기타의 장치를 통해 내담자의 정보를 전송할 때에 비밀이 유지될 수 있도록 주의를 기울여야 한다.

II. 기록, 조사연구 및 훈련에서의 신원보호

1. 신원 보호훈련, 조사연구, 또는 책 발간에 참여하는 미술심리상담사는 관련된 내담자를 가명으로 명시하여 익명을 보장해주어야 한다.

2. 신원 공개에 대한 동의

특정 내담자에 관한 정보의 공적인 공개는 내담자 또는 법적 보호자가 그 자료에 대해 완전히 알고, 그 자료들을 검토했고, 그 자료의 공적 공개에 동의했을 때에만 허용될 수 있다. 단, 미술심리상담사는 모임의 성격에 따라 구체적인 서면승낙을 받아야 한다.

III. 타기관과의 협력관계

타기관과 함께 치료를 진행할 경우, 내담자의 정보에 대해서 비밀보장을 유지해줄 수 있는지 여부에 우선적으로 관심을 두고 관계를 맺는다.

■ 교육

I. 훈련 프로그램

피교육자에게 프로그램의 목표를 오리엔테이션 해준다.

1. 이론교육과 슈퍼비전, 교육분석 등의 훈련을 함께 제공한다.

2. 실무와 관련된 윤리규정을 교육한다. 동료 슈퍼비전 시에도 동일한 책임을 준수하도록 교육한다.

3. 인종적, 문화적 다양성 이슈를 교육내용에 포함시킨다.

II. 슈퍼비전 및 교육분석

1. 슈퍼바이저는 슈퍼바이지에게 적절한 훈련과 슈퍼비전을 제공하고 그들이 책임감있게, 유능하게, 그리고 윤리적으로 서비스를 수행할 수 있도록 합당한 조처를 취한다.

2. 기관의 정책이나 절차 등에 의해 이러한 의무 수행이 방해를 받는다면, 미술심리상담

사는 자신의 역할을 수정하거나 그러한 상황을 교정하기 위해 최대한 노력해야 한다.

3. 교육분석자는 피분석자의 비밀을 보장하고, 다중관계를 형성해서는 안 된다.

III. 슈퍼바이저의 자격과 역할

1. 슈퍼바이저는 슈퍼비전 방법과 기술에 대해 적절히 훈련받아야 한다.

2. 슈퍼바이지의 학문적, 개인적 한계점을 잘 알고 도움을 주거나 중단한다.

3. 슈퍼바이저는 집단 슈퍼비전시 슈퍼바이지의 사적 공개 내용이 비밀보장되지 않을 수
도 있음을 알린다.

4. 슈퍼바이지에게 치료가 필요한 경우, 적절한 정보를 제공한다.

5. 미술심리상담사 자격증을 준비 중인 슈퍼바이지에게 실무지침을 준수하고, 내담자에
대한 법적보호에 책임을 지도록 지도한다.

IV. 슈퍼바이지

1. 슈퍼비전 계약시 슈퍼바이저의 역할, 슈퍼비전 방법, 자료준비 방법 등을 구체적으
로 의논한다.

2. 슈퍼바이지는 슈퍼바이저와 계약한대로 자료 준비(프로토콜, 축어록, 비디오, 사진 등)를
철저하게 해야 한다.

3. 슈퍼바이지는 사전에 회기와 시간을 계약하고 준수하도록 한다.

4. 슈퍼바이지는 지불방식을 사전에 계약하고, 약속 불이행으로 인한 불이익을 받아들
인다.

▣ 연구와 발표

I. 책임감

미술심리상담사는 미술치료에 대하여 특별한 관심과 전문성을 가진 전문가로서 내담자
의 임상경험과 자신의 발전을 위하여 연구에 적극 참여한다.

미술심리상담사는 연구 결과를 얻기까지 성실히 연구에 임하고, 학회에서 발표하며, 내
담자와 학문에 대한 연구자의 윤리적인 책임을 진다.

II. 연구 절차 및 연구참여

연구자는 연구 참여자에게 연구절차를 설명하고 연구참여에 대한 사전동의를 얻는다.

1. 연구의 목적과 절차를 명확히 설명한다.

2. 연구과정에서 발생할 수 있는 불편과 위험요인들을 설명한다.

3. 연구에서 기대되는 결과를 설명한다.

4. 연구 대상들에게 연구과정에서 발생가능한 문제들에 대한 대안을 공개한다.

5. 실험 절차에 관한 피실험 대상자의 어떤 질문에도 대답한다.

6. 실험의 한계점도 설명한다.

7. 연구 대상자가 연구대상에서 언제든지 철회하고 중단할 요구를 할 수 있고 연구 대상 자의 법적 권리에 관해서 조언해준다.

8. 연구 수행에서 연구내용을 속이거나, 허위, 과장된 연구를 하지 않는다.

9. 연구 참여는 자발적이어야 한다. 그러나 공익을 위해 연구의 필요성이 인정되고 연구 참여가 연구대상자에게 전혀 해로운 영향을 끼치지 않을 경우, 관찰연구에 한해 비자 발적으로 참여할 수 있다. 그러나 이 경우에도 참여자 혹은 보호자의 사후 동의를 얻 어야 한다.

10. 연구과정에서 획득한 정보 중 연구 대상자에게 피해줄 가능성이 있는 정보는 비밀 이 보장되어야 한다.

III. 발표 및 출판

1. 미술심리상담사는 연구과정에서 의도적인 표절 및 연구윤리와 관련된 부정행위를 행 하지 않는다. 연구자는 연구 주제에 관한 선행연구를 인용하고, 학회 또는 기관에서 정한 논문 작성법을 준수하며, 학회나 연구에서 발표하고 질문과 토론을 통하여 다양 한 전문가에게 인정을 받도록 노력한다.

2. 미술심리상담사는 연구발표시 공동 저자, 감사의 글, 인용한 문헌, 연구에 공헌한 사 람 등을 밝힌다. 연구에 가장 중요하게 공헌한 사람은 제1저자로 이름을 밝히고, 기 술적으로 공헌한 사람과 연구에 참여한 훈련생이나 학생들도 공헌 정도에 따라 연구 자에 이름을 표기한다.

3. 미술심리상담사는 연구발표 시, 자신의 현 소속과 직위를 구체적으로 명시해야 하고, 만 일 연구자 중 소속이 없는 미성년자의 경우 최종 소속, 직위, 재학년도를 명시해야 한다.

4. 이론 연구 시 연구자의 저작권을 보호해야 한다.

Ⅳ. 연구윤리위반

1. 연구윤리위반과 관련된 제보 및 접수를 할 수 있으며, 제보자는 실명으로 제보해야 한다.

2. 연구윤리위원회는 연구부정행위와 관련된 제반 조사 및 절차를 수행하며, 그 결과를 심의·의결한다.

▣ 미술치료 업무와 관련한 윤리지침

Ⅰ. 전문가와 협력관계

1. 내담자 의뢰

   1) 의뢰와 관련하여 부당한 비용을 받지 않는다.

   2) 내담자 의뢰시 개인적 친분 및 이득에 따라 의뢰하지 않는다.

2. 동일 분야 전문가에게 동시에 미술치료를 받는 경우에는, 내담자 및 내담자 부모에게 장·단점에 대해 충분히 알려주도록 한다.

Ⅱ. 고 용

1. 피고용인으로서 미술심리상담사

   1) 미술심리상담사는 계약을 명료히 한다. 계약은 실무지침, 업무량, 책임 등을 구체적이고 명확하게 한다. 자격증 및 경력을 고려하도록 한다.

   2) 미술심리상담사는 업무에 방해 또는 손해가 되는 조건에 관해 고용주에게 알린다(예를 들어 청소, 각종행사, 상담중 장난감 요청, 특성에 상관없는 미술치료실 배치).

   3) 미술심리상담사는 실무현장에서 비인간적이고, 불법적이거나 부당한 업무에 관여하거나 묵과하지 않도록 한다.

2. 고용주로서 미술심리상담사

   1) 직원에게 학문적 발전을 요청할 수 있다.

   2) 내담자에 대한 평가 및 정기적 사례회의를 개최하고 참여한다.

   3) 수련생, 학생 또는 다른 직원과 착취적인 관계를 갖지 않는다.

   4) 미술치료 업무를 방해하지 않도록 한다.

Ⅲ. 외부 강의에 대한 지침

1. 미술심리상담사는 필수적인 훈련과 임상경험 및 전문 지식이 부족한 사람에게 전문적인 훈련과 자격증 및 전문지식을 필요로 하는 기법의 사용을 가르치지 않는다.
2. 교육위원회의 외부강의 지침에 따른다.

▣ 윤리문제 해결

Ⅰ. 윤리위원회와 협력

1. 미술심리상담사는 본 윤리강령 및 적용 가능한 관련 윤리강령을 숙지해야 할 의무가 있다. 윤리 기준에 대해 모르고 있었다거나 이해가 부족했다는 사실이 비윤리적 행위에 대한 면책사유가 될 수 없다.
2. 미술심리상담사는 윤리강령의 시행 과정을 돕는다. 미술심리상담사는 윤리강령을 위반한 것으로 지목되는 사람에 대한 윤리위원회의 조사, 요청, 소송 절차에 협력해야한다.
3. 윤리문제에 대한 위반 신고로부터 처리까지의 모든 과정에서 본 학회와 윤리위원회에 협력하지 않는 것 또한 윤리강령을 위반하는 것이며, 위반 시 징계 등 상응하는 조치를 취할 수 있다.

Ⅱ. 위반

1. 미술심리상담사가 윤리적으로 행동하는지에 대한 의구심을 유발하는 근거가 있을 때, 윤리 위원회는 적절한 조치를 취할 수 있다. 특정 상황이나 조치가 윤리강령에 위반되는지 불분명할 경우, 미술심리상담사는 윤리강령에 대해 지식이 있는 다른 전문가, 해당 권위자 및 윤리위원회의 자문을 구한다.
2. 소속 기관 및 단체와 본 윤리강령 간에 갈등이 있을 경우, 미술심리상담사는 갈등의 본질을 명확히 하고 소속 기관 및 단체에 윤리강령을 알려서 이를 준수하는 방향으로 해결책을 찾도록 한다.
3. 다른 미술심리상담사의 윤리위반에 대해 비공식적인 해결이 가장 적절한 개입으로 여겨질 경우에는 당사자에게 보고하여 해결하려는 시도를 한다. 명백한 윤리강령 위반이 비공식적인 방법으로 해결되지 않거나 그 방법이 부적절하다면 윤리위원회에 위임한다.

미술치료 동의서 (아동 및 청소년용)

○○미술치료센터는 전문적인 상담기관으로서 치료비는 ○○입니다. 이에, 부모님께서 다음과 같은 협조사항에 동의를 하실 경우에만 치료가 이루어질 수 있음을 알려 드립니다.

▍내담자 인적사항

성 명	(남 · 여)
생년월일	년 월 일 (만 세)
보호자성명	(관계:)
주 소	
전 화	

1._____(이하 내담자)는 진행되는 상담에 성실히 참여할 것이며 ○○센터의 상담 규정을 준수 할 것을 약속합니다.

2. 상담 내용에 관해서 상담자와 내담자의 동의 없이는 어떠한 내용도 발설하지 않을 것을 약속합니다. 단, 상담의 윤리에 근거하여 개인의 생명을 보호하고 위기 상황에 대처함으로써 내담자의 안전한 생활을 보호할 상황에서는 상담자의 소견 아래 내용이 공개될 수 있습니다.

   1) 내담자가 타인의 생명을 위협하는 표현을 하였을 경우

   2) 아동학대나 성인학대에 대한 암시가 있을 경우

   3) 내담자가 생명을 위협하는 행위, 자해, 자살을 시도하려는 경우

   4) 법원의 요청 또는 명령에 의거 상담전문가가 의견서를 제출해야 하는 경우

3. 상담 내용에 대해서 상담 내용과 미술 작품은 기록되고 보관, 저장될 것이며, 더 나은 상담을 위하여 상담자의 교육, 연구, 출판 등 학술연구 목적 하에 사용할 수 있음을 (동의함, 동의하지 않음) V 표시해주세요.

(단, _____는 내담자에 대한 개인적인 정보를 가명으로 제시할 것을 치료사로부터 약속받았습니다.)

4. 사전 연락이 없이 상담 약속 시간에 늦을 경우에는 상담 약속 시간에 한해서 상담을 받을 수 있습니다.

5. 사전에 상의 없이 2번 이상 정해진 미술치료 시간에 오지 않으면, 미술치료는 자동으로 종결됨에 동의합니다.
   (예외): ① 천재지변으로 인한 상황
   ② 입원 등의 급한 사정(해당증빙서류제출)
   ③ 장기휴가 등, 부득이한 사정으로 일주일 이상 상담을 못 받는 경우

6. 미술치료의 전 과정은 녹음될 수 있으며, 내담자에 대한 이해와 치료를 위한 슈퍼비젼 자료용으로 활용되는 것에 동의합니다. (단, 아동의 이름은 무기명 혹은 가명으로 기술됩니다)

상기 본인은 동의서 내용을 충분히 이해하고 다음의 사항에 동의할 것을 약속합니다.

상담일 :   년   월   일

내담자 :   (서명)
보호자 :   (서명)
상담자 :   (서명)

비대면
미술치료의 실제

심리치료는 한 사람이 다른 사람을 도와 감정을 탐색하고 통찰할 수 있게 하여 그 사람의 삶에서 변화를 끌어내도록 한다(Hill, 2009). 즉, 심리치료는 한 명의 치료사와 내담자 간의 상호작용으로 인간 대 인간의 관계가 화두이며, 목적은 정서적 고통과 행동 문제를 지닌 내담자를 돕는 것이다. 미술치료 또한, 내담자와 미술을 매개로 상호작용하면서 심리치료의 개념과 과정, 기술, 단계를 바탕으로 미술치료만의 고유함과 특별함을 가지고 실행된다. 미술치료에서 내담자가 미술을 매개로 자신과 상호작용하고 창조하는 과정은 아무리 과학이 발달하고 자동화되어도 작업하는 자신을 대체할 것이 없을 것이라는 확신에 기초한다.

최근(2020) COVID-19로 인해 비대면 심리치료가 증가하는 것으로 보이지만, 비대면 심리치료는 그 역사가 짧지 않다. 사이버 청소년 상담센터, 여성의 전화, 한국 생명의 전화 등은 내담자를 대면으로 연결하기 위한 초기상담으로 이해되어 왔고, 실제 비대면 상황에서도 치료적 효과를 가질 뿐만 아니라, 즉각적으로 도움이 필요한 응급내담자, 다양한 정보제공 등을 목적으로 발전해 왔다. 비대면 심리치료는 특히, 불안, 섭식, 사회공포증 환자, 초등생의 인터넷 중독치료프로그램(현성숙, 2006) 등의 특정 영역에서 대면보다 효과적이며, 치료실과 병원을 직접 가지않기 때문에 자신이 문제가 있는 사람이라는 낙인효과를 감소하거나, 대면치료와 동일한 수준에서 치료 효과를 지닌다고 한다(이동훈, 김주연, 김진수, 2015).

비대면 심리치료는 사회적 환경적 조건에 따라 디지털 매체의 발달로 사이버상담, 온라인 상담, 인터넷, 화상, 상담을 위한 앱개발(하태현, 백현기, 2015) 등을 통해 꾸준히 증가세를 보이고 있다.

비대면 미술치료는 한국에서와 달리, 미국 주변 국가들에서 COVID-19 이전부터 컴퓨터 기술, 온라인 플랫폼 및 원격 시스템 활용의 치료적 가치에 대해 긍정적인 동력을 확인하고 관심을 가지며 주목해 왔다. 비대면 미술치료는 디지털 사진, 애니메이션, 콜라주 제작, 아트 메이킹 앱, 그래픽 프로그램을 적용하고, 그림 검사도구(Kim S., Kang HS., & Kim KE, 2008; Cohen, Hammer, & Singer, 1988)를 개발하거나, 디지털 기술을 활용하여 마비와 뇌손상 환자 재활에 미술치료 방식에 도입해왔다

(Weinberg, 1985). 이러한 디지털 매체를 활용한 미술치료 연구에서는 디지털 자료 및 기기 활용, 컴퓨터 소프드웨어 활용, 그림검사 진단 시스템개발, 기술도입의 필요성에 대한 주제로 이루어졌고, 이는 미술재료에서 컴퓨터 프로그램을 기반으로, 인간의 손이 아닌 마우스나 디지털 도구를 사용하는 예술표현의 도구와 방법의 확장이 포함된 것으로 볼 수 있다.

본 장에서는 디지털 매체에 대한 소개와 활용보다 비대면 미술치료의 가능성과 실제 적용을 위한 개념적 틀을 중심으로 미술치료 임상 적용에 도움을 주고자 한다.

1) 개념

우리는 이미 사이버 공간에서 살아가고 있다. 이제 비대면, 매체, 또는 언택트라는 용어는 치료 분야에 보편적인 용어로 사용되고 있다. 비대면 미술치료를 적용하기 전에 비대면 상담 용어에 대해 살펴보고자 한다. '비대면'이란 대면하지 않는 특성 외에 다른 모든 조건을 제한하지 않는 용어로 사회에 공존하고 있는 다양한 방식의 상담 및 심리치료 현황을 포괄하는 말이다. 한국상담심리학회(2020)에서는 매체란 어떤 작용을 한쪽에서 다른 쪽으로 전달하는 물체, 또는 그런 수단을 의미하며, 매체 상담으로 정의하였다. '언택트'란, 신조어로 사람을 직접 만나지 않고 물품을 구매하거나 서비스 따위를 받는 일을 말한다.

미술치료에서 매체란 '가운데', '중간의' 의미를 가지면서 무엇을 한쪽에 서 다른 쪽으로 전달하거나 퍼뜨리는 역할을 한다. 대면 미술치료에서는 미술재료, 창작과정과 소통의 결과물이 미술이다. 비대면 미술치료에서는 미술의 영역에서 미술재료의 변화와 확장으로 창작과정, 작품이 변화되고 치료구조와 치료관계에도 영향을 주게 된다. 비대면 미술치료에서 매체는 시공간적 거리를 이어주고, 치료사와 내담자를 이어주고 관계를 맺어 주며, 의사소통의 거리를 축소하는 기능을 한다. 즉, 비대면 미술치료에서도 매체가 존재하고 소통을 매개하며, 너와 나의 관계의 의미가 중간매체를 통해 이동할 수 있게 된다. 따라서 언택트 비대면 미술치료에서는 미술재료, 창작과정, 작품에 더하여 디지털 매체가 추가됨으로써 미술 재료와 디지털 매체, 가상공간에서 일어나는 관계가 추가된다.

2) 비대면 미술치료를 위한 개념적 틀

(1) 주체

비대면 미술치료를 시작하기에 앞서 치료과정의 주체가 누구이며, 이런 방법이 어떤 내담자에게 적합한지를 고려해 보아야 한다. 디지털 매체를 사용하는 비대면 치료는 긍정성과 부정적인 측면이 둘 다 있다. 가령, 전화상담을 받게 되면 먼저 자신을 밝히지 않고 자기 이야기를 서두르는 내담자가 있고, 그만큼 익명성으로 인한 감정 분출과 해소가 가능하므로 정화 치료에 효과적이다. 비대면한다는 사실이 즉시적으로 자기 개방을 하거나 감정을 드러내고 주요 문제를 털어놓는 경우가 있다. 치료사도 중간매체로 인한 자기 공개가 쉬워질 수 있고 내담자도 대면상담 때 말하지 못하는 특정 내용을 공개할 수 있다. 치료사체에 대한 거부감이 있는 우리나라 문화와 환경에 익명성이 선호될 수 있으므로 이러한 점을 단점이 아닌 강점을 활용한다면, 비대면 미술치료에서도 충분히 치료적인 관계가 형성되며 치료적 목표를 세워서 진행할 수 있다. 먼저 비대면 미술치료가 실시될 때 미술치료사가 주체가 되는 경우와 디지털 매체가 주체가 되는 경우, 인공지능이 치료의 주체가 되는 경우로 살펴보고자 한다.

첫째, 미술치료사가 주체가 되어 채팅, 화상, 게시판을 활용하는 경우이다. 이때 매체와 기술은 보조역할을 한다. 대면 미술치료 상황과 유사하게 미술 재료를 가지고 작업하며 치료의 주체는 미술치료사가 중심이 된다. 재료는 미리 준비되며, 다른 공간에서 동시에 미술치료를 하는 상황이다. 비대면으로 온라인 미술치료를 진행할 경우, 미술 매체의 적용과 그 과정에 대한 관찰이 쉽지 않기 때문에 주로 상담 내용과 주제 중심으로 이루어질 가능성이 있다. 내담자 또한 자기표현과 이해의 제한이 있을 수 있어 피상적인 치료가 진행될 우려가 있고, 치료 효과가 충분하지 못하고 대면 상담의 보조역할을 할 수도 있다. 그러나, 비대면 미술치료에 대한 추가적인 구조를 이해하고 미리 준비된다면, 내담자들은 정서에 변화를 보이며, 자신의 문제를 해결하고 내적인 자원을 강화할 뿐만 아니라 자기를 이해할 수 있고 자기효능감을 향상시킬 수 있다. 온라인 상담이 대면상담과 비슷한 효과를 가지기 때문에(양미진 외, 2015), 미술치료사의 이론적인 배경에 따라 치료 효과를 보일 수 있다. 이러한 효과에도 비대면 미술치료에 대해서 예비상담(pre-counseling)에 가깝다거나, 본격적인 치료라고 볼 수 없다거나 또한, 대면 상담 후에 비대면으로 적용하는 것이 바람직하다고 주장하기도 한다.

그러나 비대면 미술치료에서 대면 미술치료와 동일하게 미술치료사의 유연하고 개방적인 자세를 가지고 내담자와 관계를 형성한다면, 내담자에 따라 호기심과 동기부여가 가능하고, 상상과 연상을 활용하여 작업할 수 있으며, 심리적 상호작용이 가능하다. 온라인이라는 동일한 조건에서 치료사와 내담자는 수평적 관계가 이루어질 수 있다. 즉, 치료사와 내담자는 둘 다 디지털 기계 안에 존재하는 인간이 되기 때문에 미술치료실에서 안내자로서 치료사의 권위는 낮아지고 내담자 스스로 사고와 정서에 집중할 수 있게 한다. 이것은 치료관계의 평등성을 확보할 수 있는 계기가 된다. 예를 들어, 비대면 집단미술치료의 경우, 화상에서 개인의 화면 프레임을 통해 모두 동일한 크기로 존재한다. 비대면 미술치료는 디지털 매체에 익숙한 청소년의 선호도가 높으며, 스마트폰 인터넷의 보급으로 치료에 대한 접근성을 높일 수 있다. 비대면 미술치료의 장점은 이동으로 인한 시간과 거리의 필요성이 감소되고, 경제적 부담이 줄어든다는 것이다. 시간의 제약이 없이 필요할 때 언제든지 요청할 수 있으며, 현실에서 사회적 지지가 필요한 노인이나 움직임이 어려운 내담자는 비대면 미술치료를 통해 정서적인 지지를 받을 수 있다.

둘째, 미술치료사가 디지털 매체의 기능을 통합하여 치료를 제공하는 경우이다. 이때 미술치료사는 치료과정에서 보조역할을 한다. 비대면 매체 미술치료의 경우, 다양한 앱과 디지털 매체를 활용하여 내담자와 공유하면서 함께 탐색하고 이미지와 기술을 활용하여 미술치료를 진행하는 것이다. 비대면 매체상담은 핸드폰과 인터넷의 보급으로 많은 앱이 개발되어 심리검사와 문자 상담이 활용되고 있다. 비대면 매체 중심의 미술치료의 가장 큰 장점은 내담자가 자신의 내면을 표현하기 위해 자발적으로 디지털 매체를 활용하여 앱을 선택할 수도 있으며, 스스로 미술치료를 요청하고 해답을 얻고 자기관리를 할 수 있다는 장점을 가진다. 준비단계와 과정에서부터 내담자의 자발성과 자율성으로 수평적 관계가 형성되기 때문에 미술치료사와 내담자는 디지털 매체를 통해 상호작용하며, 창조적인 과정에 참여자로서 함께 기능할 수 있다.

디지털 매체가 미술치료의 주체가 될 때 특히, 상담, 교육, 정보 접근이 쉽지 않은 내담자에게 치료 서비스를 제공함으로써 차별로부터 오는 소외감을 줄일 수 있다. 미술치료 영역에서 매체 활용은 디지털 기술을 내담자와 함께 공유하며 창조과정을 통해 치유하는 것인데 이럴 경우, 일상생활을 방해받지 않고 타인의 시선을 의식하지 않는 상태에서 활동할 수 있고, 결과물을 데이터로 축적하고 모니터링이 가능하다. 대면미술치료에서 내담자의 심리와 발달수준에 따라 제공되었던 수정이 불가능한 미술재료의 선정 과정이 생략된다. 디지털 매체와 기술을 사용하는 작업과정과 작품은 치료사와 내담자가 서로 개입하여 수정 변형이 가능하며, 작업에 대한 손실 없이 무한히, 완벽하게 복제가 가능하고, 다양하게 변형할 수 있으며, 쉽게 조작이 가능하다는 장점을 가진다. 이러한 장점을 활용한다면 내담자에게 긍정적인 정서를 경험하게 하고 놀이로서 탐색할 수 있고, 새로운 매체로서 흥미를 유발하게 되어 치료에 집중하게 할 수 있다.

따라서 비대면 매체 미술치료에서는 매체 기술로 작업한 결과물은 자신의 손으로 한 것보다 더 만족스러운 작업물이 나올 수 있기 때문에 가상현실에서 새로운 예술적 표현이 개발되어 내담자에게 자존감과 자기효능감을 향상할 수 있다. 이러한 점에서 내담자가 하는 것이 많아지므로 자가 치료적인 요소가 증가하게 된다.

그러나, 매체 사용 시 나타나는 과몰입과 신체감각이 축소되거나 피로가 누적될 수 있으므로 주의가 필요하다. 비대면 미술치료 상황에서는 내담자가 충동적인 행동을 하거나 감정이 폭발될 때 대면 상담보다 대처하는 것이 어렵기 때문에 가상현실에서 작업 중 충족되는 환상과 전능감이 치료적이라고 해도 현실화되는 과정에서 환각, 망상 등의 위험이 없는지 미술치료사가 자주 확인해야 한다.

셋째, 인공지능(Artificial Intelligence)과 챗봇(Chatbot)이 치료의 주체가 되는 경우로, 이러한 형태는 가상현실 치료방식을 말한다. 인공지능상담은 치료사처럼 정서적인 교감을 제공한다는 입장과 그렇지 않다는 입장이 있으나, 인공지능 챗봇과 감정을 교류하는 것이 가능하다고 한다. 내담자가 상담의 주체가 되고 편안한 관계 형성이 가능하며 대면 상담에 갈 수 있도록 힘을 기르는 일차적 돌봄을 제공한다는 장점이 있다. 인공지능상담은 대면상담으로 안내하는 인큐베이팅 효과가 있고, 잠재적 내담자를 상담 현장으로 안내하는 효과가 있다고 보고한다. 그러나, 챗봇의 활용은 대면 상담이 주는 친밀감과 정서적 안도감이 부족하고 언어표현에서의 한계와 공감적 경청, 영적인 영역에서 성찰의 한계를 가진다는 단점이 있다(이동훈 외, 2015).

(2) 환경

미술치료는 미술매체를 활용하여 치료사가 내담자와 직접적인 상호작용을 통해 내담자를 관찰하여 작업과정에서 일어나는 창조적 과정에 함께 참여한다. 대면 미술치료는 내담자가 치료실을 방문하고 미술치료실 안에서 미술치료사는 재료를 제공하고 작업하는 구조이다. 미술치료가 이루어지고 있는 공간은 실질적인 장소에 위치하고 신체를 포함한 물리적 경계를 가지며, 미술치료사는 약속한 치료실에서 내담자와 만나기 때문에 직접 관찰을 통해 내담자의 창조과정을 살펴보면서, 최선을 다해 안전한 시공간을 제공해왔다. 내담자의 창조과정의 결과물은 미술치료실에 남겨졌으며, 미술치료사는 기록과 보존, 또는 내담자에 대한 보호와 책임의 의미로써 작품을 보관하였다. 미술치료가 성립되기 위한 환경 구성의 조건이 필요하듯이 비대면 미술치료 역시 내담자와 치료사가 접촉할 수 있는 환경의 조성은 필수적이다.

비대면 미술치료는 먼저, 미술 매체를 어떻게 활용할 것인가와 내담자와 비대면으로 만날때 어떤 방법과 태도를 가질 것인지 고려해야 한다. 미술치료사가 주체가 되는 비대면 미술치료의 경우, 내담자에게 서로 다른 공간에서 작업하는 것에 대해 상세히 안내해야 한다. 비대면 미술치료에 동의하면, 미술 재료를 내담자에게 제공하는 과정부터 시작된다. 미리 내담자에게 재료를 보내는 것이 바람직하다. 비대면 미술치료는 내담자가 자신의 공간안에서 물리적으로 혼자 작업하고 그 결과물인 작품도 자신이 보관하게 되므로, 내담자가 작업할 수 있는 공간이 있는지 확인해야 한다. 이것은 미술치료의 결과물인 자신의 작업을 스스로 매일 볼 수 있다는 것과 함께 그에 따른 책임도 내담자에게 부여됨을 의미하므로 치료환경을 조성하는 첫 단계가 된다.

앞서 주지했듯이, 비대면 미술치료에서 미술치료사는 내담자의 작업물에 대한 기록과 보존에서 배제될 수 있다. 내담자와 치료사는 디지털 매체 환경 안에서 내담자와 치료사가 각각 두 개의 치료 공간을 온라인상에서 공유하게 되고 동등한 개인으로 만나게 된다. 따라서 비대면 미술치료는 물리적 공간의 분리로 인해 심리적 공간을 창출하는 것이 더욱 중요해진다. 자신이 있는 공간에서 미술작업이라는 실질적 활동이 일어남과 동시에 그 장소가 내담자의 내면을 탐색하기에 충분하다는 메시지를 전달해야 하기 때문이다. 즉, 안전한 환경을 제공한다는 명제는 비대면 미술치료에서 동일하게 적용되면서도 상이한 환경으로 인한 준비작업이 필요하다. 이러한 환경의 조성을 위해 미술치료사는 최선을 다해야 한다.

③ 비대면 미술치료를 위한 치료적 틀

비대면 미술치료는 물리적인 거리는 멀어도 온라인과 화면에서 내담자는 미술치료사의 미세한 표정과 태도를 더 자세히 관찰할 수 있게 되어 더 가까운 거리가 조성될 수 있다는 점에서 미술치료사의 존재가 내담자에게 민감하게 다가갈 수 있고 접촉이 가능하다. 따라서 미술치료사는 비대면 미술치료에 대한 디지털 매체의 능숙한 사용으로 내담자가 가지게 될 불편함과 낯설음을 다루고 안내해야 할 필요가 있다. 미술치료사는 미리 플랫폼을 익숙하게 다루고 장점과 제한점을 숙지하고 있다가 즉시 내담자에게 설명하여 치료환경을 조성해야 한다.

(1) 안전성의 틀

먼저 치료사는 최선을 다해 자신도 내담자도 안전성을 확보할 수 있도록 물리적 공간을 구성하고 장소를 마련해야 한다. 치료에서 환경이란, 내담자가 성장하고 돌봄을 받을 수 있는 환경을 제공하는 것이다. 대면 미술치료는 내담자가 치료를 약속하고 방문하면 미술치료실을 안내하고 재료장을 살펴보고 미술치료 시간과 규칙 등을 안내하게 된다. 비대면 환경에서도 충분히 좋은 환경을 제공하는 치료사로서 비대면 미술치료 환경에서도 방해받지 않는 환경, 비밀이 보장되는 환경, 예측 가능한 환경을 확인하는 안전성의 확보를 해야한다. 비대면 미술치료에서는 공간의 다름으로 인해 재료를 미리 보내야 하고 약속한 시간에 연결을 하고, 시작하는 동안 연결이 안전한지 체크하는 기술적 안전성이 확보되어야 한다. 치료사는 다중적 의사 소통망과 숙련된 기술사용 능력과 적어도 2개 이상의 플랫폼 사용에 추천한다.

비대면 미술치료가 시작되면 치료사와 내담자가 치료과정에 대한 적절한 예측 가능성을 가지고 관계적 안정성을 확보해야 한다. 미술치료는 도입-활동-나눔-마무리의 진행과정이 있다. 비대면 미술치료는 준비, 활동, 그리고 나눔에 대한 적절한 운영이 필요하다. 가령, 작업이 시작되면 관찰의 한계가 있으므로 치료사는 중간에 내담자의 작업을 볼 수 있도록 화면을 이동하거나, 내담자는 자신의 작업을 보여주기 위해 화면을 이동할 수 도 있다. 작업을 마친 후, 나누는 과정에서 작품을 사진으로 공유하여 화상에서 나눔을 가질 수 있다. 회기 마무리 단계에서 마침을 알리고 화면을 종료할 때에도 통해 갑자기 연결이 끊어진다는 느낌을 주지 않는 방법으로 내담자의 무의식에 철저하게 개방되는 분위기를 형성하기 위해 치료사는 균등하게 주의력을 배분해야 한다.

(2) 촉진성의 틀

대면 미술치료에서의 촉진은 매체를 통해 내담자가 전이를 경험할 수 있는 조건을 형성한다. 비대면 미술치료에서도 내담자의 감각, 느낌, 감정의 경험이 일어나며, 자연스럽게 일어나도록 도울 수 있다. 미술치료의 장점은 내담자가 비언어적 활동인 창작과정에서 치료적 요인이 발생한다는 것이었다. 내담자의 창조과정을 관찰하고 담아주는(container) 미술치료사와 담기는(contained) 내담자의 관계가 사회적인 촉진을 불러오고 작품과 미술치료사는 거울 역할을 한다. 비대면 미술치료에서 촉진성은 이러한 치료적 요인을 바탕으로 내담자가 계속 작업할 수 있도록 돕는 것이다.

비대면 미술치료에서 직접 접촉하지 않는 환경으로 인해 혼자 작업하는 데 있어 수행의 어려움으로 미술작업이 포기되거나 제한되어서는 안될 것이다. 미술치료사의 존재가 내담자로 하여금 어떤 반응을 기대할 지 모른다는 기대에 부응하여 미술치료사는 화상 건너편에 존재하는 내담자에게 집중적인 관심을 표현하면 좋다. 최소한의 미술재료로 최선의 미술치료가 가능하도록 촉진하여 작업에 집중하게 할 필요가 있다. 따라서 내담자가 쉽게 사용할 수 있는 온라인 매체를 알고 미리 점검하거나, 치료사가 사용하는 매체와 시간을 안내하면, 비대면 미술치료에 대한 낯설음, 모호함을 극복할 수 있다. 미리 미술 재료를 배송하거나, 집에 있는 재료를 확인하고 사용할 수 있으며, 창조적 과정에서 내담자의 집안의 물건도 사용이 가능하다.

(3) 개별성의 틀

내담자와 치료사가 직접 만나서 의사소통을 할 때 말뿐만 아니라 어조와 시선, 몸짓과 표정 이 모든 것을 의사소통의 도구로 이용한다. 그러나 디지털 매체를 매개로 한 의사소통에서 모니터 건너편의 존재는, 비인격적 존재로 여겨질 수 있다. 온라인의 비대면적 상황은 비대면 미술치료에서 내담자와 치료사가 서로 실재감의 결여를 가져올 수 있다는 두려움과 불안이 있을 수 있다. 미술치료사는 내담자의 개별적 존재가 유지될 수 있도록 대면 미술치료에서와 동일하게 매체를 통한 창작과정과 결과에 주목하여 내담자의 개별성을 지지해야 한다. 디지털매체안에서 내담자와 치료사는 각각 개별적으로 존재한다. 그러나 건강한 개별성은 치료사와 내담자의 상호 질적인 관계에서 발달한다. 미술치료사는 내담자의 어떤 투사내용을 정서적으로 감당할 수 있는 형태로 돌려주는 기능을 해야 한다. 비대면 미술치료에서 처음부터 끝까지 내담자가 소유하게 되는 창작품에 대해 미술치료사는 내담자가 자신의 작업의 가치를 존중할 수 있도록 도와야 한다. 이때, 미술치료사는 내담자의 개별성을 담아내고 수용하기 위해 치료사 자신도 수용적인 태도로 지지환경을 구성해야 한다. 이것은 내담자와 동시에 치료사도 자신만의 작업 환경(arttherapy studio)을 구축해야 한다는 것이다. 미술치료와 내담자는 각각 디지털 매체를 활용하는 비대면 미술치료에 대한 정보공유와 배움에 대한 개방성을 가지고 실시하는 것이 필요하다. 현실 세계와 다른 원리와 성격으로 구성된 사이버 공간에서 관계하고 교류하는데 익숙해져 몰개성화되는 것을 방지하고 비물질적인 공간에서 혼자 존재하는 것이 아니라, 동일한 시간에 함께 존재하는 개별적인 존재로서 치료사의 역할을 인식하여 내담자에게 다가가야 한다. 따라서 미술치료를 경험하는 주체가 내담자 자신이며, 그러한 경험이 인식되고 동기부여가되어 건강한 자기를 형성할수 있도록 도와야 한다. 비대면 미술치료를 위한 틀을 인지하고 치료사가 공감적 반응과 경청하면서 지금-현재에 집중한다면 비대면 미술치료는 충분히 그 효과를 가질 수 있다. 매체와 작업에 대한 한계가 있지만, 미술치료사의 진행과정에서 공감, 지지, 무조건적 수용 등 인본주의 상담이 강조하는 내용에 따라 성실하고 진솔한 태도를 가지는 것이 필요하다.

2 비대면 미술치료의 실제

비대면 미술치료에 적응적인 미술치료사들은 대체로 심리적 유연성이 높고, 개방적이며, 알아차림이 빨랐고, 자발성이 있다고 한다. 미술치료사가 디지털 기술 활용에 대한 긍정적인 태도를 가지고 비대면 미술치료의 개념적인 틀을 바탕으로 심리치료의 일환으로 실천한다면, 비대면 미술치료는 대면 미술치료의 대체재가 아닌 내담자가 자발적으로 선택할 수 있는 미술치료 방법이 될 것이다.

1) 준비단계

비대면 미술치료를 시작하기 전에 사전에 안내문을 미리 발송하고 SNS 연동과 내용을 확인한다. 화상 회의실 예약을 체크하고 시간, 초대 링크, 암호, 대기실 여부를 확인한 후 전송한다. 비대면 미술치료를 실시하는 미술치료사도 컴퓨터, 인터넷 연결망, 마이크 스피커 또는 이어폰 등을 확인해야 한다. 가령, 줌(Zoom)을 사용할 경우, 플랫폼의 기능인 채팅, 교안, 주석, 화이트 보드, 소회의실 사용 등을 확인하고 사용할지를 계획한다. 내담자를 위한 안내 자료가 있다면 화면에 공유될 자료를 미리 확인하여 매끄럽게 진행이 되도록 화면과 볼륨을 내담자 입장에서 체크해보고 확인한다.

2) 실행단계

비대면 미술치료를 위해 먼저, 비대면 미술치료가 가지는 한계가 있음을 내담자에게 알려주는 동의서를 포함시켜야 한다. 또한, 비대면 미술치료에 대한 분명한 안내를 하고 시작해야 한다. 서로의 자료에 대한 비밀 보장을 하는 것에 대한 약속을 서면으로 받고, 치료사와 내담자가 동시에 작성해야 한다. 비대면 상담에서 위기 발생 시 즉각적인 조치를 취할 것이고 자,타해 위협, 자살시도, 성(性)적 행위 등에 대한 사전 안내 및 동의서를 받아야 한다.

치료사의 준비된 모습이 전달되어야 하며, 가장 안전한 장소를 확보하여 정해진 시간에 만나도록 한다. 비대면 미술치료 활동 중에도 작업하는 장면을 보여줄 수 있는지 동의를 구하고 최대한 관찰을 할 수 있다.민감한 의사소통을 위해 마이크와 스피커를 통해 정확하고 친절하고 자세한 의사소통이 필요하다. 화면에서 보여지는 내담자의 비언어적 신호에 주목하면서 내담자의 행동에 대한 이해를 하고, 화면에 보이는 치료사 자신의 얼굴에 대한 반응도 고려되어야 한다. 내담자의 공간이 확보되지 않았거나 외부장소일 경우, 채팅창을 이용하여 질문과 나눔을 공유하면서 대화를 활성화한다. 온라인 대화시 시간적 거리가 있기때문에 차분하게 천천히 진행함이 좋다. 청소년의 경우, 음악을 원할 수도 있고, 치료사가 치료목적과 상황에 따라 시각자료와 음악을 활용할 수 있다. 비대면 집단미술치료의 경우, 모두 여러 명을 볼 수 한번에 볼 수 있지만, 내담자는 혼자 작업하기 때문에 미술치료사가 내담자의 이름을 부르거나, 화면을 번갈아 가면서 관찰하여 돌봄을 표현할 수 있다.

③ 마무리 단계

능동적인 피드백으로 대화를 활성화하면 좋다. 자신이 작업과정에서 느낀 점, 치료의 단계와 주제에 따라 내담자와 나누며, 작업을 공유하는 데 있어서 플랫폼 기능을 활용하고 작품의 보관에 대해 안내하고 특히, 마무리는 화면이 종료되어 지금까지 경험이 갑자기 사라진다는 느낌이 들지 않도록 종료를 알리고 충분히 시간을 가지고 하거나, 내담자가 먼저 종료하게 하는 것도 방법이다.

(1) 비대면 미술치료의 장점

- 디지털 매체의 보급과 노출, 사용 빈도 증가로 치료의 문턱 낮아질 수 있다.
- 직관적으로 사용할 수 있는 기기가 있고 앱 발전 가능성이 높다.
- 비언어적 정보 자체가 아니라 언어적 정보에 집중할 수 있다.
- 자료를 저장하고 기록을 통해 텍스트를 분석하거나 자료를 점검할 수 있는 점이 있다.
- 치료사와 내담자 모두 자신만의 아카이브를 사용하면서 창조성을 고무시킬 수 있고, 창조적 작업의 의미를 다양한 관점에서 바라볼 수 있다.
- 공간적 제약이 없고 물리적 이동에서 발생하는 시간과 에너지, 비용이 절약된다.
- 상담 예약이나 신청 절차가 간편하다.
- 같은 공간에서 상호작용으로 인한 심리적 부담감을 덜 수 있다.
- 더 솔직한 자기개방이 가능하고 치료받는 것이 타인에게 노출되지 않는 장점이 있다.
- 동기가 뚜렷하거나 디지털 매체에 익숙한 대상자의 경우, 치료에 더 집중할 수 있다.

(2) 한계점

- 비대면 미술치료 시작시 대기시간 지연으로 인한 불편감이 있을 수 있다.

- 개인에 따라 인터넷 속도와 소리 영상을 실시간으로 전달하지 못할 수도 있다.
- 미술치료 중 끊기는 현상이 발생할 수 있다.
- 기기가 없는 대상자가 있을 수 있으므로 접근성에 있어 한계가 있다.
- 디지털 기술을 익히는데 시간과 노력, 비용이 들어갈 수 있다.
- 비대면 미술치료에 대한 효과성 검증에 대한 연구가 아직 적다.
- 비언어적인 정보를 확인하는데 한계가 있으며 그 정보가 소실된다.
- 비대면 미술치료에 대한 동기 부여가 어려울 수 있고, 피상적인 관계가 형성되거나 즉시적인 개입의 어려움으로 피상적인 상호작용 수준에 머무를 수 있다.
- 비대면 미술치료에 대한 저작권 및 개인정보 보호 문제 등 윤리적 문제가 있다.
- 아동과 청소년의 경우, 내담자의 무책임한 행동을 통제하기 어렵다. 예를 들면 갑자기 접속을 끊고 나가는 경우에 이를 통제하기 어렵다.
- 실제 장면에서 다루어지지 않기 때문에 일상의 관계에서 돌아갔을 때 문제가 잔존할 수 있다.

예를 들면 불편한 감정(분노, 수치심, 열등감, 적개심 등)을 외부로 투사함으로 배출하고 로그아웃하면 자신의 감정에 머무를수 없기 때문에 반드시 비대면 상담에서는 감정을 다룰 때는 마무리를 하고 마치는 것이 중요하다.

- 내담자가 자신만의 상담실을 확보해야 한다는 공간의 문제가 있다.
- 내담자의 갑작스런 위험상황(자해 또는 자살, 신체적인 행동)에 대한 비상절차를 마련해야 한다.

4) 논의

미술치료사는 내담자와 '같은 방에 함께 있는 것'이 중요하며, 대면 미술치료는 미술매체를 활용하여 내담자의 창조적 과정으로 안내하고 그 결과물인 작품을 통해 치료가 이루어진다. 반면 비대면 미술치료는 공간, 매체의 활용, 미술치료사와 내담자의 관계에 다른 관점으로 다가가야 한다. 내담자와 미술치료사가 디지털 매체라는 프레임으로 함께 이동하는 것이고 그 공간의 장점과 단점, 가능성과 한계를 알고 있어야 한다. 즉, 디지털 매체를 통해 미술치료사는 두 개의 치료 공간을 가질 수 있으며 내담자 또한 자신만의 치료공간에서 작업할 수 있다. 한 곳에 함께 있지 않아도 관계를 맺을 수 있다는 자세로 치료의 목적과 의미를 되새기며 실제의 관계와 실제의 삶이 유지될 수 있도록 안내하고 도와야 한다.

⑤ 기법 및 사례

비대면 미술치료 시 내담자의 속도와 인지적 상황에 맞추어 융통성있게 활용하도록 한다. 치료단계에 따라 미술재료를 발송하여 미술치료 회기에 내담자가 미리 재료를 가지고 만날 수 있도록 한다. 온라인상에 문제가 발생할 수 있는데, 인터넷의 연결문제, 음량조절, 화면에 잘 보이는지를 확인하면서 내담자가 낯설어 하지 않도록 미술치료사 또한 디지털 매체 사용방법을 충분히 익혀서 진행에 차질이 없도록 최선을 다해야 한다. 이러한 노력이 내담자에게 전달되어질 때 내담자는 안전한 공간에 치료사와 함께 있다는 느낌을 가지게 된다.

1. 키트발송을 통한 비대면 미술치료

미술재료 키트를 미리 발송하고 자기 돌봄을 목표로 한, '나를 위한 도시락 만들기': 자신을 위한 음식을 만들면서 스스로 돌보는 시간을 가졌으며, 자신의 작품을 화면을 통해 보여주고 있다. 미술재료 키트는 내담자에게 선물을 받는 것과 같은 긍정적인 정서를 일으켰다.

재료: 다양한 점토, 용기 등

청소년들이 '자신을 위한 꽃다발 만들기'를 통해 서로 지지하는 시간을 가진 비대면 집단미술치료의 예시. 서로 만날 수는 없지만, 화상을 통해 작품을 공유하는 나눔에서 참여한 청소년들은 긍정적인 정서를 표현하였다. 비대면 집단의 마무리회기의 작업으로 끝까지 참석한 자신을 격려하였다.

재료: 다양한 색지, 색종이, 가위, 풀

2. 디지털 매체를 통한 비대면 미술치료

20대 남성의 디지털 매체를 활용한 비대면 미술치료로 내담자가 컴퓨터 프로그램을 활용하여 창문그림으로 자신의 여러 가지 모습을 그렸고, 미술치료사는 그 과정을 관찰하고 참여하였다. 자신의 디지털기술를 검증받고, 소통하면서 자기효능감이 높아졌으며, 비대면 미술치료로 더 개방적이고 주도성을 갖게 된 사례이다.

10대 청소년이 줌(zoom)의 화이트 보드기능을 사용하여 미술치료사와 함께 펜과 색을 정하고 번갈아 그리기를 완성한 사례이다. 제목은 '평화로운 마을'이라고 내담자가 정하였다. 혼자 있지만 치료사와 함께 작업한 결과물을 본인의 폴더에 저장하고 남기기로 하였고, 비대면미술치료에서도 긍정적인 상호작용을 경험한 사례이다.

김선주, 김선희 (2017), 디지털 미디어를 활용한 미술치료에서의 윤리적 이슈에 대한 고찰, 심리치료, 17(2).1-30.

김지연, 이윤희 (2021), 비대면 상담심리치료 연구동향과 과제 : 학회지 논문을 중심으로 (2010-2020.6). 학습자중심교과교육학회, 21(1). 775-805.

소현경, 서영훈 (2013), 국내 디지털미술치료의 현황과 발전방향, 임상미술심리연구, 8(1), 35-49.

손창배 (2020). 미술치료사의 디지털 매체 체험을 통한 디지털 미술치료 적용 가능성 탐구, 박사학위논문, 차의과학대학교.

양미진, 유혜란, 서선아, 박성륜, 김경화, 유준호 (2015), 사이버상담 성과에 대한 개념도 연구, 청소년상담연구, 23(1), 121-138.

이동훈, 김주연, 김진수 (2015). 온라인 심리치료의 가능성과 한계에 대한 탐색적 연구. 한국심리학회지: 상담 및 심리치료, 27(3), 543-582.

이모영 (2016). 디지털 이미지의 매체 특징과 그 치유적 함의에 대한 논의. 예술심리치료연구, 12(3), 61-85.

이창훈 (2019). 원격 정신분석적치료에서의 임상적 문제 : 가상현실에서의 친밀함. 정신분석, 30(3). 42-49.

정여주 (2005). 미술치료의 이해: 이론과 실제. 서울: 학지사.

하태현, 백현기 (2015). 색채를 이용한 청소년의 마음상처 치유 어플리케이션 설계 및 구현, 디지털 콘텐츠 학회지, 14(4), 597-604.

현성숙 (2006). 미술치료에서의 디지털 이미지의 활용과 접근, 한국디자인포럼, 13(13), 453-365.

Kramer, E. (1986). The art therapist's third hand: reflections on art, art therapy, and society at large. *American Journal of Art Therapy, 24*, 71.

Rubin, J. A. (2011). *The art of art therapy: What every art therapist needs to know (2nd ed.)*. New York: Routledge.

American Art Therapy Association (2020. March). To my colleagues that are changing everything, here are 5 tips for effective teaching art therapy on line. https://

arttherapy.org

American Art Therapy Association (2020. April). From an Online Art Therapy Grad Student Here are 5 Tips for Making the Transition to Virtual.

Austin, B. D. (2009). Renewing the debate: Digital Technology in Art Therapy and the Creative Process. *Art Therapy: Journal of American Art Therapy Association, 26*(2), 83-85.

Canter, D. (1989). *Art therapy and computers*. In H. Wadeson, J. Durkin, & D. Perach (Eds.),

Cohen, B. M., Hammer, J. S.,& Singer, S. (1988). The Diagnostic Drawing Series: A systematic approach to art therapy evaluation and research. *The Arts in Psychotherapy, 15*, 11-21.

Hill, C. E.(2009). *Helping Skills: Facilitating, Exploration, Insight, and Action(3rd Ed.)*. Washington, DC: American Psychological Association.

Kim S., Kang HS., & Kim KE. (2008). Computer determination of placement in a drawing for art therapy assessments. *The Arts in Psychotherapy, 35*, 49-59.

Malchioli, C. (2011). *Art therapy and computer technology. A wirtual studio of possibilities.* Jessica Kingsley Publishers, (오연주, 길지호 역). 사이버 미술치료: 미술치료와 컴퓨터 테크놀로지, 서울: 학지사. (원서출판 2000).

Mattson, D. C. (2009). Accessible image analysis for art assessment. *The Arts in Psychotherapy, 36*, 208-213.

Mattson. D. C. (2012). An Introduction to the computerized assessment of art-based instruments. *Art Therapy: Journal of the American Art Therapy Association, 29*(1), 27-32.

Peterson, B. C. (2010). The media adoption stage model of technology for art therapy. *Art Therapy: Journal of American Art Therapy Association, 27*(1), 26-31.

Weinberg, D. (1985). The potential of rehabilitative computer art therapy for the quadriplegic, cerebral vascular accident and brain trauma patient. *Art Therapy: Journal of the American Art Therapy Association, 2*, 66-72.

미술치료 사례 연구

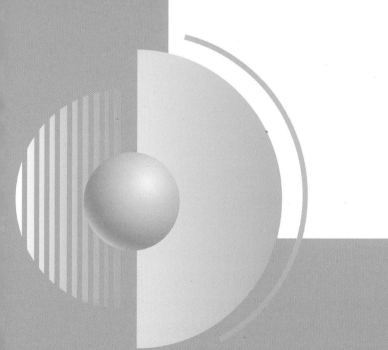

2-1

미술치료 개인 사례연구

등교거부 청소년의 등교거부 및 우울감 감소를 위한
인간중심 미술치료 사례연구

내담자 K는 부모와 함께 거주하는 중학교 2학년 남학생으로 개학 이후 4개월간 지속된 등교거부로 인해 당시 유급 위기에 있었고 이로 인해 모와의 갈등이 심화되어 있었으며 우울감을 호소하였다. 일주일에 2회 정도 학교에 가서 선생님에게 인사만 하고 집으로 돌아와 게임에 몰두하는 생활을 하고 있었는데, 이로 인해 모와의 갈등이 고조된 상태에서 미술치료를 받게 되었다. 어린시절부터 호기심 많고 만들기와 그리기를 좋아했던 K는 초등학교 2학년 때 대안학교에 다니게 되었고 반에서 2년간 따돌림을 당하였다. 5학년 때 일반 학교로 전학을 하였고 대안학교에 다닐 때 경제적인 문제로 인한 가족 간의 갈등이 심화되면서, 모-자녀 관계 갈등이 고조되어 있었다.

본 연구 내담자 K는 가정환경이나 학교생활에서의 불만족이 높고 특히 모와의 지속적인 갈등으로 인해 심리적 우울감을 호소하며 등교거부를 하고 있었다. 모의 통제적이고 비판적인 훈육 및 양육 태도가 관계에 대한 긍정적 감정의 결여, 우울감 및 소외감을 야기하고 있었다. 실제 3~5학년 때의 따돌림 경험이 심리적 외상으로 남아있으나 미해결되어 있었고, 가정 내에서 여러 갈등으로 인해 성장하면서 적절한 안정감 및 공감 받는 경험이 부재하였다. 대안학교에서 일반학교로 전학을 하면서 학업성취에 대한 부담이 증가하였고 학교 규칙에 있어 스트레스를 경험하였으며, 또래관계에서 공통적인 관심사의 부재로 관계의 어려움이 있었다. 이러한 상황에 대한 절망감도 큰 편으로 우울한 상태로 즉각적인 만족을 도모하는 활동에 빠지거나 등교거부를 하는 등의 문제행동이 나타나고 있었다. K는 통제적인 환경적 영향으로 창조성 발현의 기회를 경험하지 못하였기에 창조적인 미술 작업에서 창조성의 발현으로 자기존재감과 자기이해와 성취를 높이는 치료적 개입이 필요할 것으로 보았다. 또한 미술활동과 미술을 매개로 자신을 표현하는 것에 흥미를 가지고 있다는 것과 친밀한 관계에 대한 욕구가 있다는 것을 내담자가 가진 자원이자 강점으로 보았다. 따라서 미술활동을 통한 자기표현을 높여 자기를 이해하고 치료사 및 매체와의 관계 내에서 환경에 대한 긍정적인 인식과 유능감을 높이며, 자발적이고 창조적인 문제해결력을 촉진하는 개입이 필요할 것으로 보았다.

인간중심 미술치료 프로그램

본 연구의 인간중심 미술치료는 비구조화 프로그램과 부모상담을 병행하여 진행하였으며, 프로그램은 크게 4단계로 구분되는데, '초기: 신뢰 및 자기인식 단계(1-4회기), 자기표현단계: 내적욕구 및 갈등 탐색(5-8회기), 변화단계: 자기수용(9회기-12회기), 종결단계: 통합 및 조화(13회기-16회기)'로 구성하였다.

본 연구의 프로그램은 치료사의 지시적인 작업이나 내담자 작품의 해석에 초점을 두지 않고, 내담자 스스로가 떠오르는 이미지에 따라 자유롭게 작업을 하도록 하였다. 따라서 자유화 작업을 주로 하였으며, 치료 초기 내담자의 자기발견을 위해 필요하다고 생각될 때 이미지를 연결하는 작업을 안내하였다. 또한 치료사는 내담자가 자신을 어떻게 느끼고 있는가에 초점을 두면서 일치성과 무조건적 긍정적 존중, 그리고 공감하는 태도를 가지려고 하였다.

또한 치료사는 매 회기내담자에게 떠오르는 이미지에 초점을 두고 자연스럽게 떠오른 이미지와 주제들로 작업하게 하였다. 더불어 창조적인 환경을 제공하기 위해 이미지를 판단하지 않고 작품, 작업 과정, 완성된 작품을 반영해주며 적극적이고 공감적으로 함께 작품을 보며 내담자를 지지하였다. 작품은 시각적인 상징물로 자기를 확장하는 것으로 가능하였고, 치료사는 작품과 내담자를 연결할 수 있도록 반영하였다. 내담자가 떠올려 작업한 이미지는 매회기마다 창조적 활동 및 일상생활에서의 변화를 이끌었으며 치료사와 함께 작품을 바라보며 상징, 작품과의 연결, 작품의 의미를 내담자가 발견해갈 수 있었다. 단계별 내용은 다음과 같으며 각 회기별 세부내용은 〈표 A.1〉과 같다.

회기		활동 내용	활동 주제	활동 매체
초기단계: 신뢰형성/ 자기인식	1	언어상담	호소문제 및 목표설정	
	2	자유화	작은 물고기	
	3	부모상담	감정표현과 조절에 대한 이해	
	4	자유화	도움이 필요한 손	도화지, 색연필, 파스텔
자기표현단계: 내적욕구 탐색	5	언어상담	감정표출과 정화	
	6	자유화	기억 벌레	도화지, 색연필, 파스텔
	7	자유화	좋은 사람	도화지, 색연필
	8	자유화	내 안의 분노	도화지, 색연필, 오일 파스텔
변화단계: 자기수용	9	자유화	성체 물고기	도화지, 색연필, 파스텔
	10	부모상담	불안의 원인과 불안 다루기	
	11	자유화	외계인	클레이, 도화지
	12	자유화	여행을 떠나는 자동차	클레이
종결단계: 통합/ 조화	13	자유화	하늘로 데려다주는 학	수수깡, 본드, 클레이
	14	자유화	아낌없이 주는 나무	클레이, 도화지
	15- 16	자유화	황금 손	석고붕대, 아크릴 물감, 붓, 물통

1) 초기단계: 신뢰형성 및 자기인식단계(1~4회기)

치료사는 안전하고 신뢰로운 치료적 환경을 조성하면서 내담자의 등교거부에 우선적으로 초점을 두지 않고 현재 내담자가 느끼는 고통이 어떤 것인지, 어떻게 느끼는지, 가정 및 학교에서 견디기 어려운 갈등이 어떤 것인지 표현하게 하여 자신이 처한 상황으로부터 자신을 인식하였다.

(1) 1회기

K는 웃으며 입실하였고 오늘은 학교에 가지 않고 늦게까지 자다가 일어났다고 이야기하였다. 치료사가 기분에 대해 질문하자 그냥 아무 생각이 없고 기분도 잘 모르겠다고 하였다. 대안학교에 다녔을 때의 왕따경험과 학교생활의 부적응 및 부모님과의 갈등에서의 어려움 등을 치료사에게 호소하였다. K가 답답하고 힘들었을 마음을 읽어주자 이야기를 이어갔고, 학교를 안 가는 것에 대해 주변에서 걱정하고 비난하는 상황에서 치료사가 자신의 마음에 대해 묻고 관심을 갖는 것이 심리적 고립감 및 소외감 해소에 도움이 되어졌다고 보여졌다. 조퇴를 하더라도 학교에 더 나가는 것을 제안하자 그렇게 해보겠다고 답하였다.

(2) 2회기

K의 일주일간 전반적인 기분은 그냥 그랬고 학교에 3일 나가서 선생님을 만나 인사만 하고 돌아왔다고 하였다. 친구들은 SNS나 연예인 얘기를 주로 하고 수행평가에 신경쓰는데, 대안학교 다닐 때와 학교 분위기도 다르고 공통 관심사가 없다. 'K가 현재 할 수 있다고 느

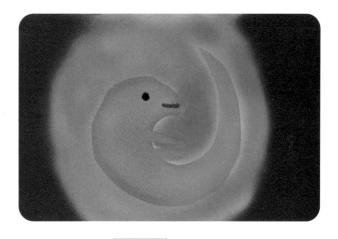

그림 A.1 작은 물고기

끼는 게 게임이 유일한 것 같구나'라는 K가 경험하고 있는 어려움에 대해 언급해주었다. 모는 그런 자신의 마음을 전혀 알지 못하고 무조건 화만 내며 관심조차 없다고 하였다. K가 집에서 그린 그림을 가져와 보여주며, 그림을 그릴 때 마음이 편안하다고 이야기하였다. 현재 K에게 미술이 자신 있게 할 수 있는 자기표현의 수단이라고 보여졌으며, 그림 안에 자신을 상징적으로 드러내고 있었다. 그림을 보며 '물속 같고 쉬고 있어서 그런지 기분은 좋아 보인다.'고 하였다. K가 태아모양으로 분

화되지 않고 돌봄이 필요한 물고기를 자신의 일부로 표현하였고 스스로 자신의 갈등이나 문제해결을 해나가지 못하면서 현실세계에서 퇴행적 동기가 강하게 작용하는 것으로 보였다.

(3) 3회기(모상담)

K가 치료를 시작했음에도 학교를 제대로 가지 않는 것과 관련해 모가 감정조절의 어려움을 호소하였다. 모는 K가 눈앞에 보이면 스스로 분노폭발을 조절하기 어려워 폭언을 퍼붓게 되는데, K의 등교거부와 관련하여 모가 직접적인 영향을 미친다고 생각되어 위기개입으로 모 상담을 진행하였다. 모가 일시적으로 약물을 복용해보기로 하였고, 한 공간에 K와 있을 때 분노가 조절되지 않아 잠시 분리하여 따로 지내는 것에 대한 이야기를 나누었다. 화나는 상황에서 화가 나는 감정 이면에 K에 대한 마음을 언어적으로 직접 표현하도록 해보았다. 걱정이 되고 불안하고 염려가 되는데 표현은 욕설이나 감정적인 언어로 표현되는 것을 발견하였다. 모가 K와 잠시 분리해 외부에서 지내면서 감정 폭발로 인해 K에게 부정적으로 영향을 미치는 것을 줄여가기로 하였다.

(4) 4회기

그림 A.2 도움이 필요한 손

K가 2-3교시 후 조퇴는 했지만 한 번도 빠지지 않고 학교에 다녀왔다고 하였다. '학교 가는 것이 쉽지 않고 가서도 견디는 게 힘들었을 텐데, 정말 애썼네…'라고 언급해주었다. 모가 치료사처럼 이야기해주길 바랐던 마음을 표현하였다. 그림을 그리고 완성 후 줄을 꼭 잡고 있는 손으로 수정하였

다. K는 그림을 바라보며, 학교에서 '빨리 끝나라. 누가 좀⋯ 시간을 잡아먹어줬으면 좋겠다.'고 생각하였다. K이의 답답한 마음을 치료사와 함께 나누었다. K가 그림을 보며 '뭔가 도와줘야 할 것 같은 그림'이지만 어떤 도움이 필요한지는 모르겠다고 하였다. 이 손이 도움이 필요한 것과 K의 상황에서 도움이 필요한 것에 대해 나누었다. 공통적으로 '누군가가 도와주었으면 좋겠다'를 나누며 치료사와 함께 도움이 필요한 부분에 대해 찾아보기로 하였다. 땅 아래 부분에 부정적인 정서가 담겨있다고 보여지며, 정서를 다루는 과정을 통해 더 창조적인 인지로 성장하는 과정이 필요할 것으로 보였다. 모의 조건적인 칭찬 대신 무조건적인 수용과 일치성 및 진솔함으로 신뢰로운 관계형성이 필요하며, 모와의 관계에서 분리된 자기개념을 형성하도록 도와줄 필요가 있었다.

② 자기표현단계: 내적욕구 및 갈등 탐색(5~8회기)

내담자가 인식한 자신의 내면에 있는 갈등과 욕구를 탐색함으로써 진정한 자신의 모습을 발견하도록 하였다. 긍정적이고 부정적인 복잡한 감정을 작품을 통해 표현하고 작품을 통해 솔직한 자기 내면을 바라보고 함께 느끼고 경험할 수 있도록 하였다.

(1) 5회기

모가 컴퓨터 마우스를 가져가버리고 자신을 의심하는 게 너무 화가 난다며 치료실에 들어오자마자 화난 마음을 표현하며 눈물을 흘렸다. 자신을 믿지 못하는 모에게 느껴지는 억울하고 속상한 마음을 읽어주었다. 학교는 7교시를 다 채우지 못했지만 지난주 보다 있는 시간을 늘려 급식도 먹고 왔는데 겨우 버티다 왔다. '그 시간이 힘들었을 텐데 애쓴 마음에 대해 읽어주자, 자신이 힘들어도 엄마 아빠를 위해 학교에 가면 진심은 아니더라도 표현을 잘 해주면 좋겠다'고 이야기하며, 모가 완벽한 것만 잘한 것이라고 생각하고 7교시까지 못하면 표정과 말투에서 화가 느껴진다고 하였다. 학교에 가는 것이 부모를 위해서가 아니라 K이 자신을 위해서 가는 것이라는 것에 대해 다루어주었다. 현재의 만남과 이 과정도 'K를 위한 과정'이라는 것에 대한 접근을 하며 모와 자신을 좀 더 분리하도록 하였다. 치료적 관계가 형성되면서 K이가 자신의 부정적인 감정을 좀 더 자유롭게 표현하는 것으로 보여졌다.

(2) 6회기

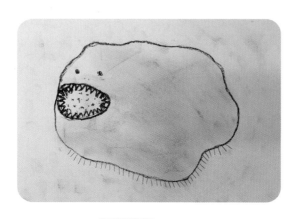

그림 A.3 기억 벌레

K가 한 주간 한번 결석 하고 조퇴도 하루 하고 6/7교시까지 마치고 왔다며 밝은 얼굴로 입실하였다. 지난번 그림을 함께 보는 시간을 갖고, 아래 무엇이 있을 것 같은지 묻자 '뭉쳐있는 흙인데 안 좋은 게 많을 거 같아요…'라고 이야기하였다. 색으로 표현한다면 모든 색이 다 모인 검정색 같다고 하였다. 모든 기억을 다 잡아먹고 흙 속에서 사는 기억벌레를 그리며, 다리가 많아서 흙 속에서 기어 다니며 사는데 엄청 크다고 하였다. 날카로운 이빨도 있고, 털들도 나있는 기억벌레 안의 기억들에 대해 또래관계와 모와의 안 좋았던 기억을 나누며, 14년간의 모든 기억 속에는 항상 나쁜 일만 있지는 않았고 좋은 기억(모와의 좋은 추억, 친구들)에 대해 이야기를 나누었다. '엄마랑 사이가 좋았고, 엄마한테 엄청 싹싹하게 하고 그랬거든요… 괜히 그랬던 것 같기도 하고…'라며 웃음을 지어 보였다. 모든 기억이 다 뭉쳐 있는 거 같다고 생각하고 그림을 보니 기억벌레가 나쁜 것만을 가지고 있는 것 같지는 않아서 기분이 좀 덜 나빠지는 것 같다고 하였다. 긍정적 기억과 부정적 기억을 통합해보는 시간을 가졌다. 이러한 지지적인 환경적 경험과 긍정적인 의미의 탐색이 K의 또 다른 정서적 자원으로 경험된 것으로 여겨졌다.

(3) 7회기

K가 방학을 맞아 선교를 다녀와 한 주 쉬고 만나게 되었다. 게임을 하지 않고 보냈지만 선교지에서 했던 활동이 즐거웠고 괜찮았다고 하였다. 어제 부모님이 나가실 때 예전 같았으면 컴퓨터 끊거나 마우스를 가지고 나가셨을 텐데 두고 나가셔서 자신도 게임을 하지 않고 있었다고 하였다. 모가 믿어주니 약속을 지키고 싶었던 마음과 약속을 지키니 모의 반응이 달라진 것에 대해 나누었다. '도움이 필요한 손' 그림 위의 상황을 그림으로 표현해보기로 하였다. 그림에 '좋은 사람'이라는 제목을 붙였다. 이후 '구름이 작아서 힘들어 보여요.'라고 이야기하여 구름을 더 크게 그렸다. 좋은 사람이 줄을 붙잡고 아래

그림 A.4   좋은 사람

의 손을 지탱하고 있고, 신은 아닌데 도움이 필요한 사람을 도와주는 좋은 사람이라고 하였다. 선교를 다녀왔던 것이 긍정적으로 경험되어졌고 더불어 모와의 관계에도 변화가 나타나고 있으며 치료사와의 관계 내에서 수용과 존중 및 지지받는 과정을 통해 신뢰를 경험하고 있으나 그 경험 자체가 아직까지는 가느다란 밧줄로 연약해보였다. 이러한 반복적인 신뢰의 경험이 변화과정에 있어 긍정적인 내적 자원이 될 것으로 보였다.

(4) 8회기

지난 회기 오지 못한 것(pc방에 있어서 오지 못함)에 대해 묻고, 'K가 왜 오지 않을까, 혹시 엄마와 다툼이 있었나' 염려했다는 치료사의 마음을 표현하였다. 매주 치료사와의 만남이 K와의 약속이고 이제 시간을 스스로 확인하고 약속을 지키기 바라는 마음을 전달하였다. 학교는 한 번도 빠지지 않았고 7교시까지 모두 마치고 왔다고 하였다. 학교에서 친구가 담배를 맡아달라고 했는데 문자를 주고받은 것을 모가 보고 크게 화를 내었다. 그때의 상황을 그림으로 표현하도록 하였다. 모가 나이가

많아서 긴 뿔을 달아주었다고 하였다. 이 분노는 잠자고 있다가 모가 분노할 때 나오는 분노라고 하였다. 그 분노를 무시할 수 없어 반응하면 자신에게 전달되어 진다고 하며, 그 분노에 대해 이야기를 나누었다. 모를 뿔이 달린 악마의 형태로 창조해내며, 그림을 통해 자신의 감정과 모의 감정에서 부정적인 상호작용을 새로운 각도에서 객관적으로 바라볼 수 있다고 보여 졌다. 모가

그림 A.5 내 안의 분노

화를 낼 때 자신이 뿔을 잡아(화에 반응하여) 화가 전달된다면, 바로 뿔을 집지 않고 K가 해볼 수 있는 방법은 무엇이 있을지에 대해 이야기를 나누었다. 견고하고 뿌리내려진 모의 분노에 의해 영향을 받는 K이의 마음이 표현되어 진 것으로 보여졌고, 실제 일상생활에서도 모의 화를 잡아주는 역할을 하는 K의 상황(반응적인 분노)이 그림으로 표현되었다.

3) 변화단계: 자기수용(9~12회기)

내담자는 자신이 겪는 고통이나, 자신의 갈등 및 문제를 둘러싸고 있는 배경을 이해하면서 자기를 받아들이는 수용력이 증대되게 된다. 치료사는 지금-여기에서 느끼는 감정을 충분히 명료화하고 감정과 상황을 직면할 수 있도록 도와주고자 하였다. 또한 이 과정을 통해 내담자가 긍정적인 방향으로 성장하는 과정에 있는 자신을 있는 그대로 수용하고 자율적으로 기능할 수 있도록 도왔다.

(1) 9회기

K가 치료에 오기 전 친구들과 게임을 하고 있었는데 치료사와의 약속을 지키려고 친구들이 붙잡았지만 치료실에 왔다고 하였다. 'K가 정말 약속을 지키려고 노력

했구나.'라고 이야기하자 '나오기
가 얼마나 어려웠는데요…'라며 웃
어보였다. 학교 공부가 힘들지만 수
행평가도 잘 보고 필기도 하였고 친
구들과도 함께 지냈다. 회기의 '작
은 물고기'가 더 자란 모습을 그렸
다. 뱀장어과의 물고기인데 무섭게
보이기 위해 이빨도 그려 넣고 스스
로 만족스러워 하였다. 물고기가 도
망갈 때 C자 형태로 헤엄치면서 방

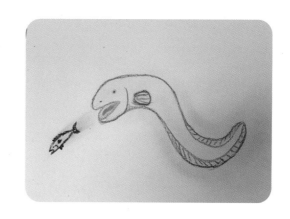

향을 바꿔 도망가기 때문에, 방향을 예측하면 빨리 먹을 수 있는데, 이 물고기는 정
말 똑똑한 물고기라고 하였다. 제목은 '성체 물고기'라고 붙였다. 이 성체 물고기가
작은 물고기에서 자라 똑똑하게 머리를 쓰며 적응하고 있는 모습과 K가 자신을 위해
학교를 가고 규칙을 지키려고 하는 연결되는 점에 대해 나누었다. 은유적으로 자신
의 삶에서 당면한 과제들을 해결해나가며 성장하고 있는 자신을 표현했다고 보여 졌
다. 더불어 모와의 관계에서 독립적인 개체로서 분리되는 과정 중에 K가 자신을 보
호하며 인지적인 전략을 좀 더 유연하게 사용하는 것(모가 화가 났을 때, 같이 화를 내지
않고 반응하지 않음)과 맥락을 같이 하는 것으로 생각되었다.

(2) 10회기(모상담)

지난번 담배사건이 있었고 그 이후로 몇 번 K에게 담배를 피우는지 확인했던 적
이 있었다. 자신이 화가 날 때 어떤 반응을 했고 어떤 결과가 있었는지 탐색해 보았
다. K에 대한 그 불안이 사실 K가 'K의 아빠처럼 될까봐'라는 것을 발견하였다. 담배
사건에서 실제 이야기하고 싶었던 내용을 회기 내에서 언어적으로 표현해보았다. K
에 대해 있는 그대로 보고 생각하고 상황과 목적에 맞게 언어적인 표현을 해보도록
지지하며 격려하였다. 마음이 불안해질 때 즉각적으로 K에게 표현하려고 하고, 오
히려 불안한 요소들에 더 집중을 했던 것에 대해 인식하게 되었다.

(3) 11회기

그림 A.7 외계인

K가 요즘 학교 수업을 따라가기가 어렵다고 하여 일반 학교로 전학 오면서 학습적인 부분이 더 어려워진 것에 대한 힘든 부분과 K의 마음을 읽어주자 '피할 수 없으면 즐겨야죠'라고 답하였다. 내담자가 분홍색으로 '작은 사람들'이라고 만들다가 '아 딸기라고 해도 될 것 같아요. 외계인인데 광합성을 쬐는 외계인이어서 굳이 사람을 잡아먹지는 않아도 돼요. 더듬이로 모든 정보를 얻을 수 있어요. 옆에는 공룡 피부를 가진 애완견이 따라다녀요.'라고 하였다. 태양만 있으면 광합성을 하며 살 수 있기 때문에 다른 게 더 필요하지는 않을 것 같다고 하였다. 외계인은 스스로 살아가는 존재이고 공룡피부를 가진 애완견은 아직까지 돌봄이 필요한 존재로 표현한 것으로 보여 졌다. 광합성으로 살아가는 존재가 K와 동일시되는 부분으로 부모로부터 독립되어져 가는 K의 현실세계와 연결 지어 보며 무엇이 필요할지(도움이 필요한 부분, 연습해야 할 부분, 혼자 할 수 있는 부분) 탐색하였다. 딸기 혹은 사람이라는 장애물을 싸우면서 공격하면서 부딪히는 것이 아니라 마치 삶의 재료로 되어버린 자신을 상징적으로 표현한 것으로 보여 졌다. 이는 K이가 현실에서의 유능감을 찾아가고 관계에서 적절한 심리적 거리를 유지하는 일상생활과도 연결지어 졌다.

(4) 12회기

K가 영어학원에 갔다가 혼자 치료실에 도착하였다 만들기를 하며 일주일간 어떻게 지냈는지 이야기를 이어나갔다. '여행을 떠나는 자동차'라고 제목을 붙이며 좋은 곳, 가까운 사람과 여행을 떠나는 자동차라고 하였다. 치료사가 분홍색이 눈에 띄는 것에 대해 언급하자, 따뜻한 색으로 느껴진다고 하였다. 치료사와의 긍정적이고 신뢰로운 관계와 더불어 일상생활에서도 따뜻하고 긍정적인 관계의 경험이 증가하였는데, 작품 안에서 자연스럽게 표현되었다. 그동안의 작품에서 눈에 띄는 변화

(태아의 상징에서 자동차)와 일상생활에서의 변화(등교거부와 우울한 마음에서 즐거운 마음의 증가)에 대해 나누었다. 일상생활에서도 자율성이 증가(학교, 학원, 게임시간 지키기, 혼자 치료실 오기)하였으며 심리적으로도 안정감을 얻으며 건설적인 방향으로 자신의 삶을 스스로 만들어 나가고 있었다. 더욱이 자동차는 운전대를 잡고 스스로 방향과 속도를 조절할

그림 A.8 여행을 떠나는 자동차

수 있는 상징성을 지니는데, K가 자율적으로 스스로의 행동과 규칙을 조절하고 있는 것으로 자기성장의 방향으로 나아가는 것을 나타내는 듯하였다.

4) 종결단계: 통합 및 조화(13~16회기)

치료사는 내담자가 자신의 모습을 있는 그대로 수용함과 동시에 자신을 믿고 전체로서의 자신을 통합할 수 있도록 돕고자 하였다. 이는 내담자가 일상생활에서 경험하는 감정의 균형, 감정과 사고와 행동의 일치, 자율성과 조절능력, 나아가서 가족과 환경과의 조화로운 통합을 목표로 하였다.

(1) 13회기

K가 시험을 대비해서 3일간 게임을 하지 않았다. 스스로 게임 시간을 조절하는 것에 대한 자신감을 표현했다. 떠오르는 이미지가 있다며 학을 타고 하늘로 올라가는 사람을 만들었다. 자신에게 이 파란색은 행복을 주는, 행복하게 해주는 색 같다고 하였다. 검은색 수트를 입은 사람은 품위가 있고 잘 살다가 하늘로 올라가는 사람이라고 하였다. 포인트로 분홍색 양말을 신겨주며 만족스러워 했다. 작품에서 드러난 파란색과 오늘 작품의 파란색을 비교해보았다. 회기의 작품마다 파란색이 있었는데 초기(작은 물고기, 도움이 필요한 손, 좋은 사람)에서 나타난 파란색은 '약하다', '가라앉은,

우울한 파란색'에서 성체 물고기와 외계인에서 좀 더 '힘이 생긴 파란색'에 이어 여행을 떠나는 자동차와 하늘로 데려다주는 학에서는 '행복한, 자유로운, 편안한 파란색' 같다고 의견을 나누었다. 창조적인 미술활동 및 작품을 통해 내적 성장과 정화작업 및 치유의 과정을 경험하고 있었으며, 우울하고 무기력한 정서에서 벗어나 자신을 이해하며 자신의 삶을 스스로 이끌어나갈 수 있는 힘이 생겨났다고 보여졌다.

(2) 14회기

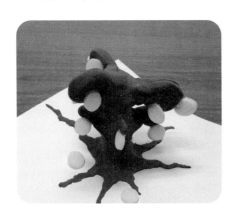

그림 A.10　아낌없이 주는 나무

　　치료실에서 만들기를 하는 동안 마음이 편안해진다고 이야기 하였다. 지난 주 모와의 갈등이 좀 있었는데 크게 싸우지는 않고 순간 화가 났지만 잘 넘어갔다고 하였다. 시간약속 때문에 부딪히게 되는데 모는 항상 정확한 것을 좋아하니 자신이 시간을 더 지키려고 노력하거나 엄마가 웃음이 나게 애교를 부리기도 한다며 웃어보였다. 서로가 '다르다는 것'에 대해 이야기를 나누었다. 수수깡으로 열매를 만들다가 원래는 밤나무였는데, 노란색 열매를 달아주었으니 돈나무 같다고 이야기하였다. '아낌없이 주는 나무'로 부자들 눈에는 보이지 않지만 가난한 사람들만 가져갈 수 있는 나무라고 하였다. 이렇게 튼튼하고 열매를 나누어주는 나무가 있으면 좋겠다. 건강한 갈색의 나무는 현실세계에 더 안정적으로 뿌리를 내리려고 있는 K이의 심리적 상태를 반영하는 것으로 보여졌다.

(3) 15-16회기

K가 학교 공개수업에서 자발적으로 영어 발표를 하였다. 떠듬떠듬했지만 자신 있게 발표하는 모습에 사람들이 긍정적으로 반응하여 기분이 좋았다. 석고붕대로 손본뜨기를 하였다. 한쪽 면이 아닌 전체 면을 둘러싼 조각상 같은 형태로 완성하였다. 작품을 만드는 과정 중에 차가웠다가 따뜻해지며 단단해지는 느낌이 '부서지지 않을 것 같은, 좋은 기분'으로 다가온다고 이야기하며, 금색으로 전체 표면을 색칠하

그림 A.11 '황금 손'

였다. K에게 금색은 따뜻하고 빛나는 색으로 느껴지고 이 '황금 손'은 상패같이 보인다고 하였다. K가 인간중심 미술치료 과정과 작품에서의 창조적인 활동을 통해 자신을 이해하고 수용하게 되면서 긍정적이고 건설적인 변화를 경험하였고 금빛 조각상이 마치 자신에게 주는 상패를 상징한다고 보았다.

비지시적 인간중심 미술치료가 내담자의 등교거부 개선에 긍정적인 영향을 미치는 것을 확인하였다. 등교거부 변화를 결석, 조퇴 및 출석으로 구분하여 매주 확인한 결과, 치료 전 주 2회씩 선생님께 인사만 하고 돌아왔던 내담자는 4회기 이후부터 변화를 보이기 시작했는데, 조퇴를 하더라도 매일 학교에 나가기 시작하다가 6회기 주 3회(6-7교시) 출석을 하였고 개학 후 8회기부터 16회기까지 안정적으로 학교에 출석하였다. 내담자는 지지적이고 수용 받는 환경 내에서 미술이라는 매체를 통하여 자신의 정서 및 환경적인 문제를 구체화시켰고, 창조적인 환경 내에서 자유로운 정서표현과 자신에 대한 이해와 수용이 증가하며 긍정적인 상호작용을 하면서 변화가 나타났다.

인간중심 미술치료에서 창조성을 활용한 치료적 접근이 내담자의 우울감을 감소시키고 자기 치유성을 강화하였으며 이러한 과정은 결과적으로 내담자의 일상생활 변화에 긍정적인 영향을 준 것으로 보여 진다. 치료사는 매 회기마다 창조적인 환경을 제공하기 위해 이미지를 판단하지 않고 작품, 작업 과정, 완성된 작품을 반영해

주며 적극적이고 공감적으로 함께 작품을 보며 내담자를 지지하였다. 작품은 인간중심 미술치료에서 시각적인 상징물로 자기를 확장하는 것으로 가능하였고, 치료사는 작품과 내담자를 연결할 수 있도록 반영하였다. 이 과정을 통해 내담자는 등교거부와 같은 퇴행적이고 자신을 손상시키는 방법이 아닌, 스스로 조절하고 책임을 수용하며 보다 자유로운 모습으로 성장하였다. 〈표 A.2〉에는 치료과정에서 내담자가 보여준 미술작업 및 일상생활의 변화를 제시하였다.

더 읽을거리

곽진영, 원희랑(2019). 등교거부 청소년의 등교거부 및 우울감 감소를 위한 인간중심적 미술치료 사례연구. 미술치료연구, 26(6), 1135-1157.

표 A.2 · 미술작업 및 일상생활에서의 변화

		초기단계(1-4회기) 신뢰형성, 자기인식	자기표현단계(5-8회기) 내적 욕구 탐색	변화단계(9-12회기) 자기수용	종결단계(13-16회기) 통합, 조화
미술 작업에서의 변화	주제	• 작은 물고기 • 도움이 필요한 손	• 기억벌레 • 좋은 사람 • 내안의 분노	• 성체 물고기 • 외계인 • 여행 떠나는 자동차	• 하늘로 데려다주는 학 • 아낌없이 주는 나무 • 황금 손
	작업 방식	개인상담(언어) 후 도화지에 채색하는 방식으로 작업	도화지에 채색하는 방식으로 작업	도화지 채색방식 후 입체작품으로 작업함 (클레이)	클레이, 수수깡, 석고붕대를 활용한 입체작업
	색채	• 약한, 우울한 파란색 • 어두운 검정, 갈색	• 연약한 파란색 • 분노의 빨간색	• 힘이 생긴, 똘똘해진 파란색 • 따뜻한 분홍색	• 행복한, 자유로운 파란색 • 황금색
	작품 과의 연결	올챙이와 땅 아래에서 도움을 요청하는 손이 자신인 것을 인식함	기억과의 싸움을 하고 있는 자신, 치료경험 후 긍정적인 경험을 하고 있지만 아직 도움이 필요, 모와의 관계에서 분노를 표현함	성체물고기로 성장하여 인지적인 전략을 쓰고 있는 자신, 독립적인 개체지만 도움도 필요한 자신, 자율적으로 성장하고자 하는 자신을 바라봄	행복과 자유로움을 느끼고 있는 자신을 바라보며, 열매를 맺고 전하고 싶은 자신과 자신감과 자존감을 경험함
	의미 발견	자신이 돌봄과 도움이 필요하다는 것을 인식하였지만 아직 그대로 머무르고 싶은 자신을 발견함	기억 안에 긍정적인 기억도 있음. 아직 도움이 필요한 자신을 발견함. 모와의 관계에서 반응적으로 관계 맺는 자신을 발견함.	성장하고 있는 자신을 발견하면서 아직까지 반복적인 연습이 필요하지만 갈등이나 퇴행적인 반응이 아닌 자율적으로 책임을 지며 성장하고 있는 것을 발견	치료 초기부터 현재까지 성장하며 변화한 자신의 모습에 대한 자신감과 만족감이 생김. 행복감과 자유를 경험하는 자신을 발견
일상 생활에서의 변화	가정	모와의 갈등이 반복되어 잠시 분리하여 생활함	• 모와의 선교여행 • 모와의 약속 지키기 (게임시간)	• 모와의 갈등 감소	모와의 갈등에서 다른 대처를 사용(반응적으로 화를 내지 않고 시간을 지키려고 노력)
	자율성	현실 세계에서 퇴행적 동기가 강하게 작용함 (게임에 몰두, 등교거부)	• 수행평가 참여함 • 학원 다니기	• 시험공부 시작함 • 혼자 지하철 타기	공개수업에서 스스로 발표하고 좋은 반응을 얻게 됨

미술치료 집단 사례연구

집단미술치료가 성인 난치성 질환자의
삶의 질에 미치는 효과

1) 난치성 질환자를 위한 집단미술치료의 목적

본 집단미술치료는 만성 난치성 질환자들 대상으로 실시된 집단미술치료사례이다. 난치성 질환자는 자신의 질환으로 인해 자기 존재와 건강에 대한 두려움으로 사회적 상황에서 정서표현을 억제한다. 이들은 가만히 있는 안전행동을 취하거나, 대인 회피 가능성을 가지고 있는 것으로 보고되어 만성 난치성 질환자는 신체는 물론 심리적 건강과 사회적 관계, 환경을 포함하는 삶의 질의 영역에서 그 질이 저하될 가능성이 많다고 한다(김재용, 2002; 김혜란, 2004). 본 집단미술치료는 난치성 질환자의 삶의 여러 영역에서 질을 높이고 그들의 자아상과 정서에 긍정적인 영향을 주고자 실시되었다. 집단미술치료의 주제는 참여자들이 가진 불안과 두려움, 우울을 인식하고 표현할 수 있고, 질환으로 인한 사회적 고립감을 해소하기 위해 집단 내에서 상호작용을 높이는 것을 계획하였다. 이들을 위한 미술 매체는 신체의 움직임을 능동적으로 할 수 있는 다양한 오브제를 재료로 선정하였으며, 회기별로 집단 안에서 서로의 존재를 지지하고 위로하며 수용하는 시간과 자신의 인생에서 질환이 가지는 의미를 나누고 극복하게 된 계기와 자기만의 방법으로 수용하는 것을 목표로 하였다.

집단미술치료 프로그램은 암을 포함한 4대 중증 질환자를 위한 선행연구를 참고로 하였고(원희랑, 김영란, 2010; 김지현, 전순영, 2016), 집단미술치료의 치료적 요인(Yalom, 2008; 전종국, 2007)도 고려하여 계획하였다. 매회기마다 보조 인력으로 재료와 일지, 관찰, 사진을 기록하게 하고 참여자를 즉시 도울 수 있도록 하였다. 각 회기의 진행단계는 일상 나눔, 지난 회기의 성찰, 작업안내, 미술 활동, 그리고 서로 관찰하고 나누기로 진행되었다. 집단미술치료 프로그램의 목표와 내용을 단계별로 살펴보면 다음과 같다.

먼저, 난치성 질환자의 삶의 질을 향상하기 위한 집단미술치료에 앞서 사전 조사를 통해 자발적 참여자 대부분이 주 1회에 10회기를 장기간으로 인식하고 있었으며, 정기적으로 10주를 외출하는 것에 대한 심적 부담감을 가진 것으로 조사 되었다. 이에 10회기를 계획하고 13명의 참여자들에게 안전한 치료환경이 되도록 참여자가 원하는 요일을 선택하였고, 장소, 일정을 조율하여 최대한 참여할 수 있도록 전체 진행 기간을 매주 토요일 1일에 2회기로 5주간 회기별 120분, 총 10회기로 진행하였다. 또한, 난치성 질환자의 건강 상태를 고려하여 집단미술치료를 진행하는 동안 신체의 문제가 발생할 시를 대비하여 119 응급 구급대원을 대기하여 안전에 최선을 다하였다.

본 집단미술치료의 효과성을 알아보기 위해 13명에게 삶의 질 척도(WHOOQL)와 KHTP, DAS를 실시하여 효과를 검증하였으나, 본 서에서는 13명 중 5명과 삶의 질 척도와 DAS를 소개한다.

표 A.3 · 집단미술치료 프로그램 참여자

참여자	성별	나이	질환명	유병기간
오리	여	40대	다발성 경화증	13년
부엉이	남	30대	다발성 경화증	12년
백곰	남	30대	급성백혈병	2년
말	남	20대	급성백혈병	2년
새	여	20대	다발성 경화증	12년

표 A.4 · 연구 절차

연구 절차	내용	기간	대상 집단
사전회의	본 집단의 목적과 필요성을 제기 모집기관인 00 재단과 회의	4월	기관담당자, 미술치료사
모집단계	사전홍보에 참여한 20명	6-7월	난치성 질환 성인남녀 20-30대
사전회의	난치성 질환자의 이해와 집단목표설정		기관담당자, 참여치료사, 전문가, 보조치료사
사전검사	WHOOQL , DAS, K-HTP	1주간	난치성 질환 성인남녀 20-40대 13명
집단미술치료	집단미술치료프로그램	10회 7-8월	
사후검사	WHOOQL, DAS, K-HTP, 만족도 조사	1주간	
사후회의	집단프로그램 결과분석과 논의 및 개인 상담이 필요한 대상자 선별	5회기이상 9-11월	집단미술치료 참여자 중 자원자에 한함

표 A.5 · 집단미술치료 회기별 프로그램

단계	회기	주제	목표(기대효과)	프로그램 활동내용	매체
	사전	OT/ 사전 검사	1. 오리엔테이션: 집단 목표, 안내, 규칙 설명하기 2. 사전 진단	- 집단목적 안내, 규칙, 시간, 방법 소개하기 - WHOQL, DAS, K-HTP, 검사 실시	연필, 지우개, A4종이
초기 / 신뢰와 친밀감	1	나를 동물로 소개하면	1. 자기소개하기 2. 친밀감 형성	- 자신을 동물에 비유하고 - 집단원에게 소개하기	동물피규어, 색접시
	2	나의 인생 드라마	1. 색채로 자기인생 돌아보기 2. 질환 이전의 삶과 이후, 현재의 삶을 돌아보고 조망하기	- 나의 인생을 색 띠로 표현하기 - 인생띠를 집단에게 소개하기	도화지, 크레파스, 파스텔
	3	'벽'과 위로	1. 질환을 이미지화하고 극복한 과정 확인하기 2. 고통과 불안에 위로대상 찾기 3. 보편성 경험하기	- 벽(질환)의 이미지를 그리기 - 벽 앞에서 위로를 준 대상, 상징물 만들기 - 서로 나누기	도화지, 크레파스, 파스텔, 천사점토

단계	회기	주제	목표(기대효과)	프로그램 활동내용	매체
중기 / 삶의 자원 확인 및 수용	4	문(門)을 열면 보이는 것	1. 자신의 삶에 능동적인 대처하기 2. 미래에 대한 전망을 확인하기 3. 희망을 고취하기	- 문을 그리고, 문을 열면 보이는 것을 그리기 - 집단원과 나누면서 각자의 문과 미래를 지지하기	도화지 크레파스 파스텔
	5	내 손안의 세상	1. 서로 손을 떠주는 시간을 통해 이타심과 돌봄의 경험 가지기 2. 실행력을 투영하고 지지받기	- 자신의 손을 석고붕대를 이용하여 본뜨고 꾸미기 - 무언가 하는 손을 제작하고 의미화하기	석고붕대 가위, 아크릴 물감, 붓, 파레트, 물통
	6	나의 나무	1. 나무제작을 통해 자신의 실존을 인식하고 수용하기 2. 타인의 성장과 실존을 지지하기	- 다양한 매체로 자신의 나무 만들기 - 타인의 나무를 상세히 관찰하여 칭찬하고 칭찬을 수용하는 연습하기	한지, 두꺼운 도화지, 가위, 풀, 오브제
	7	내가 살아갈 공간	1. 자신과 환경에 대한 긍정적인 지각하기 2. 내면의 욕구와 필요를 인식하기 3. 실현 가능한 환경 점검하기	- 자신의 동물이 살 공간을 입체작업으로 필요한 것을 구성하기	동물피규어, 우드락, 오브제, 접착제
후기 / 삶의 이유 와 적응	8	힘을 주는 우리들	1. 미래에 대한 설계하기 2. 타인과의 상호작용 및 대인관계 실습하기 3. 집단의 응집력을 강화하기	- 퍼즐 조각에 미래의 살 땅을 설계하고 구체적으로 그려 보기 - 집단원이 함께 맞추고 이동하면서 서로 만나고 이해하는 시간을 가지기	퍼즐모양의 종이, 그리기 재료
	9	함께 사는 세상	1. 집을 만들면서 안전한 공간을 확보하기 2. 마을을 구성하고 구체적으로 공동체의 목표를 찾으면서 적응력을 기르고 대인관계 실습하기	- 종이상자로 자신의 집을 꾸미기 - 우드락 조각을 맞춰보고 마을의 공동 공간 꾸미기 - 마을의 문제를 해결하고 서로 함께 살아가는 세상, 공동체 경험하기	종이상자 풀, 가위 색종이, 한지, 우드락, 지점토
	10	나의 화분 다짐 카드	1. 자신만의 화분의 토양을 만드는 과정을 경험하기 2. 집단의 경험을 자신의 경험으로 내면화하고 종결 준비하기	- 파스텔 가루를 이용하여 색소금 만들기 - 색소금을 자신의 자원으로 화분에 담기 - 마감과 새로운 출발을 지지하는 다짐카드 쓰기	투명컵, 파스텔
사후	사후	마무리 사후 검사	프로그램 만족도 조사 사후 검사	WHOQL, DAS, K-HTP,	연필, 지우개, A4종이

② 집단미술치료 진행 과정

(1) 초기 단계(1-3회기)

① 1회기 - 나를 동물로 소개하면

1회기에 집단원은 동물에 자신을 비유하면서 "독립적이고 밖에도 잘 나가지 않고 손이 많이 가지 않는 부분"을 닮은 고양이, "야행성이며 불면증도 있고 밤에 조용하게 컴퓨터 하는 것을 좋아해서" 부엉이, "새는 잘 날 수 있고, 한 곳에만 머무르는 것이 아니라 여러 곳을 날아갈 수 있는 점과 먹이가 보이면 착지를 해서 잡을 수 있는 것처럼 자신도 어디를 가든 어떤 목표물을 잡고 싶다"라는 내적인 소망을 표현하였다. 동물을 고를 때 고민하는 참여자는 "공룡은 최상위 포식자로 타인에게 피해가 갈까 봐 호랑이를 선택하였다"라는 등 동물을 고를 때 본인의 질환으로 인해 타인에게 피해가 가는 것에 대한 부담감 때문에 갈등하는 이들도 있었다.

그림 A.12   1회기-나를 동물로 소개하면

② 2회기 - 나의 인생드라마

2회기는 색띠로 자신의 생육사를 소개하면서 자신을 개방하고 친밀해지는 시간이 되었다. 자연스럽게 발병 시기와 치료과정, 질환에 대한 정보가 교류되었다. 힘든 시기와 발병 시기에 검은색을 많이 사용하였고, 그래프로 표현된 집단원은 급격한 하강과 직선이 두드러졌으며, 발병 이전과 병의 회복기에는 주로 빨간색, 주황색, 노란색으로 표현되었다. 색채의 표현과 함께 발병 시기의 죽음 불안과 이후 지속되는 통증으로 인한 우울감, 무기력 등 공통적인 정서 경험을 나누었다. 아울러 질환보다 이전에 있었던 개인의 삶의 어려움과 지지체계로서 가족관계, 직장생활에서의 갈등도 표현하였다.

그림 A.13　2회기-나의 인생 드라마

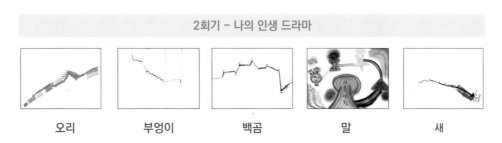

③ 3회기 -벽과 위로

3회기에는 '벽'으로 이미지화한 질환에 관한 생각과 경험이 개인마다 다르게 인식되었다. 벽돌 벽, 회색 벽, 유리 벽, 성벽 등 매우 높고 촘촘히 짜인 형태로 표현되거나, 질환 외에도 넘어야 할 벽으로 환경, 가족, 대인관계 등 문제의 수로 인식하는 집단원은 벽의 수가 3개 이상이 되기도 하였다. 벽을 극복하는 방법으로서 위로의 대상물을 점토로 제작하는 과정은 벽을 넘는 '사다리', 위로의 대상이었던 '가족', '친구'도 만들었지만, 무기력하고 고립된 상황을 구체적으로 재현한 '커피 컵', '컴퓨터와 손', '도움이 필요한 사람'을 표현하는 이도 있었다.

그림 A.14　3회기-벽과 위로

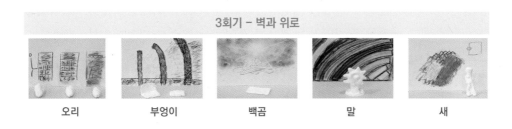

(2) 중기 단계(4-7회기)

① 4회기 – 문을 열면 보이는 것

4회기에는 '문' 안과 문을 열면 보이는 장면을 떠올려 그리는 시간이었는데 문 안에는 '남자 친구와 쇼핑을 하거나', '다리가 있는 도시의 풍경', 발병 전에 '학원을 운영했던 건강한 시절', '문제를 해결한 미래의 성숙한 자신의 모습', '양쪽에 튼튼한 나무가 있는 시원한 길', '공항으로 가는 문' 등 주로 바깥 활동에 대한 열망과 과거에 건강했던 시절의 그리움이 표현되었으며, 미래의 긍정적인 자신의 모습, 장면을 그리기보다 따뜻한 색채만을 채우거나, '오대양 육대주를 돌아다니고 싶다'라는 간절한 환상도 표현되었다.

그림 A.15　**4회기-문을 열면 보이는 것**

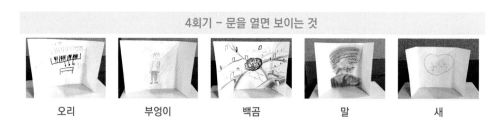

4회기 – 문을 열면 보이는 것

| 오리 | 부엉이 | 백곰 | 말 | 새 |

② 5회기 – 내 손안의 세상

5회기는 짝을 지어 석고붕대로 서로 손을 떠주면서 긍정적인 돌봄의 시간을 가지고 자신의 손에 실행의 의미를 담아보는 활동을 하였다. 대부분 매체에 흥미를 느끼고 집중해서 작업하였다. 대부분 '편안한' 상태의 손을 선택하여 본을 떴고, 난치성 질환으로 인해 손떨림이 있는 집단원은 치료사의 도움을 수용하였다. 짝 작업을 하는 동안 서로 대화하며 개인적인 정보를 주고받는 모습도 관찰되었다. 신체를 다루는 활동이므로 보다 각자의 개성이 드러나기 시작하였다.

그림 A.16 5회기-내 손안의 세상

5회기 - 내 손안의 세상

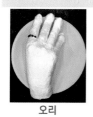    

오리　　　　　부엉이　　　　　백곰　　　　　말　　　　　새

③ 6회기 - 나의 나무

6회기는 집단원들은 창의적인 발상으로 주어진 미술재료를 활용하여 나무를 세우는 것에 집중하였고, 다양한 형태의 나무들이 완성되었다. 강점을 칭찬하기 위해 다른 사람의 작품을 상세히 관찰하려고 몸을 기울이고 손가락으로 가리키기도 하며, "너는 참 젊고 싱그럽구나!", "나무를 감싸려면 몇 사람이 안아야 할 것처럼 너무 건강하구나.", "너는 기분이 좋아지는 색을 가졌구나", "너는 마음이 되게 평안한 사람인 것 같아", "너는 참 푸르구나.", "여러 빛을 가지고 자랐구나", "활기차고 기운차 보이는구나.", "올곧은 기둥을 가지고 있구나", "든든히 자라고 있구나" 등 단단함과 건강에 대한 다양한 표현으로 칭찬하였고, 이에 대한 수용으로, "난 애쓰며 자랐어", "기둥이 단단해", "남을 감싸줄 수 있어", "예쁜 꽃을 가지고 있어", "어려움 속에서도 꽃을 피웠어" 등 타인의 지지를 수용하며 웃기도 하고 서로 작품으로 관찰하고 지지하는 모습으로 응집하고 소속감을 느끼는 시간을 가졌다.

그림 A.17 6회기-나의 나무

6회기 - 나의 나무

오리　　　　　부엉이　　　　　백곰　　　　　말　　　　　새

④ 7회기 -내가 살아갈 공간

7회기는 무더운 날씨로 외출이 어려워 참여하지 못한 집단원이 여러 명 있었으나 출석한 집단원은 자신의 동물이 살 공간을 구성을 하는 입체작업이기도 하였고, 자리에서 일어나서 '자유롭게 움직이며' 미술재료를 선택하고 사용하면서 자신만의 작업공간을 만들고 집중하는 등 보다 적극적으로 몸을 움직이며 활동하였다. 처음에는 혼자 있던 동물이 여러 마리가 되거나, 다른 동물로 바뀌기도 했다. 서로 모방하면서 집단원끼리 도구의 사용과 작업과정에서 도움을 주고받는 등의 역동을 자주 관찰할 수 있었다.

그림 A.18 7회기-내가 살아갈 공간

7회기 - 내가 살아갈 공간

| 오리 | 부엉이 | 백곰 | 말 | 새곰 |

(3) 후기 단계(8-10회기)

① 8회기 -힘을 주는 우리들

8회기는 무더운 날씨와 건강, 신변을 이유로 참여자의 인원이 적었지만, 주어진 퍼즐 조각을 미래의 땅으로 그리고 완성 후에 서로 맞춰보며 사회 안에서 각각의 특징을 비교해볼 수 있었고, 그를 통하여 자신의 역할을 통찰하고 어울리는 데 효과적인 회기가 되었다. 자신의 땅은 '자연을 살리면서 경계로 나무를 심거나', '타인을 초대할 수 있는' 공간, '병원', '복합몰' 등으로 그렸으며, 특히 서로의 좋은 점을 나누며 퍼즐의 위치를 조정하는 과정에서 화기애애한 분위기로 상호교류가 활발히 일어났다.

그림 A.19 8회기-힘을 주는 우리들

그림 A.19 8회기-힘을 주는 우리들

② 9회기 – 함께 사는 세상

9회기는 집 만들기는 대부분 높은 에너지와 집중력을 가지고 그동안 쌓아온 자원을 활용하여 완성도 있는 작품이 되었다. 집의 형태는 대체로 '문을 열어 놓았거나', '외부를 볼 수 있는 넓은 창', '이층집', '높은 집'이 많았으며, 모둠으로 모인 집단원들은 자신의 집을 소개하고 마을을 조성하면서 서로 경청하고 배려하는 대인관계가 보였고, 공동구역을 작업할 때는 '함께 운동하는 공간'과 '산책할 수 있는 공원'이 완성되면서 응집력이 생겼음을 확인하였다.

그림 A.20 9회기-함께 사는 세상

그림 A.20 9회기-함께 사는 세상

③ 10회기 – 나의 화분

10회기는 종결 회기로 화분을 만드는 활동을 하였다. 조심스럽고 신중하게 색소금을 만들고 나만의 다채로운 토양이 담긴 화분을 완성하였고, 자신에게 쓰는 메시지 카드에는 "이 정도면 괜찮아, 수고했어", "I am the best", "QUEEN", "지금까지도 잘 견뎌왔고 앞으로도 잘 견뎌낼 거야.", "감사하다"라는 등 스스로 위로하고 힘을 주는 내용을 발표하고 마무리하였다.

그림 A.21 10회기-나의 화분

10회기 – 나의 화분

| 오리 | 부엉이 | 백곰 | 말 | 새 |

3) 집단미술치료 결과

(1) 성인 난치성 질환자의 삶의 질과 DAS에서 정서내용 및 자아상의 변화

표 A.6 · 성인 난치성 질환자의 정서내용과 자아상의 사전 · 사후 검사

GROUP		N	평균	표준편차	T-값	p(단측검정)
정서내용	사전	10.00	2.25	1.27	-1.760	.048**
	사후	10.00	3.20	1.14		
자아상	사전	10.00	2.70	0.95	-1.511	.075*
	사후	10.00	3.30	0.82		

*p⟨.05, **p⟨.01

정서 내용의 변화는 양측 .096, 단측 검정 결과, .048로 95%로 향상되었으며, 자아상의 변화는 측 .149, 단측 검정 결과 .075로 90% 유의미한 변화를 보였다.

표 A.7 · 성인 난치성 질환자의 삶의 질에 미치는 효과 사전·사후 검사

GROUP		N	평균	표준편차	T-값	p(단측검정)
삶의 질	DAS-	4	0.00	0.82	-1.513	.085*
	DAS+	6	1.17	1.60		
신체	DAS-	4	0.00	1.41	-1.029	.334
	DAS+	6	1.33	2.66		
환경	DAS-	4	0.00	1.63	-.710	503
	DAS+	6	1.67	5.39		
심리	DAS-	4	1.25	1.26	-.803	.454
	DAS+	6	3.17	5.64		
사회관계	DAS-	4	-1.00	1.41	-2.378	.037**
	DAS+	6	0.83	0.75		

*p<.05, **p<.01

삶의 질의 경우 DAS 향상을 보인 집단이 그렇지 않은 집단 대비 90% 유의수준에서 프로그램 후 삶의 질이 더 나아졌으며, 사회관계에서는 DAS에서 향상을 보인 집단이 그렇지 않은 집단 대비 프로그램 후 사회관계가 95% 유의수준에서 더 좋아진 것으로 나타났다.

(2) 난치성 질환자의 이야기 그림(DAS) 개인별 변화

집단미술치료 프로그램에 참여한 13인 중 출석률 80% 이상 5명의 난치성 질환자의 DAS 사전·사후에 나타난 변화를 자아상과 정서변화를 중심으로 비교한 내용이다.

표 A.8 · 이야기 그림(DAS)검사의 정서와 자아상 항목의 사전·사후 결과

참여자	사전그림	사후그림	평가
오리	경구용 피타렉스 시험 겸 딸들과 더운 나라에 여행중이다. 성을 호텔로 바꾸었고 여행에 대한 경험을 나열식으로 그렸다.	보라카이 여행이 너무 좋았는데 여행 금지가 되어 속상하지만 다시 금지가 풀려 조만간 다시 계획할 것이며 상상만해도 기분은 매우 행복하다.	성을 호텔로 바꾸었고 여행에 대한 경험을 표현하는 긍정적인 주제이나 피검자의 정서표현이 모호하게 표현되었다. 사전과 동일한 내용이나, 그림의 구성과 형태가 역동적으로 변화되었다. 정서표현이 긍정적이며 미래에 대한 기대와 소망이 긍정적이다.
부엉이	공룡이 병아리를 자기 새끼라고 착각해서 안 잡아먹고 잘 지내고 있으며 기분은 좋다.	낙하산을 타다가 바람의 갑작스런 변화에 추락하다가 나무에 걸려서 다행히 큰 부상 없이 착륙한 상황이며 기분은 좋다.	공룡과 병아리의 의존 관계가 양가적이며 부정적인 주제에 애매모호한 정서로 볼 수 있다. 사후에는 갑작스런 변화와 위험한 상황에서 구조되는 행운과 긍정적인 자기상을 보여주고 있으며 정서면에서 우호적이고 긍정적이다.
백곰	야외 결혼식을 하는 장소에서 신랑과 기타 사람들이 분주하게 준비를 하고 있고, 긴장감에 잠시 산책을 하던 신부가 새로 자라는 나무를 보면서 희망을 느끼고 미소를 짓고 있는 모습으로 기분이 좋다.	분주한 결혼식 준비시간에 긴장한 신부가 긴장을 풀기 위해 밖을 돌아다니던 중 땅에서 새롭게 자라는 나무를 보고 희망을 느끼는 순간이며 기분은 좋다.	약간의 긴장감이 보이나 피검자가 스스로 해소하고자 노력하고 있음이 엿보인다. 사전과 동일한 주제로 땅에서 새롭게 자라는 나무의 나뭇잎이 수도 많아지고 필획도 강해졌으며 신부의 위치가 변하였다. 피검자에게 생명적 에너지와 그로 인한 희망이 중요하다.
말	산속에 운전을 하고 있던 남자가 차에서 내려 담배를 피는데 실수로 담배를 떨어뜨려 불씨가 산불이 되어 민둥산처럼 다타버려 화가 남	분주한 결혼식 준비시간에 긴장한 신부가 긴장을 풀기 위해	불행한 내용으로 매우 부정적인 주제에다 위험에 노출되어 있는 자아상을 드러내고 있다. 사전보다 긍정적인 정서로 변하였으나 다소 양가적인 상황으로 대처능력이 어려움을 보여주고 있다.

새	 고양이가 서 있는 작은 쥐를 보고, 공격하여 잡아먹으려고 하며 주인공은 6년된 수컷 고양이로 집 앞마당에 살고 있고, 주인공의 기분은 화가 난다.	주인공인 병아리와 쥐가 처음으로 만나서 대화를 나누고 있다. 병아리는 여자이고 4살이며 길거리의 잔디 위에 살고 있으며, 기분은 좋다.	사전에는 두 동물 간의 부정적인 정서와 관계로 보아 억제된 에너지가 있으며 부정적인 정서에 대해 스스로 수용하지 못하고 있다. 사후에는 두 동물이 만나서 대화를 하고 있는 긍정적인 관계와 주제로 변화되었다.

집단미술치료에 참여한 성인 난치성 환자의 활동 과정에서 초기에는 좌절, 긴장성, 불안감이 크고 건강에 대해 강박적이고 민감한 모습을 보였다. 미술치료가 진행되면서 미술 활동과 나눔에서 치료와 재발의 경험으로 인한 두려움과 공포가 안전하게 표현되고 이겨내고자 하는 다짐으로 이어졌으며 개인의 실생활에서 작은 변화를 보고하였다.

집단미술치료는 개인 미술치료에 필적할 만큼 효과적인 치료로, 집단이라는 사회속에서 대인관계 문제를 다루어 개인의 변화를 가질 수 있다. 집단미술치료를 계획할 때는 구성과 회기, 시간, 대상자에 따라, 치료목적에 따라 미술 매체의 난이도와 미술프로그램이 계획되어야 할 것이다. 집단을 진행하는 미술치료사는 집단구성원 간의 신뢰로운 분위기를 조성하고 진지한 경청을 바탕으로 집단의 역동과 상호작용을 중심으로 이끌어가며, 관리자로서 심리적 환경을 조성하고 대안을 제시하고 치료결과에 대한 평가를 할 수 있는 역량이 필요하다.

더 읽을거리

길은영 (2019). 집단미술치료가 성인 난치성 질환자의 삶의 질에 미치는 효과. 예술심리치료연구, 15(2), 205-235.

찾아보기

저자소개

박성혜

숙명여자대학교 심리치료대학원 미술치료학과 조교수로 재직 중이다. 숙명여자대학교에서 아동심리전공으로 학사, 석사, 박사학위를 받고 미국 NDNU(Notre Dame de Namur University) 대학원에서 미술치료 전공 석사학위를 받았다. 미국 ACMHS(Asian Community Mental Health Services)와 KCCEB(Korean Community Center of the East Bay)에서 미술치료사로 활동했으며, 서울시늘푸른여성지원센터, 강북구청 소년상담복지센터/청소년지원센터 꿈드림 센터장을 역임하였다. 현재 한국미술심리치료연구학회 학회장이자 미술심리상담전문가, 한국미술치료학회 임상미술전문상담사, 미국 ATR(Registed Art Therapist), 한국발달심리학회 발달심리사, 청소년상담사 등 학회 이사 및 슈퍼바이저로 활동하고 있다.

길은영

숙명여자대학교 심리치료대학원 미술치료학과 겸임교수, 서울 디지털대학교 상담심리학과 예술치료전공, 경희대학교 공공대학원에서 객원교수로 재직중이다. 숙명여자대학교에서 회화와 미술학석사를 전공하고 동대학원에서 아동심리치료 박사학위를 받았다. 길은영심리상담센터와 ㈜향나무 미술심리연구소장으로 재직중이며, 현재, 한국미술치료학회 임상미술전문상담사, 학회 이사 및 한국미술심리치료연구학회 미술심리상담전문가와 총무위원장이며, 전문표현예술치료사(한국표현예술심리상담학회), (사)한국아동미술치료협회 수련감독자로 각 학회의 슈퍼바이저로 활동하고 있다.

곽진영

숭실사이버대학교 상담심리학과 외래교수로 재직중이고, 숙명여자대학교 심리치료대학원 미술치료학과 겸임교수로 재직하였다. 뉴욕 파슨스디자인스쿨에서 학사, 숙명여자대학교 일반대학원에서 아동심리치료전공으로 석사, 박사학위를 받았다. 관악아동발달센터, 연세신경정신과 및 도담마인드케어(정신과 부설)에서 미술치료사로 근무하였다. 현재 한국미술치료학회 임상미술전문상담사와 학회 이사 및 한국미술심리치료연구학회 미술심리상담전문가 및 학회 슈퍼바이저로 활동하고 있다.

미술심리치료 이론과 실제

초판발행	2021년 9월 6일
중판발행	2023년 9월 30일
지은이	박성혜·길은영·곽진영
펴낸이	노 현
편 집	배근하
기획/마케팅	조정빈
표지디자인	BEN STORY
제 작	고철민·조영환
펴낸곳	(주) 피와이메이트
	서울특별시 금천구 가산디지털2로 53 한라시그마밸리 210호(가산동)
	등록 2014. 2. 12. 제2018-000080호
전 화	02)733-6771
f a x	02)736-4818
e-mail	pys@pybook.co.kr
homepage	www.pybook.co.kr
ISBN	979-11-6519-185-6 93180

정 가 24,000원

박영스토리는 박영사와 함께하는 브랜드입니다.